中国民族语言学会主办

中国民族语言学报

第五辑

《中国民族语言学报》编委会 编

商务印书馆
创于1897 The Commercial Press

图书在版编目（CIP）数据

中国民族语言学报.第5辑/《中国民族语言学报》编委会编. —北京：商务印书馆，2025.-- ISBN 978-7-100-25383-3

Ⅰ. H2-55

中国国家版本馆CIP数据核字第2025E1N950号

ZHŌNGGUÓ MÍNZÚ YǓYÁN XUÉBÀO

中国民族语言学报

第五辑

《中国民族语言学报》编委会 编

商 务 印 书 馆 出 版

（北京王府井大街36号 邮政编码100710）

商 务 印 书 馆 发 行

北京虎彩文化传播有限公司印刷

ISBN 978-7-100-25383-3

2025年8月第1版 开本787×1092 1/16

2025年8月北京第1次印刷 印张13½

定价：68.00元

《中国民族语言学报》编委会

Journal of Chinese Ethnolinguistics

Editorial Committee

Cao Zhiyun (College of Humanities, Zhejiang Normal University)

Chao Ke (Institute of Ethnic Literature, Chinese Academy of Social Sciences)

Chen Baoya (Department of Chinese Language and Literatures, Peking University)

Ding Shiqing (School of Chinese Ethnic Minority Languages and Literatures, Minzu University of China)

Fan Junjun (School of Literature, Jinan University)

Huhe (Institute of Ethnology and Anthropology, Chinese Academy of Social Sciences)

Hu Suhua (School of Chinese Ethnic Minority Languages and Literatures, Minzu University of China)

Huang Chenglong (Institute of Ethnology and Anthropology, Chinese Academy of Social Sciences)

Huang Xing (Institute of Ethnology and Anthropology, Chinese Academy of Social Sciences)

Jiang Di (Institute of Ethnology and Anthropology, Chinese Academy of Social Sciences)

Lan Qingyuan (Institute of Ethnology and Anthropology, Chinese Academy of Social Sciences)

Li Daqin (School of Literature, Communication University of China)

Li Jinfang (School of Chinese Ethnic Minority Languages and Literatures, Minzu University of China)

Li Yunbing (Institute of Ethnology and Anthropology, Chinese Academy of Social Sciences)

Liu Baojun (School of Arts and Communication, South-Central Minzu University)

Liu Danqing (Institute of Linguistics, Chinese Academy of Social Sciences)

Wang Feng (Institute of Ethnology and Anthropology, Chinese Academy of Social Sciences)

Wang Shuangcheng (School of Humanities, Shanghai Normal University)

Xu Shixuan (Institute of Ethnology and Anthropology, Chinese Academy of Social Sciences)

Yin Hubin (Institute of Ethnology and Anthropology, Chinese Academy of Social Sciences)

目　录

CONTENTS

编 者 的 话

《中国民族语言学报》第五辑是阿尔泰语系语言研究专辑，收录了14篇论文，涵盖阿尔泰语系语言的三个语族及朝鲜语，内容包括生成语法理论、词典学、语音声学、语料标注、文献语言学、词法学、语言接触与影响等，所涉及的语言文字众多，包括哈萨克语、俄语、藏语、蒙古语、朝鲜语、达斡尔语、满语和八思巴文、汉文、朝鲜文、满文、俄文、藏文、察合台文、回鹘文等。

力提甫•托乎提教授的《生成语法理论与阿尔泰语言研究》一文是探讨生成语法理论在阿尔泰语言研究领域应用的成果。张定京教授的《哈萨克语的语料标注问题》一文，结合哈萨克语乃至突厥语族语言语料标注中存在的认识不清、目标不明、做法不一等问题，用客观的标注实例，深入探讨了标注的对象、单位、语种、行数，提出了以语位为单位，以四行标注为主，标注策略要重视经济性与效率等指导性建议。

本辑收录了语言接触与影响方面的几篇文章。哈斯巴特尔教授的《俄语中的蒙古语借词》一文讨论了十三世纪以来进入蒙古语中的军事、政权、经济、文化、宗教、草原环境、日常生活等各个方面的俄语借词。斯钦朝克图研究员的《汉藏语系语言对蒙古语族语言的深层影响》一文，使用蒙古语族语言客观、具体实例，从语法、词汇语义、语音、语序、认知等各个方面分析研究了汉语、藏语等对蒙古语族语言的深层影响和借用。此类文章还有金光洙、郑媛宁的《〈训民正音〉创制前汉字对朝鲜文字生活的影响》，格根哈斯教授和波•索德教授的《蒙古语“qulang”一词考》，长山教授的《清代满语文对蒙古族语言教育的影响》以及金双龙教授和佟桂芬副教授的《蒙古语族语言中的多语种词汇特点探索》等。

语音声学研究是我国阿尔泰语言学研究的一个重要亮点。呼和研究员在《论元音声学空间分布模式图相似度与阿尔泰语系语言之间亲近度的关系问题》一文中开拓实验语音学研究的领域，对蒙古语、维吾尔语、鄂温克语进行了元音声学空间分布模式图的相似度分析，考察了阿尔泰语系突厥语族语言、蒙古语族语言、满—通古斯语族语言三者之间的亲近度。

图门吉日嘎拉教授和阿日希的《蒙古语语音交替—脱落构词现象研究》一文，深入分析研究了蒙古语以“语音交替—脱落”构词的方法，将该领域研究提升到新的水平。

词典学是很重要的一门学科，哈斯其木格副研究员的《新中国阿尔泰语系语言辞书70年》一文，较好分析、归类研究了新中国成立以来编纂出版的包括词典、字典、百科全书、词汇集、术语解释、术语对照等多种形式的近1100种阿尔泰语系语言辞书。

阿尔泰语系有古突厥文、古回鹘文、回鹘蒙古文、八思巴文、女真文、契丹文、察合台文、满文等众多的古文字及丰富的文字文献。哈斯巴根教授的《论八思巴字蒙古语文献中的复合元音拼写特征》一文讨论了八思巴字复合元音记音特点，米热古丽·黑力力副研究员的《喀什噶尔阿奇木伯克鄂斯璊之察合台文呈文研究》和阿卜拉江·玉苏普博士的《〈弥勒会见记〉第十九品研究》分别对具体的文献进行了转写、翻译和释读等文献语言学研究。这些研究属于冷门绝学研究之类。

总之，本辑所收录的成果基本能够涵盖我国阿尔泰语言学研究的各个领域，也具有一定的代表性。但因编辑人员水平有限，不免存在种种错误或欠缺，望专家学者批评指正。

曹道巴特尔

2024年3月10日

生成语法理论与阿尔泰语言研究

力提甫·托乎提

提要：在传统语法框架里，阿尔泰语言中的语法功能成分一直被看成实词类的一种形态，因而被解释为名词或动词的某一语法范畴。这种盲目效法屈折型印欧语言语法框架的做法，把这些成分在语法化过程中形成的特殊意义和句法功能一笔勾销了，把阿尔泰语言的句法研究引入死胡同，使得该领域研究者们连最简单的句法层次关系都无法揭示。感谢乔姆斯基在语言学界掀起的认知革命。我们在生成语法理论的引导下，得到了重新审视阿尔泰语言的机会，并朝着充分观察、描写和解释阿尔泰语言句法结构的方向迈出了可喜的一步。本文回顾了笔者30多年来研究我国阿尔泰语言所取得的成果，总结出两个突破点：一、摆脱了屈折型语言的语法框架，二、确认了阿尔泰语言功能成分的核心作用。

关键词：生成语法　阿尔泰语言　功能语类　核心成分

一　引言

据目前学者们较公认的语言谱系分类法，我国属阿尔泰语系的语言共有20种，其中突厥语族语言8种，蒙古语族语言6种，满—通古斯语族语言5种，还有朝鲜语1种（力提甫·托乎提 2004b）。阿尔泰语言属典型的黏着型语言，其中有大量派生新词的构词语缀和表示语法意义的功能语缀。

从目前可查阅到的文献资料来看，中国境内各阿尔泰语言科学意义上的语法研究早在18世纪就由西方探险家或传教士们开始，至今已有相当数量的语法书和相关论文在国内外陆续问世。然而，这些研究在理论上都受传统语法或结构主义流派以实词类为核心的局限，在研究方法上又盲目地效法屈折型印欧语言框架，把阿尔泰语言中的语法功能成分看成是一种形态，试图在一个单一的名词或动词词干基础上以“名词的X范畴”“动词的Y范畴”等不切实际的名称来解释，根本不涉及它们真正的句法功能。这种“张冠李戴”的错误做法在过去很长一段时间内就像鸦片一样麻痹了阿尔泰语言研究领域一代又一代的学者，使他们无法看清黏着型阿尔泰语言特有的语法属性，从而把阿尔泰语言的语法研究引入死胡同。结果，我们以往的语法研究著作中像维吾尔语最简单的结构[[qästän qil-]-ma-]“不是故意做”与[qästän[qil-ma-]]“故意不做”之间有什么句法层次区别，为什么说[[yeňi öy]+din]“[从[新屋子]]”是唯一合乎语法和逻辑思维的分析，而*[yeňi [öy+din]]“*[新[从屋子]]”是既不符合语法又不符合逻辑的分析等问题都无法解释。

当然，我们也不能忘记，在这过程中为了突破旧的语法框架束缚，找出适合阿尔泰语言实际的语法框架而不懈努力的哈米提•铁木尔先生（Hämit Tömür 1983）、清格尔泰先生（1991）等前辈学者。其中，道布研究员的呐喊最有代表性：过去“描写我国粘（黏）着型语言的语法著作，差不多都是参照印欧语的语法理论框架立论的……尽管人们认识到粘（黏）着语的结构不同于屈折语，但是描写粘（黏）着语的语法，依然把附在词干后面的语缀看作是词的形态，把各种语缀分别安排到一定的词类上去解说。吕先生说，语缀不限于加在词上，也可以加在短语上。这句话给我们很大启发，给我们勇气去突破传统的观念”（道布 2005：238）。这短短的几句话一针见血地指出了在我国黏着型语言的语法研究中长期存在的弊端，同时用我国著名语言学家吕叔湘先生远见卓识的论断鼓励我们突破传统的束缚，找出符合我国黏着型阿尔泰语言本身特点的描写体系。然而，实践证明，在运用乔姆斯基生成句法理论研究我国阿尔泰语言之前，要改变已经定型的那一套语法体系，并不是一件容易的事。因为，我国阿尔泰语言的早期教学语法书都是由A.谢米叶娃（1957）、布•哈•托达叶娃（1957）等苏联学者仿照俄语语法编写的，因而当时培养出的一批批语言工作者已成为那套语法体系忠实的捍卫者，很难接受任何新的提法。

感谢乔姆斯基生成语法理论（Chomsky 1957，1965，1970，1972，1980，1995a，1995b，1998，2002，2004，2005，2016）在语言学界掀起的一场认知革命。这场革命为我们提供了重新审视我国黏着型阿尔泰语言并把这些语言的语法研究引入正确轨道的机会。20世纪80年代初，随着我国改革开放政策的实施，我们开始接触国外不同语言学流派的理论，其中我最感兴趣的就是乔姆斯基的生成语法理论。比如早在1985年我就翻译发表了刘润清先生的《美国心理语言学派及其理论简介》一文（刘润清 1985：113—129），该文介绍的主要内容就是乔姆斯基的理论。后来我有幸去美国留学（1985—1994），攻读普通语言学硕士和阿尔泰语言学博士学位。在这9年的留学时间里，我始终把生成语法理论相关的课程作为专业理论课来选修，较系统、全面地掌握了该理论体系。同时，把该理论应用到我国的阿尔泰语言，取得了一个个突破性研究成果。能体现本人这些成果的代表性论文有：《维吾尔语格的省略和X标杆理论》（1999），《阿尔泰语言构形成分的句法层次问题》（2002），《轻动词理论与维吾尔语动词语态》(2004),《维吾尔语名词性语类的句法共性》(2006),《论维吾尔语功能语类格(K)的句法特性》(2010),《论维吾尔语否定成分-ma-/-mä-的句法特性》(2011),《语言机制的先天性与民族语言研究》(2012),《生成句法框架内研究突厥语言的新途径》(2012),《探针-目标中的一致关系与突厥语的语音和谐律》(2014),《争做中华文化的捍卫者——以阿尔泰语言与汉语之间的宏观相似性为例》(2018);代表性著作和教材有:《维吾尔语及其他阿尔泰语言的生成句法研究》(2001),《从短语结构到最简方案——阿尔泰语言的句法结构》(2004),《现代维吾尔语参考语法》(2012),《最简方案——阿尔泰语言的句法结构》(2017)等。由于这些论文和著作已公开发表,其内容这里就不必介绍了。但我觉得在这里有必要简短回顾一下乔姆斯基生成语法理论在包括阿尔泰语言在内的世界各语言中引起革命性变化的思想基础和研究方法。

乔姆斯基最具革命性的创新思想之一就是,与传统语言学把语言作为一种社会现象来研究的传统不同,他首先把人类语言看作一种具有基因基础的生物学现象来研究,即认为人的大脑中天生就有一种专司语言的器官,叫作语言机制(Faculty of Language)。这是人类区别于其他物种的最大特点之一。因此,只有人类这一物种才有习得语言的能力(Chomsky 1972)。从可观察到的历史证据来看,人类的语言机制在过去的5—6万年内没有发生过任何明显的变化。由于人类共享天生的语言机制,而该机制又包含普遍语法规则,今天世界上的各自然语言都有共同的语法基础。虽然今天世界上有6000多种语言,但这些语言都是在普遍语法原则允许的范围内经不同参数的选择和设定而形成的。这意味着一种语言的语法研究必然会涉及另一种语言。同时这也告诉我们,任何一个具体语言的特殊语法只有在普遍语法框架内得到研究才能实现描写和解释的充分性,否则很有可能会失去其科学性。

乔姆斯基进一步假设,人的语言机制包括一个存贮声音、意义、结构组织等信息的认知系统(Cognitive System)。该系统包括运算系统(简称C_{HL})和词库(Lexicon)。运算系统从词库读取词项并运算(即合并、移位、删除、插入等操作),然后把推导出的结果分别发送到语音式和逻辑式两个接口,以便接受过滤。运算系统又把经过过滤的结果通过这两个接口分别发送到大脑中的感觉运动系统(Sensory-motor System)和概念意向系统(Conceptual-intentional System),最终形成了人们交际中的言语。这一假设进一步揭示了人类语言的生物属性,同时也迎合了我们今天所处的计算机时代和人工智能时代的需求。

乔姆斯基对自己的研究提出了非常严格的标准。与传统研究的“自圆其说”等松散的标准不同,他提出了观察的充分性、描写的充分性、解释的充分性等原则性很强的标准,并及时修正和完善自己的理论与假说,以适应不断发现的新现象、新规则。在他的理论与定义里，不但有人类自然语言中基于生物学原理的规则、条件，也有一些一般规则行不通的禁区、岛屿。特别是在研究方法上，他一反传统语法以实词类为核心的传统，以功能类为核心。如英语里the book“这本书”这样的结构不再被称为名词短语（NP），而被称为限定词短语（DP）了，因为现在类似结构里的语法限定成分the (D(eterminer))被确认为核心成分，名词book (N(oun))则被确认为补足成分了。这一转变不但为世界上各语言的句法研究提供了共同基础，更为确认阿尔泰语言丰富的黏着性功能成分的句法核心地位提供了理论依据。

正是以上这些理论与方法上的革命性新思想、新观点激励我非常大胆而自信地去把本来主要在英语等西方语言研究基础上所形成的那套理论框架应用到阿尔泰语言。应该指出，就像乔姆斯基生成句法理论是对在他之前以行为主义者的刺激-反应论为指导思想的结构主义流派的否定一样，本人在阿尔泰语言生成语法研究中所取得的突破性成果也不是对传统语法的补充或修正，而是在很大程度上，对传统语法（特别是所谓构形形态）的否定和对崭新的语法体系的探索。与维吾尔语、蒙古语等阿尔泰语言以往的传统语法相比，目前已成熟的阿尔泰语言生成语法有两个突出的特点：一、摆脱了屈折型语言的语法框架；二、功能成分的句法核心地位得到认可。下面简要介绍一下这两方面的探索过程。

二　摆脱了屈折型语言的语法框架

正如以上所述，不管国内还是国外，阿尔泰语言以往的研究者统统遵守了长期以来形成的一个传统，即把语法分为词法和句法，然后在词法里把阿尔泰语言丰富的附加成分分成构词成分和构形成分两类，又在词法部分把这些所谓的构形附加成分所表达的语法意义归类成范畴，分配给名词、动词等实词类，从而得出“名词的X范畴”“动词的Y范畴”等。在论述它们的功能时，这些研究者也就只在单一的名词或动词词干基础上，解释它们所结合的形式及所表达的意义，在句法部分根本不谈它们的存在。这种效法屈折型印欧语言研究阿尔泰语言的方法，除了错误地给这些语言贴上“也有构形成分”“很像印欧语言”等误导性标签外，实际上还掩盖了阿尔泰语言真正的语法特点。那么，为什么在印欧语言的词法部分根据屈折变化所归纳的各语法范畴及其解释都显得很充分，没有必要在句法里重复解释，而在阿尔泰语言里这一做法却成为阻碍句法研究的绊脚石呢？简短的回答是，阿尔泰语言里根本没有所谓的构形成分，有的是千百年来经过实词类的逐步语法化而形成的、带有自己实实在在独立语法意义的功能成分。这跟屈折型语言中经某一元音或辅音的更替而形成的“造型”或构形完全是两码事。为了说明这一点，让我们拿屈折型特征突出的俄语的几个典型例子来跟维吾尔语做比较。在下面的对比分析中，让我们集中精力看俄语例子中黑体字部分及其在汉语和维吾尔语中的相应表达。为了丰富参考指数，也希望读者留意与孤立型的汉语译文间的比较：

（1）俄语单数阴性名词книга“书”及其修饰成分第一格构形形态

俄语例子	Эт**а**	интересн**ая**	книг**а**	публикова**лась**.
拉丁字母转写	Et**a**	interesn**aya**	knig**a**	publikova**las**
汉语对译	这本	有趣的	书-主格	出版了（过去单数）
维吾尔语A	[Bu	qiziqarliq	kitab]-**Ø**	näšr qilin**di**.
维吾尔语B	*Bu-Ø	qiziqarliq-Ø	kitab-Ø	näšr qilindi
	这本有趣的书出版了。			

（2）俄语单数阴性名词книгу“书”及其修饰成分第四格构形形态

俄语例子	Я	читал(**а**)	эт**у**	интересн**ую**	книг**у**.
拉丁字母转写	Ya	chital(**a**)	et**u**	interesn**uyu**	knig**u**
汉语对译	我	读了（阳性过去/阴性过去单数）	这本	有趣的	书-四格
维吾尔语A	Män		[bu qiziqarliq	kitab]-**ni**	oqu**dim**.
维吾尔语B	*Män		bu-ni qiziqarliq-ni	kitab-ni	oqudim.
	我读了这本有趣的书。				

（3）俄语复数阴性名词книги“书”及其修饰成分第一格构形形态

俄语例子	Эт**и**	интересн**ые**	книг**и**	публикова**лись**.
拉丁字母转写	Et**i**	interesn**iye**	knig**i**	publikova**lis**
汉语对译	这些	有趣的	书-主格	出版了（过去复数）
维吾尔语A	[Bu	qiziqarliq	kitab]-la-Ø	näšr qilindi.
维吾尔语B	*Bu-lar-Ø	qiziqarliq-lar-Ø	kitab -lar-Ø	näšr qilindi
	这些有趣的书出版了。			

（4）俄语复数阴性名词книги“书”及其修饰成分第四格构形形态

俄语例子	Я	читал(**а**)	эт**и**	интересн**ые**	книг**и**.
拉丁字母转写	Ya	chital(**a**)	eti	interesn**iye**	knig**i**
汉语对译	我	读了（阳性过去/阴性过去单数）	这些	有趣的	书-四格
维吾尔语A	Män		[bu qiziqarliq	kitab]**-lar-ni**	oqu**dim**.
维吾尔语B	*Män		bu-lar-ni qiziqarliq-lar-ni	kitab-lar-ni	oqudim.
	我读了这些有趣的书。				

首先让我们分析相应于维吾尔语名词短语[bu qiziqarliq kitab]“这本有趣的书”的俄语表达在以上例（1）—（4）的四个例句中的不同形态变化，然后再看看相应于动词näšr qilindi“出版了”、oqudim“我读了”等表达的俄语动词的形态变化。为了解读的便利，这里用拉丁字母转写的形式来分析：

在例（1）中俄语名词kniga“书”以元音-a结尾，而就这一个-a同时表示性、数、格等三个语法意义。这一形式在俄语语法中被称为第一格，是典型的构形标志或语法“造型”。为什么这么说呢？因为它不是某个实词经过长期语法化或虚化而形成，而是kniga这个词本身特有的一个元音在与其他屈折变化的对比衬托中形成的一种语法标志或语法“造型”。因此不带有任何词汇意义的痕迹。它的语法意义是千百年来在该语言的使用者一直使用的模式中约定俗成的。因此我们不能用阿尔泰语言惯用的名称主格与其相提并论，也不能用阿尔泰语言的分析法，把这个-a分成三份，说它的三分之一表示阴性、三分之一表示单数、三分之一表示第一格。另外，因为俄语有修饰和被修饰成分之间的一致关系规则，kniga前面的指示代词eta“这”和形容词interesnaya“有趣的”相应地分别以-a和-aya等第一格标志结尾。相比之下，因为维吾尔语不是屈折型语言，相应的维吾尔语句子里名词kitab“书”本身没有任何格和数的标志，更不能从它末尾出现的某个音来判断它的格或数特征；另外，阿尔泰语言没有所谓的“性”范畴，因此本文不用讨论这个问题。所以维吾尔语名词在没有参与具体句子时是自由的，可以以名词原形的形式出现。那么在以上句子里的kitab可以被解释为带有单数和主格特征。但这些特征不是由kitab末尾的-a或-ab等语音赋予的，而是语法学家们为了解释的方便而强加给它的。比如在传统语法分析中，说kitab与带复数成分-lar的kitablar相比表示单数；它在类似näšr qilindi“被出版了”这样的定式动词做谓语的句子里做主语时，说它带有主格，而且还习惯于用-Ø表示主格的存在。但必须认识到，阿尔泰语言的任何一个词都不是靠词末的某个音来确定它的词类属性或语法特征，因此任何一个词都可以以其“原形”的形式自由地出现在任何一个上下文。如kitab在kitab bahasi“书价”，kitab baziri“书市”，Bu män setiwalğan qiziqarliq kitab“这是我买的有趣的书”等无数个表达中不带任何格或数特征，只是以名词原形的形式出现。也可以相信，就是摆脱了类似数、格等语法意义干扰的名词原形才可以表示类指（generics）。相比之下，作为屈折型语言的俄语名词kniga在相应于维吾尔语的以上表达中，甩不掉末尾“与生俱来”的-a音，因此，也甩不掉相应的语法意义。这就是这些语言之间的本质区别。另外，因为维吾尔语里修饰和被修饰成分之间不存在俄语这样的一致关系，kitab前面的指示代词bu“这”和形容词qiziqarliq“有趣的”后面不需要加任何成分，在任何时候都可以保持[bu qiziqarliq kitab]这样的短语结构。如果有必要，数、从属、格等其他功能成分只能在此基础上一个个相加，谁也代替不了谁；同样的道理，如果没有必要，这些功能成分只是以独立的形式存在于我们的词库中，绝不会缠住别的词或短语不放。还有，阿尔泰语言中不能用词末的某个音来一下子表示好几个语法意义，因为这些语法意义的表达不依赖任何屈折变化，而靠的是千百年来一些实词经过一步步语法化或虚化而形成的语法功能成分。这些语法功能成分不管目前处在虚词阶段还是完全语缀化，它们有内在的语法意义，有的在某种程度上还保留着原来的词汇意义。因此它们是看得见摸得着的、实实在在的语法成分，绝不能与屈折型语言靠某一个元音或辅音的替换表现不同语法意义的"造型"或构形相提并论。这也说明了为什么以上例句中效法俄语一致关系在修饰成分末尾缀加格、数等成分的所有句子表现为不合语法，即前面出现了星号（*）。总之，在以上对例（1）中俄语和维吾尔语句子中体现的相应语法意义的表达手段进行的对比分析中，我们找不到任何语法共性。这些基本问题搞清楚了以后，我们对以上其他几个句子的对比分析就打开了通道。

例（2）中的俄语名词knigu"书"以元音-u结尾，同样这一个元音-u同时表示阴性、单数、第四格（相当于阿尔泰语言的宾格）等三个语法意义；同样，它是在与其他屈折变化的对比衬托中形成的一种语法"造型"，不是通过语法化或虚化而形成的成分，因此本身不带有任何词汇意义，其语法意义是在长期使用过程中约定俗成的。我们同样不能用阿尔泰语言惯用的名称叫它宾格，也不能用阿尔泰语言的分析法，说这个-u的三分之一表示阴性、三分之一表示单数、三分之一表示第四格。另外，因为俄语的一致关系规则，knig**u**前面的指示代词etu和形容词interesn**uyu**相应地分别以-u和-uyu等第四格标志结尾。相比之下，因为维吾尔语不是屈折型语言，相应的维吾尔语句子中，只在最后的名词kitab"书"后面出现宾格-ni就解决问题了，而-ni出现在bu、qiziqarliq等之后反而变得不合语法。这里必须强调，虽然这个-ni与kitab连写，但它所支配的不只是kitab这个单一的名词，而是[bu qiziqarliq kitab]"这本有趣的书"这一完整的名词短语。这一点上跟汉语完全一样。比如假设我们，像有时所做的那样，用汉语介词"把"来表示维吾尔语的宾格成分-ni，那么在这个位置上我们只能得出"把这本有趣的书"，而不是"*这本有趣的把书"。这样的对比可能贯穿整个语法体系。所以，如果我们不受语序、语言类型等差异的干扰（更不用说这些类型特征是随着时间的推移相互转变的），能从人类普遍语法的角度在汉语和维吾尔语的相应语法现象之间做个比较，我们可以发现维吾尔语更像孤立型的汉语，而不像屈折型的俄语。

通过以上例（1）和例（2）两个句子的对比分析，我们也为剩下的例（3）和例（4）的分析打通了思路。其实，我们在以上两个例句的分析中发现的俄语和维吾尔语句法间的异同同样可以在例（3）和例（4）的对比分析中找到，因此，为了避免重复，让我们集中精力看上面没涉及的一些异同关系。

虽然例（3）列举的是俄语名词“书”的复数、阴性、第一格（相当于维吾尔语的主格），而例（4）列举的是它的复数、阴性、第四格（相当于维吾尔语的宾格）形式，但我们看到的是那两处只有knigi一种形式，而且相应的eti“这些”、interesniye“有趣的”等修饰成分在那两处也只有一种形式。这就是典型的屈折型语言特点。由于那些语法意义并不靠外加的某个附加成分，而只靠自己内部的某种语法构形来表达，只要该语言的使用者在那个场合那么用就可以了。但阿尔泰语言中由于每一种语法意义都由一个千百年来经过“千锤百炼”，一步步语法化形成的、具有实实在在语法意义的特定功能成分表达，因而这种替代法是行不通的。这是在两种类型的语言中所发现的句法异同上需要添加的另一个不同点。至于表示“出版了”意义的俄语动词末尾出现的-las、-lis等变位构形，同样体现了屈折型语言最突出的特点，即一个词尾同时表示人称、数、时态等语法意义，更无法与阿尔泰语言中相应语法意义的表达手段相提并论。

总之，我们通过以上的对比分析，在俄语和维吾尔语几个典型的语法意义的表达手段上都没能找到任何共同的东西，反而发现它们截然不同。因此我们无法理解，为什么当时的研究者把屈折型和黏着型语言的语法框架混同起来，统统说成“构形成分”，统统归类成“名词的X范畴”“动词的Y范畴”等。也许就像世界著名突厥学家A.冯•加班（Annemarie von Gabain）早已指出的那样，他们图方便，把屈折语言的东西套在阿尔泰语言上（A.冯•加班 2004：78—79）；或者他们迫于当时语言学界重实词、轻虚词的潮流，不敢太突出那些功能成分的地位；另外，虽然正字法跟句法层次并不是一回事，但也不难看出，有的学者似乎受到功能语缀与实词类连写的正字法的干扰。不管什么原因，他们张冠李戴，犯了基础性错误。当然，我们应该怀感激之情向那些先驱阿尔泰学家们表示感谢，是他们在20世纪50年代前后，刚成立不久的新中国忙于扫除文盲的时候，就利用印欧语言研究中取得的成果，率先为各阿尔泰语言编写出版了急需的教学语法书，为我们提供了便利，也为我国在该领域一代又一代研究团队的培养奠定了基础，而且他们当时建立的基本语法框架一直延续至今。但同时从以上几个例子中应该看到，他们误把阿尔泰语言千百年来经“千锤百炼”，从实词类语法化而形成的一个个活跃的、具有实实在在语法意义的功能成分统统与印欧语言从一个词内部经屈折变化而形成的各种“造型”等同起来，把它们说成是一种构形并归入词法的某个范畴，一笔勾销了阿尔泰语言功能成分本身特有的语法意义和功能，使得句法研究者失去了句法学入门的一把钥匙。结果就像以上提到的那样，我们以往的语法书连最简单的句法层次问题都讲不清楚，有时甚至不得不歪曲语言事实。这就是我们在生成句法框架内完全抛弃旧的框架，另辟一条适合阿尔泰语言特点的研究途径的原因。实践证明，确立所有语法功能成分的句法核心地位是唯一正确的途径。通过这一途径，以上谈到的句法问题可得到顺利解决。这就是下面将要讨论的内容。

三 功能成分的句法核心地位得到认可

（一）与生物学原理相关的原则和条件

阿尔泰语言的语法功能语类根据其正字法上分写或连写的特点，可分为自由功能类和黏着功能类。前者指后置词、连词、体助动词、语气助词等，书写时一般不跟其他词连写；后者指复数语缀、从属语缀、格语缀、语态语缀、体语缀、否定语缀、静词化语缀（包括形容词化语缀、名词化语缀、副词化语缀、目的化语缀）、时态语缀（包括时语缀、人称语缀）等，一般与前面的词连写。在以往以实词类为核心的传统语法里，这些功能类一直被描写成实词的伴随成分或某一范畴，没有过自己的独立地位。受到生成句法确立功能类句法核心地位的启发，我们现在也把它们统统看成核心语（Head）来描写了。这种转变的合理性或必然性是可想而知的。实词类作为表示词汇意义的语类，一般是词典编纂的重要对象，而当我们大脑中的运算系统经各词类的合并、移位等操作推导出各种短语时，只有实词类的N（名词类）、V（动词类）、A（形容词类）、ADV（副词类）等语类特征（及其子语类特征）起作用，具体词汇意义并不重要了。相比之下，语言中的功能语类是为了表达数、人称、格、语态、时、式等语法意义而存在的。因此，今天功能语类成为语法研究的重点，并且作为支配者而构成自己短语的事实也被学者们所认可。当然，这种变化来之不易，归根到底，跟下面将要介绍的几条原则的发现有关。其实，这些原则基于生物学原理，组成了人类语言普遍语法（UG）的重要内容。

1. 二合原则（Binary Principle）

人类语言的合并操作一次只能合并两个成分。

这是生成语法理论到了最简方案阶段基本定型了的原则。其基本内容就是，人类语言用有限的成分可生成无限多的短语或句子，靠的就是合并等递归性规则。在具体操作中，不管一个短语或句子有多长，每一次只合并两个成分而一步步推导。因此，在树形图分析中严格遵守二分枝（Binary Branching）原则（Radford 2004：70）。可不能小看二合原则的深远意义。生成语法的二合原则体现了人类语言机制的生物基础，即每次合并只允许两个成分的合并。语音间的合并或语素间的合并都遵循了这一原则。这就是人类大脑生物构造的奥秘。科学家们通过效法人类大脑的这种运算法则，设计出只有0和1两位数相加的二进制计算机，开创了在十进制条件下无法实现的人工智能时代。就像二进制避免了十进制在每九个数之后设一个整数的做法，从而进入更加平稳顺畅的计算时代一样，二合原则也避免了传统语法中人为设置出名词的X范畴、动词的Y范畴等多余步骤，只看两个成分合并时哪个是核心语，以便两者合并后所形成的短语就以核心语的名称命名，因为该短语就按核心语的特性进入下一个运算。这就是任何一个合并中必有一个核心成分的原则。

2. 必有核心语原则（Headedness Principle）

任何句法结构都是核心词语的投射结果。

这一原则反映的也是人类大脑中语言机制的运行规则，即语类间的合并不是杂乱无章的，而是哪个能合并，哪个不能，都有严格的规律。从最初的两个成分合并到一步步完成最后一个合并，在每一个层面就构成一个句法结构，即短语。而每一个层面的合并显得那么平稳、顺畅，是因为每一个层面必有一个核心语，而该核心语的句法特性信息决定了下一步合并的顺利进行。以词汇类做核心语的名词短语、动词短语等大家都很熟悉。这里的关键问题是，当词汇类与功能类合并时哪个是核心成分呢？研究证明，作为人类语言的普遍规则，在包括阿尔泰语言在内的世界各语言里，词汇类与功能类合并而形成的任何一个短语都按功能类的特性来参与接下来的推导。因此，功能类的核心地位被确立，以实词类为句法中心的研究时代就此结束。核心语在投射中首先合并的应该是补足语（Complement），然后是指示语（Specifier）和附加语（Adjunct）。最终，所有语类间的合并结果都被归结到核心语、补足语、指示语、附加语这四个句法成分间的关系，实现了高度简洁、统一的描写体系。在这个体系里连传统语法里最熟悉的主语、谓语、定语、状语、补语等提法也很少能找到存在的空间。

毫无疑问，在二合原则基础上按先后次序合并生成的各种短语或句子，自然而然地体现了我们通常所说的句法层次关系。比如我们在前面提到，传统语法无法解释为什么[[yeňi öy]+din]“[从[新屋子]]”是唯一合乎语法和逻辑思维的分析，而*[yeňi [öy+din]]“*[新[从屋子]]”是既不符合语法又不符合逻辑的分析。从前者的方括号位置中可以看出，我们假设该短语的构成过程是：第一步形容词yeňi“新”与名词öy“屋子”合并成短语yeňi öy“新屋子”，第二步该短语与从格成分-din“从……”合并，构成了格短语yeňi öydin“从新屋子”。从语义角度讲，这一假设是正确的。而后者的分析虽然也体现了二合法，但因次序被颠倒，即认为第一步öy和从格-din合并，然后第二步形容词yeňi修饰öydin，结果出现了*[yeňi [öy+din]]“*[新[从屋子]]”这样既不符合语法又不符合逻辑的错误分析。这里为了讨论的方便，我们举了比较简单的例子。但在实际语言中我们会遇到更复杂的结构。比如名词短语yeňi öy“新屋子”可以再一次与数量词ikki eğiz“两间”合并，构成ikki eğiz yeňi öy“两间新屋子”；该短语又可以再次与形容词azadä“宽敞的”合并，构成名词短语azadä ikki eğiz yeňi öy“宽敞的两间新屋子”。以此类推，一个名词短语在理论上可以无限地长。不管一个名词短语有多长、多复杂，格附加成分只能等到最后才合并，构成格短语。基于这样的原因，我们在上一节否定了传统语法把它们作为形态来处理的做法。比如我们已经提到，与屈折语言空洞的形态变化不同，阿尔泰语言的功能类是从实词类逐步语法化而形成的，本身带有明显的语法意义。如维吾尔语的从格成分-din/-tin相当于汉语介词“从……”或英语介词from；位格成分-da/-dä/-ta/-tä相当于汉语介词“在……里”或英语介词in/on/at等。这些实实在在的意义与其语音形式同在，谁也离不开谁，即它们的语音形式一旦出现，其语义立刻跟着出现，一点都不会延误，除非在维吾尔语里有个还没被发现的类似语义延缓原则。因此，目前我们不能指望先让-din与öy合并，让-din相当于汉语的“从……”或英语的from等意义等到该结构与形容词yeňi合并完之后再兑现。

然而，我们的传统语法就是不讲二合原则所揭示的句法层次特点，迫使我们的研究者做出一些不切实际的解释。比如哈米提·铁木尔先生在讨论维吾尔语的-diki/-tiki“处在……（里）的”，-däk/-täk“像……一样”，-ğičä/-qičä/-gičä/-kičä“到……为止”，-čilik/-čä“（数量/体积/方式方法上）像……一样的”等四个附加成分的格特征时曾认为，这些成分所结合的名词并没有失去其名词的特性，因此照样能与名词所特有的范畴结合，照样跟名词一样接受其他定语的修饰。他举了öylär**diki**“处在诸多屋子里的”，silärniň öyüňlär**diki**“处在你们诸多屋子里的”（Hämit Tömür 1980）等例子。首先，哈米提·铁木尔先生在这里通过当时我国占主导地位的结构主义理论的组合关系与聚合关系等标准，有力地论证了以上4个新提到的格成分与原有的6个格成分一样，能与名词的复数语缀、从属语缀照样相加的特性，率先提出它们应属于格范畴。这一观点后来被学术界接受。从当时的背景来说，这是哈米提·铁木尔先生的突破性研究成果。因为在他之前的研究者们一直效法印欧语言，只认可6个格，不愿意认可其他格成分的存在，把类似以上的这些成分统统看成构词成分。至于哈米提·铁木尔先生提到的第二个观点，即它们与这些格成分结合之后并不失去名词特性，“照样跟名词一样接受其他定语的修饰”的说法，只是为了保留他和在他之前把功能成分看成形态学对象来研究的传统而不得已说出的话，事实并非如此。这一点从前面讨论过的yeňi öydin“从新屋子”的句法层次分析中就可以看出，这里不赘述了。

我们还可以从相反的角度更深入地论证这一问题。比如我们可以反过来问：既然传统语法可以从öy和-din先合并成öydin，然后形容词yeňi再去修饰öydin这样一个结构中引申出“从新屋子”这样的意义，那我们为什么不能那么解读呢？简单的回答是，除了以上的二合原则中体现的句法层次的考虑外，生成语法还有以下相关的原则和条件阻止类似结构的出现，也不允许类似的解读。

3. 经济原则（Economy Principle）

句法表达式中的成分越少越好，句法推导中语法操作越少越好。（Radford 2004：449）

4. 语段不可渗透条件（Phase Impenetrable Condition）

在语段核心语（所成分统制）的语域内的任何目标对探针是不可渗透的。（Radford 2004：293）。

从以上经济原则的解释中可以看出，语言中讲的经济原则表面上指语法成分及语法操作的经济性，实际上指人们语言活动中付出的精力与能量的经济性。因为正如著名认知语言学家史蒂芬•平克（2016：140）所指出的那样："思考也是昂贵的。对大脑活动的功能照影技术（PET和MRI）基于这样的事实：脑组织的工作需要更多的血液并耗费更多的葡萄糖。"李亚非（2017）也用热力学第二定律解释过语言中的经济原则。总之，在某一表达式具有多种语法操作可能性的情况下，人们只会选择最简单的那个。这其中不但有尽量节省时间、空间的因素，更重要的是，要考虑节省脑组织的血液流量和葡萄糖等生物因素，它们都是人类的有限资源。现在让我们回到正题。假设人们想表达"从新屋子"这个概念，因此从大脑词库中抽取yeňi"新"、öy"屋子"、-din"从……"等三个成分。按照二合法，三个成分必须经过两次合并才能实现。但有两种操作的可能性：第一种可能性，第一次yeňi"新"与öy"屋子"合并成[yeňi öy]"新屋子"，第二次[yeňi öy]"新屋子"与-din"从……"合并成[[yeňi öy]din]"从新屋子"；第二种可能性，第一次öy"屋子"与-din"从……"合并成[öydin]"从屋子"，第二次yeňi"新"与[öydin]"从屋子"合并成*[yeňi [öydin]]"*新从屋子"。如果不考虑语义，这两种操作相当，但由于我们想表达的是"从新屋子"这个概念，因此我们的大脑自然而然地会选择第一种操作。因为它操作简单，意义直截了当。硬要从第二种操作中得出"从新屋子"这样的概念，恐怕行不通；如果想要行得通，可能会付出很大的代价去设置无数个拐弯抹角的规则体系。因而第二种操作自然会被淘汰。

再从语段不可渗透条件来看，第二种操作是不允许的。因为一旦öy"屋子"与-din"从……"合并，就会构成语段[öydin]"从屋子"，即öy进入受从格成分-din管辖的语域内，无法接受其他成分的修饰（或渗透），因而该语段从此就作为一个整体以格成分的特性参与其他操作。这就是说，一个名词如果要跟其他修饰语结合的话，必须在它与格成分合并之前完成，否则就来不及了。乔姆斯基最初提出语段不可渗透条件的假设时，也是从生物学角度，即人的大脑短期记忆的局限性出发的，认为人们说话时以句子为单位，而在一个句子里又以语段为单位，即说完一个语段，再说另一个语段；而且由于每一个语法操作需要在特定语域（domain）内按探针与目标的关系有序进行，语段越短越好，以便尽量缩短探针搜查的距离，也就是要减轻说话者考虑句子前后一致性问题的负担。从以上分析的例子中可以看到，格短语作为语段，能有效阻止任何迟到的成分“非法插队”而增加不必要的思维负担。

既然一个名词一旦跟格成分结合，就不能再接受其他成分的修饰，那么，如果一个名词性短语末尾出现格语缀，那肯定是它等该短语的核心语先与其他成分合并完之后，最后才相加的。令人感到敬佩的是，哈米提·铁木尔先生也很快发现了问题，揭示了事情的真相。如他在回应把-däk“像……一样”等几个格成分看成构词成分的不当观点时，用seniň bultur Beyjiňdin aldurğan luğitiň**däk**“像你去年托人从北京买来的词典一样”、Qasimniň čoň akisiniň Šinjaň Universitetida oquwatqan balisi**däk**“像卡斯木的大哥的在新疆大学学习的孩子一样的”等词组为例，指出：这些“词组里-däk所结合的名词并不是先与该附加成分合并，然后再跟其他成分合并的，而是先与其他成分合并成一个词组后才与该附加成分合并的”（Hämit Tömür 1983）。虽然这里哈米提·铁木尔先生的初衷是想说明，一个构词成分不可能在一个词组后面出现，因此-däk“像……一样”等格成分出现在那么长的一个词组后面，就证明它们不是构词成分。正如下一节将要谈到的那样，这一点在后来的生成句法框架内得到很好的论证。可以肯定，哈米提·铁木尔先生不但达到了自己最初的目的，而且在无意中也达到了另外两个目的：一是对自己前面提到的观点做出了修正；二是否定了传统词法体系的有效性，为后来的研究指明了方向。就像下面将要谈到的那样，这些问题在生成语法框架内确认功能成分的核心语地位之后，得到了圆满的解释。

（二）功能语类句法功能的确认

就像上面谈到的那样，确认阿尔泰语言功能成分的核心语地位，不但是生成语法理论指明的方向，也是把阿尔泰语言研究引向观察、描写、解释充分性新高度的必走之路。下面让我们进入正题，重点讨论黏着功能类的核心功能及所构成的短语类型。根据复数语缀、从属语缀、格语缀、语态语缀、体语缀、否定语缀、静词化语缀（包括形容词化语缀、名词化语缀、副词化语缀、目的化语缀）、时态语缀（包括时语缀、人称语缀）等八大黏着功能类内部的某些共性，将它们分成四组来介绍。

1. 复数语缀、从属语缀、格语缀及其句法功能

阿尔泰语言中，复数语缀、从属语缀、格语缀都有一个共性，那就是它们可以与名词、形容词、代词、数词、量词、模拟词、名词化短语、形容词化短语等结合，构成自己相应的短语，但它们不能与动词和副词类合并。正是因为这个原因，把它们放在一起讨

论，而且把它们能结合的那些语类归为名词性语类，即+N类；而把它们不能结合的动词、副词等归为非名词性语类，即-N类。这种跨语类分类，高度概括了各语类间的异同。同时，我们在生成语法框架内把复数、从属、格等作为核心语描述，极大地减轻了描写的负担。如我们不再花精力在每一个静词类下面都设专门章节，讨论一番它们与复数、从属、格等成分结合的形式。当然，在传统语法中，虽然以上表示复数、从属、格等语法意义的附加成分被作为构形成分对待，在一个单词基础上进行描写，但也把所表达的意义研究得相当到位（参见Hämit Tömür 1987；清格尔泰 1991：137—364），这里没有必要重复。这里需要提到的是，在当时条件下，清格尔泰先生设一个个独立的章节把数、格、领属范畴等与名词、形容词、数量词、代词、形动词等静词类结合的结构加以解释，是一种必要的补救之举。它说明了在阿尔泰语言里，名词以外的其他静词类跟数、格、领属等成分的结合，并不是在上面的俄语例子中看到的一致关系的体现，而是各有各的独立功能和意义。

①复数语缀及其句法功能

阿尔泰语言中表示复数意义的语缀较丰富，如维吾尔语的-lar/-lär，蒙古语的-nuγud/-nügüd、-ud/-üd、-nar/-ner、-čud/-čüd/-čuul/-čüül、-d和-s等（清格尔泰 1991：144—145），满语的-sa/-sə/-so/-si、-ta/-tə和-ri（朝克 1997：206—209）。拿维吾尔语为例，复数成分很自由地跟名词性短语结合：

（5）a [[[burun $_{\text{ADV}}$ käl-v] $_{\text{VP}}$-gän $_{\text{ADJL}}$] $_{\text{ADJLP}}$-**lär** $_{\text{PL}}$] $_{\text{PLP}}$ “早来的那些”

b [[išči $_{\underline{\text{N}}}$ [dehqan $_{\underline{\text{N}}}$[e $_{\text{CONJ}}$ äskär $_{\underline{\text{N}}}$] $_{\text{CONJ'}}$] $_{\text{CONJ'}}$] $_{\text{CONJP}}$-lär $_{\text{PL}}$] $_{\text{PLP}}$ “工农兵们”

c [[<u>yeňi</u> $_{\underline{\text{A}}}$ <u>kitab</u> $_{\underline{\text{N}}}$]$_{\underline{\text{NP}}}$-lar $_{\text{PL}}$] $_{\text{PLP}}$ “新书（复数）”

其中，例（5）a揭示，第一步，副词burun“早”与动词käl-“来”合并成动词短语burun käl-“早来”；第二步，动词短语burun käl-“早来”与形容词化成分-gän合并成形容词化短语burun kälgän“早来的”；第三步，形容词化短语burun kälgän“早来的”与复数语缀-lär合并成复数短语burun kälgänlär“早来的那些”。以此类推，例（5）b里的复数短语在连词短语基础上形成，例（5）c里的复数短语在名词短语基础上形成。不过，例（5）c还有进一步探讨的空间，因为即使kitab与-lar先合并成复数短语，yeňi还可以修饰它，因为复数短语不构成语段。前两个例子中，复数语缀就是缀加在别的短语之后，把它们纳入自己的语域之内。比如，在例（5）b中的复数语缀表面上只与äskär“兵”合并，但实际上它合并的是整个连词短语，因此工、农、兵三个名词都是复数。除了这些句法层次的考虑外，还应看到，复数语缀赋予整个短语复数特性后，重叠形容词或暗示复数意义的一些形容词才可以与之合并，如egiz-egiz [bina**lar** $_{\text{PLP}}$]“一座座高楼大厦”，qatar-qatar [yol**lar** $_{\text{PLP}}$]“一条条马路”，rāñga-rāñ [čiraq**lar** $_{\text{PLP}}$]

“五彩缤纷的灯光”。在旧的框架内一直被掩盖的类似这样的语言事实现在可以得到圆满解释了。

②从属短语及其句法功能

阿尔泰语言的从属成分一般都与领有者的人称和数有关，两者前后呼应，构成领有-从属结构。如：单数第一人称有维吾尔语的-^{0}m，蒙古语的mini，鄂温克语的-bi/-wi；复数第一人称有维吾尔语的-^{0}miz，蒙古语的man-u，鄂温克语的-mʉn/-mun/-wʉn/-wun（排除式）等。领有者与从属者之间的这种一致关系告诉我们，类似从属短语就是语段。因为从属成分作为探针，把带有-niň的领有者作为目标，从中获取人称、数等信息后，最后才以合适的形式出现。这就说明，传统语法在kitabim“我的书”、kitabiň“你的书”、kitabi“他的书”等单词基础上的解释是远远不够的。另外从这些从属成分的语音形式看，它们很有可能都是从相应的共同阿尔泰语人称代词语法化而来（力提甫•托乎提 2002b）。这是很重要的一点，因为这说明它们不是空洞的构形形态，而是有自己的特定意义。虽然各语言在用法上有所差别，但在功能上都通过“从属于……的”的意义，起到一种限定作用。这一点也可以与印欧语言的冠词the、a等相提并论。这就是说，一个名词或名词短语一旦与从属成分合并，它就从自由的泛指名词变为受限定的特指名词，即整个短语便有了从属特性。类似结构按递归性原则，可以无限拉长。比如上面引用的哈米提•铁木尔先生的例子Qasimniň čoň akisiniň Šinjaň Universitetida oquwatqan balisi**däk**“像卡斯木的大哥的在新疆大学学习的孩子一样的”里，格成分-däk所结合的短语就是一个从属短语包含另一个从属短语的形式：先是专有名词Qasim“卡斯木”与领有格-niň合并成格短语，出现在名词短语čoň aka“大哥”之前，起限定作用；由于维吾尔语的领有者与从属者之间的一致关系规则，čoň aka之后出现了第三人称单数从属语缀-si，构成了从属短语Qasimniň čoň akisi“卡斯姆的大哥”；该短语再一次与领有格-niň合并成格短语，出现在名词短语Šinjaň Universitetida oquwatqan bala“在新疆大学学习的孩子”之前，起限定作用；因同样的一致关系规则，该短语末尾再次出现了从属语缀-si，构成了这里看到的较复杂的从属短语。其结构可用方括号表示如下：

（6）[[[[[[[[[Qasim $_{\text{N}}$-niň $_{\text{K}}$] $_{\text{KP}}$ [čoň $_{\text{A}}$ aka $_{\text{N}}$] $_{\text{NP.Agr}}$]-si $_{\text{POS}}$] $_{\text{POS'}}$] $_{\text{POSP}}$] -niň $_{\text{K}}$] $_{\text{KP}}$ [[[[[[[[Šinjaň Universiteti $_{\text{N}}$]-da $_{\text{K}}$] $_{\text{KP}}$ oqu- $_{\text{V}}$] $_{\text{VP}}$ -wat- $_{\text{ASP}}$] $_{\text{ASPP}}$] -qan $_{\text{ADJL}}$] $_{\text{ADJLP}}$] bali $_{\text{N}}$] $_{\text{NP. Agr}}$] -si $_{\text{POS}}$] $_{\text{POS'}}$] $_{\text{POSP}}$

总之，以上提到的从属成分几方面的特征只能在句法框架内得到解释。

③格短语及其句法功能

经过以上的讨论已经很明确，阿尔泰语言的格成分就是语法功能成分。词法无法解释它的句法特征，因而它是句法研究的对象。上面我们还谈到，复数语缀和从属语缀都是构成自己短语的核心功能成分，那么，假如格语缀需要跟它们一起出现时，出现在最末尾，把它们所构成的短语统统纳入自己的语域内，构成自己的格短语，而且格短语又是语段。这说明格成分的句法地位更突出，句法特性更强。如名词öy“屋子”与从格成分-din合并后，整个短语有了来源、出发点等意义，因而可以与要求来源、出发点作论元的动词合并形成öydin čiq-“从屋子里出来”、öydin käl-“从家里来”；如果该名词与位格合并，整个短语就有了地点、处所的意义，可以与要求地点、处所作论元的动词合并。以此类推。

那么，什么叫格？最简单的回答是：阿尔泰语言的格就是后置词（postposition）的一种。就像语言类型学家预测的那样，阿尔泰语言作为SOV语言，其后置词相当于SVO语言的介词（preposition），都是为了表达名词性成分与动词（及其他成分）之间的各种句法关系而存在。因此阿尔泰语言的后置词与汉语和英语的介词一样，构成自己的后置词短语应该没有什么异议。不过，因阿尔泰语言的黏着特性，有不少后置词在语法化过程中，逐步成为发音和书写时离不开实词类的附加成分。后来，当学者们把屈折型语言的语法框架套在阿尔泰语言时，干脆就把与别的成分连在一起的部分叫作“格”，把剩余部分叫后置词。就这样阴差阳错地，本来属于同一个功能类的不同成员被分开了。因此，我们现在看到，维吾尔语里有10个格和近20个后置词，蒙古语里有8个格和30多个后置词，等等。当我开始探索阿尔泰语言的生成语法框架时，曾试图用黏着后置词（即传统的“格”）和自由后置词两个名称来把它们统一起来，但一方面因为“格”的概念根深蒂固，不容易改动，另一方面看到，把格作为句法功能成分来研究也能达到预期的目的，因此“格”作为前人留给我们的“遗产”被保留了下来。总之，把阿尔泰语言的格（和后置词）与SVO语言的介词或前置词等同起来，作为核心语研究是正确的选择，而传统的词法没能做到这一点。

2. 语态语缀、体语缀、否定语缀及其句法功能

这里我们把语态语缀、体语缀、否定语缀放在一起讨论，是因为它们有个共同点，即它们都可以与动词性短语合并构成自己相应的短语，而所形成的短语还是属于动词类（即+V类）。不过它们的功能各不相同，需要一个一个地介绍。

①语态短语及其句法功能

阿尔泰语言中动词语态成分较发达，如除印欧语言里所见的基本态（或主动态）和被动态外，还有使动态、交互态、同动态、众动态（蒙古语里）等。应该指出，在传统语法框架内语态语缀被看成具有双重身份的成分，即既可以从动词派生动词，又可以把一种语态变成另一种语态的成分，这是非常正确的。不过试图仅在词法内把每一个语态

变化所引起的论元的调整揭示出来，显得很不到位。受到M. Baker（1988）提出的统一指派题元角色假说（UTAH）以及轻动词理论的启发，我在生成语法框架内把每一个语态变化所引起的论元之间的有规律的调整，用形式化的树形图表示出来，以达到描写和解释的充分性。这些内容这里就不重复了。这里需要说明的是，按M. Baker统一指派题元角色假说，我们不能把一个动词与它的受事论元和施事论元等分开来研究，而是应该把它们看成一个整体来对待。这样一来，每一个动词在原态基础上就可构成动词短语VP，因为每个动词都有自己域内外一个或更多的论元。一个动词短语VP再与一个语态轻动词v合并，就构成轻动词短语vP，而且语态成分可以重叠，构成多重vP。既然一个语态语缀在动词短语VP或轻动词短语vP之后相加，它就是语法功能成分，而且它构成的轻动词短语vP是个语段。该语段内部一切按新增的语态成分的特点得到调整。这就是说，语态成分使得整个短语带上自己的句法特性。在解释类似复杂结构时，相应的生成语法理论与方法显得非常有力。

②体语缀及其句法功能

阿尔泰语言中表达动词体意义的手段非常丰富，因而体的种类也很丰富，并不限于进行体、完成体、未完成体几种。至于它们具体的表达形式及意义，在传统语法框架内也研究得相当到位，这里不重复。在生成语法框架内我们所做的一件事就是，确立体助动词或体语缀的语法功能地位，尽可能从体成分原有的具体词汇意义中抽象出特有的体意义，在树形图中明确表明它们所构成的体短语（ASPP），这些也不用赘述。这里需要补充的是，体语缀（或体助动词）虽然在一个完整的动词短语之后相加，但所构成的体短语仍然有动词（+V）特征，因此它后面照样可以出现否定、静词化或时态等成分，有的体助动词后面还可出现语态成分。不管这些变化多么复杂，生成语法在遇到类似结构时，都显示出强大的解释力。这方面传统语法是无法比拟的。

③否定语缀及其句法功能

我们可以假设，阿尔泰语言曾经有过共同否定动词*a:-/*e:-（力提甫•托乎提2002b）。不过在后来的语言发展中，它的语法化进程在各语族里并不平衡。如蒙古语的否定语气词ügei和满语的否定助动词akʊ都处在一种小品词阶段，还没有完全语缀化。相比之下，维吾尔语的否定成分-ma-/-mä-（及其弱化形式-mi-）早已语缀化，而且出现在动词短语的任何一个节点，构成自己的否定短语。现在让我们回顾一下本文开头提到的问题，即传统语法像最简单的结构[[qästän qil]-ma-]“不是故意做”与[qästän[qil-ma-]]“故意不做”之间有什么句法结构的不同，都无法解释。这是因为在旧的框架里，否定成分同样被看成构形成分，一般都被泛泛地解释为：如果一个动词末尾出现否定成分-ma-/-mä-，它就是否定动词；如果不出现，它就是肯定动词。从以上例词的方括号所体现的不同的层次可以看出，在前一种分析中，副词（ADV）qästän“故意”先与动词（V）qil-“做”合并，构成了过渡性动词短语（VP）[qästän $_{ADV}$ qil- $_{V}$] $_{V'}$ “故意做”，然后否定成分（NEG）-ma-与该短语合并，构成了带一个标杆的否定动词短语（NEGV′）[[qästän $_{ADV}$ qil- $_{V}$] $_{VP}$ -ma- $_{NEG}$] $_{NEGV'}$“不是故意做”；相比之下，在后一种分析中，否定成分（NEG）-ma-先与动词（V）qil-“做”合并，构成了否定动词（NEGV）[qil- $_{V}$ -ma- $_{NEG}$] $_{NEGV}$“不做”，然后副词（ADV）qästän“故意”与该否定动词合并，构成了带一个标杆的否定短语（NEGV′）[qästän $_{ADV}$ [qil- $_{V}$ -ma- $_{NEG}$]] $_{NEGV'}$ “故意不做”。虽然两者最终都形成了带标杆的否定动词短语，但因否定成分所出现的层次不同，即否定范围不同，表达了不同的意义。在前一个表达式中，否定成分-ma-的否定范围涉及了整个过渡性动词短语；而在后一个表达式中，否定成分-ma-的否定范围只涉及动词qil-，构成了否定动词，这也许是它的构词功能。否定成分-ma-作为功能成分，可出现在比这复杂得多的各种句法结构里。但在同一个结构表达类似不同意义的上下文中，所体现的语音信息也很重要。比如，像Tursun bu išni qästän qilmidi这样一句，当表达“吐尔逊不是故意做这件事”时，整个句子的读音是很平稳的；而表达“吐尔逊故意没有做这件事”时，副词qästän“故意”带句子重音。我们还可以假设，受事论元bu iš或施事论元Tursun两者之一被重读，否定范围马上就会转移，前者可以暗示“虽然没做这事，但做了别的事”，后者可暗示“做这件事的不是吐尔逊，而是别人”等意义。不管哪一种情况，只要遵守二合原则，按重读词语提供的信息去确定否定成分-ma-所结合的位置，我们就可以把问题解释清楚。在这方面，生成语法做得相当到位。

3. 静词化语缀及其句法功能

在生成语法框架内，我们完全抛弃了传统语法所谓的副动词、形动词、动名词等误导性名称。这里有理论和实践两方面的考虑。

首先，从纯理论的角度讲，我们还是应该严格按二合原则和M. Baker（1988）的统一指派题元角色假说，把阿尔泰语言中的动词看成首先与其内外论元合并成动词短语的支配性语类。按子语类特征来看，阿尔泰语言的动词短语类型在12—13种之间（高莲花 2014：42—67）。然后，所形成的动词短语作为整体参与其他操作，如可能出现两种情况：一是动词短语与时态-人称成分合并，构成时态-人称短语（即一般所说的句子，这是下一节要谈的内容）；二是与本节讨论的静词化语缀（包括副词化语缀、形容词化语缀、名词化语缀、目的化语缀等）合并，构成相应的静词化短语。而一个动词短语一旦被这些成分静词化，不再有动词特性，而具备副词、形容词、名词等静词类的特性（木再帕尔 2014）。因此传统语法把它们看成既有动词特性又有静词特性，即具有双重身份的成分在理论上不可接受。当然，二合原则也允许通过二合法形成的两个短语之间的合并，但前提是，每个短语必须有自己的核心语。而传统语法中定义为具有双重身份的所谓副动词、形动词、动名词都没有核心成分，说明它们并不是合理的语法成分（constituent），那样的划分是错误的。

其次，从语言实践的操作中看，这些具有双重特性的词是词汇单位还是句法单位呢？从副动词、形动词或动名词等带“词”的名称看，好像是词汇单位，应被录入词典。但传统语法一直把它们看成一种语法（词法）单位。另外，从语义分析看，阿尔泰语言中的这些静词化成分本身就有特定的意义，一旦跟某一动词合并，其意义马上就会兑现，绝不会延误。比如维吾尔语所谓“连接副动词”成分-^{0}p在上下文中表示“通过/经过……后，做完……之后就”等意义；所谓“原因副动词”成分-^{0}GAčGA有“由于，因为……”等意义。那么，在U japaliq išlä**p**, axiri yaxši nätijilärgä erišti和U asta mañ**ğačqa** män yetišiwaldim两个句子里，如果按传统语法的解释，前一句的“副动词”išlä**p**已经有了“通过工作/干活”的意义，后一句的“副动词”mañ**ğačqa**有了“由于走”的意义。因此，我们有理由说，前一句表示“？他艰苦地通过工作，最终取得了好成绩”的意义；而后一句表示“？他慢慢地由于走，我赶上了他”的意义。但这样听起来很别扭，说话者本来想表达的是“他通过艰苦地工作，最终取得了好成绩”和“由于他走得慢，我赶上了”等意义。但要想得出这样的意义，必须放弃把表面上这些成分与单个动词一起出现的形式看成一个成分来划分的做法。至于这方面需要考虑的更多相关因素，我们在上面的 [[yeňi öy]+din]“[从[新屋子]]”和*[yeňi [öy+din]]“*[新[从屋子]]的对比分析中已有所论述，这里不赘述。

总之，维吾尔语中不会有具有双重特性的所谓副动词、形动词、动名词等语言成分，有的是与整个动词短语合并，构成具有静词特性的短语的功能成分。在生成语法框架内我们把它们分别称为副词化语缀、形容词化语缀、名词化语缀、目的化语缀等，把它们结合形成的短语分别以它们的名称命名，结束了传统语法的那种尴尬局面。

4. 时态语缀及其句法功能

如上所述，一个动词短语最后不是静词化就是与时态、人称等成分合并成时态短语，也就是一般所说的句子。因此它肯定不是传统语法按一个动词（如一般多拿维吾尔语动词yaz-“写”为例：yazdim“我写了”、yazdiñ“你写了”、yazduq“我们写了”……）的形态变化来解释那么简单。因为从纯理论角度讲，一个动词词干与不同的语态、体、否定、时态、人称、语气等合并，可构成一万多种不同的结构（Aminä Mämtimin 2009）。如果把每一种结构用相应的类似“过去时基本态肯定式一般体第三人称直接陈述语气”等一个个难以记住的术语来命名，一个动词在理论上就会有一万多种结构名称。这样的形态学肯定会坍塌。再说，动词末尾出现的人称语缀不是凭空出现的，是根据探针-目标间的一致关系才得以体现的。因此时态短语是典型的语段。这些问题在生成语法框架内得到了圆满的解决。当然，有些阿尔泰语言并不像维吾尔语那么复杂，如蒙古语族里大多数语言和满语支语言的谓语动词有比较明确的时语缀，但不体现相应的人称语缀。因此，我们把它们放到时制短语内解释。把同时体现时、语气、人称等语缀的突厥语族语言以及通古斯语支的鄂伦春语等放到语气力度-人称短语内解释，效果相当好。

四 结论

在传统语法框架里，阿尔泰语言中的语法功能成分一直被看成实词类的一种形态，只是在一个单词层面举一些例子来加以说明，到了句法层面不再提它们的存在。这种盲目效法屈折型印欧语言语法框架的做法，把这些成分在语法化过程中形成的特定意义一笔勾销了，同时在客观上排除了揭示它们自由地出现在不同的句法层面表达不同意义的可能性，因而把阿尔泰语言的句法研究引入死胡同，使得该领域研究者们连最简单的句法层次关系都无法揭示。感谢乔姆斯基在语言学界掀起的认知革命。我们在生成语法理论的引导下，得到了重新审视阿尔泰语言的机会，并朝着充分观察、描写和解释阿尔泰语言句法结构的方向迈出了可喜的一步。笔者回顾了自己30多年的研究经历，把所取得的成果归结为两个突破点：一、摆脱了屈折型语言的语法框架，二、确认了阿尔泰语言功能成分的核心作用。

第一个突破点关系到语法框架与语言类型相匹配的宏观问题。正如上文所述，虽然人类语言遵守一些共同原则，但在参数的选择与设定方面各语言又是自由的。当然，这种自由是有限的，因为参数的设定只能在普遍语法允许的范围内进行。这也说明了为什么世界语言在类型上只有屈折型、黏着型、孤立型和综合型四大类型。从前面的对比分析中我们看到，就一些典型的语法手段来讲，黏着型的阿尔泰语言和屈折型的印欧语言之间没有什么共同点，在某些方面反而与孤立型的汉语相似。当然，我们对语言的类型特性本身不应该有任何偏见，就像语言没有优劣之分一样，语言类型也没有优劣之分，都体现了人类大脑的无限智慧和魅力。如从黏着型语言中可以体会到其使用者能“敲敲打打”，从一个个实词“锤炼”出所需的虚词或语缀的“勤劳的工匠”精神；从孤立型语言中可以体会到其使用者用实词及从实词类“锤炼”出来的虚词排列出灵活多变的语序，能多、快、好、省地传达任何信息的“精明”风范；从屈折型语言能体会到其使用者像技艺高超的魔术师一样，从一个词的内部生成“五花八门造型”的艺术魅力。很遗憾，实践证明，不但不同类型的语言间有不可兼容的特殊规则，有时同一类型的不同语言间也有一些特殊规则，因而不能把一种语言的语法框架套在另一种语言上。这就要求我们找出适合黏着型阿尔泰语言特点的语法体系，而生成语法理论就给我们提供了这样的机会。

至于第二个突破点的实现，有研究实践和理论支持两方面的因素。从研究实践来讲，阿尔泰语言套用印欧语言语法框架矛盾百出。因而，像前面提到的那样，有了冯•加班先生的温声提醒；有了道布先生的呐喊；有了哈米提•铁木尔先生的突破，喊出“格语缀并不是与单个名词结合，而是等该名词先与所有修饰成分合并完之后最后才结合”（Hämit Tömür 1983）的声音；有了清格尔泰先生的补救之举。当然，更有吕叔湘先生“语缀不限于加在词上，也可以加在短语”的启发性名言。所有这些都证明，旧的那套语言学理论需要革命性改变。正当类似“万事俱备，只欠东风”的局面出现时，生成语法理论推翻了以往的语法研究一直以实词类为核心的传统，确立了功能类的句法核心地位。它所依据的，是人类语言机制的二合运算规则，即每次合并两个成分，其中一个是核心语，另一个是补足语。当然，核心语的进一步投射还会涉及指示语和附加语。所形成的短语的语法特性由核心语来决定，因而整个短语就按核心语的特性进入下一个运算。研究证明，作为普遍语法规则之一，各语言里只要有功能类参与短语，整个短语就按功能类的性质进入下一个运算。因此，当生成语法理论进入最简方案时期，英语里就已经有不少以功能类为核心的短语出现了，如DP（限定语短语）、TP（时态短语）、IP（屈折短语）、CP（标句词短语）、ASSP（体短语）、NEGP（否定短语）、vP（轻动词短语）等（Radford 1997）。这就为我们确立阿尔泰语言功能类的核心句法地位提供了理论依据。结果我们确实找到了适合阿尔泰语言实际的新的语法体系，朝着观察的充分性、描写的充分性、解释的充分性迈出了一大步。我相信，这样的结果不但是以上提到的前辈学者们当时条件下求之不得的，更是我们这一代语言工作者应该完成的历史使命。毕竟，今天我们生活在由二进制运算系统支撑的信息化时代和人工智能时代。

参考文献

〔德国〕A. 冯•加班著，耿世民译：《古代突厥语语法》，内蒙古教育出版社，2004 年。

〔苏〕A. 谢米叶娃等：《维吾尔语语法》（维吾尔文，第二册，句法），新疆人民教育出版社，1957 年。

〔苏〕布•哈•托达叶娃：《现代蒙古标准语语法讲义•绪论》，中央民族学院出版社，1957 年。

朝克：《满—通古斯诸语比较研究》，民族出版社，1997 年。

道布：《粘着型语言结构的描写问题》，《中国语文》1994 年第 1 期，收录于《道布文集》，上海辞书出版社，2005 年。

高莲花：《生成句法框架内的蒙古语动词及其句法结构研究》，中央民族大学出版社，2014 年。

李亚非：《句子生成顺序与三种 Wh-移位异常：熵的视角》，《当代语言学》2017 年第 2 期。

力提甫・托乎提：《维吾尔语格的省略和 X 标杆理论》，《民族语文》1999 年第 2 期。
力提甫・托乎提：《维吾尔语及其他阿尔泰语言的生成句法研究》，民族出版社，2001 年。
力提甫・托乎提（a）：《阿尔泰语言构形成分的句法层次问题》，《中央民族大学学报》2002 年第 6 期。
力提甫・托乎提（b）：《阿尔泰语言学导论》，山西教育出版社，2002 年。
力提甫・托乎提（a）：《从短语结构到最简方案——阿尔泰语言的句法结构》，中央民族大学出版社，2004 年。
力提甫・托乎提（b）：《轻动词理论与维吾尔语动词语态》，《民族语文》2004 年第 6 期。
力提甫・托乎提：《维吾尔语名词性语类的句法共性》，《民族语文》2006 年第 4 期。
力提甫・托乎提：《论维吾尔语功能语类格（K）的句法特性》，《民族语文》2010 年第 4 期。
力提甫・托乎提：《论维吾尔语否定成分 -ma-/-mä- 的句法特性》，《民族语文》2011 年第 6 期。
力提甫・托乎提（a）：《生成句法框架内研究突厥语言的新途径》，见戴庆厦主编《当代中国民族学人类学研究精选丛书——中国少数民族语言文字研究》（二），民族出版社，2012 年。
力提甫・托乎提（b）：《现代维吾尔语参考语法》，中国社会科学出版社，2012 年。
力提甫・托乎提（c）：《语言机制的先天性与民族语言研究》，《民族语文》2012 年第 6 期。
力提甫・托乎提：《探针-目标中的一致关系与突厥语的语音和谐律》，《民族语文》2014 年第 1 期。
力提甫・托乎提：《从文化差异看语言间的异同——以英语、汉语和维吾尔语疑问结构构成对比研究为例》，《语言与翻译》（汉文版）2015 年第 2 期。
力提甫・托乎提：《最简方案——阿尔泰语言的句法结构》，中央民族大学出版社，2017 年。
力提甫・托乎提：《争做中华文化的捍卫者——以阿尔泰语言与汉语之间的宏观相似性为例》，《新疆大学学报》（哲学社会科学维吾尔文版）2018 年第 1 期。
刘润清著，力提甫・托乎提译：《美国心理语言学派及其理论简介》，《语言与翻译》（维吾尔文版），1985 年新疆维吾尔自治区成立 30 周年专刊。
木再帕尔：《维吾尔语的静词化短语》，民族出版社，2014 年。
清格尔泰：《蒙古语语法》，内蒙古人民出版社，1991 年。
史蒂芬・平克著，张旭红、梅德明译：《思想本质——语言是洞察人类天性之窗》，浙江人民出版社，2015 年。
史蒂芬・平克著，郝耀伟译：《心智探奇——人类心智的起源与进化》，浙江人民出版社，2016 年。
孙玉：《〈为何只有我们：语言与进化〉评介》，《外语教学与研究》2017 年第 5 期。
Aminä Mämtimin. 2009. Hazirqi Zaman Uyğur Tilidiki Peillarniň Türliniš Sistemisi Toğrisida Istatistikiliq Tählil, *Til wä Tärjimä*, 1-san.
Baker, M. 1988. *Incorporation: A Theory of Grammatical Function Changing*. Chicago: University of Chicago Press.
Berwick, Robert C., & Chomsky. N. 2016. *Why Only Us: Language and Evolution*. Cambridge, MA.: The MIT Press, pp.vii+215.
Chomsky, N. 1957. *Syntactic Structures*. The Hague: Mouton.
Chomsky, N. 1965. *Aspects of the Theory of Syntax*. Cambridge: MIT Press.
Chomsky, N. 1970. "Remarks on Nominalization". In R. Jacobs & P. Rosenbaum, eds., *Readings in English Transformational Grammar*. Mass.: Waltham, pp.184–221.
Chomsky, N. 1972. *Language and Mind* (Enlarged edition). New York: Harcourt Brace Jovanovich.
Chomsky, N. 1980. "On Binding" , *Linguistic Inquiry*, 11, pp.1–46.
Chomsky, N. 1981. *Lectures on Government and Binding*. Dordrecht: Foris.

Chomsky, N. 1995a. Bare Phrase Structure. In G. Webelhuth (ed.), *Government Binding Theory and the Minimalist Program*. Oxford: Blackwell.

Chomsky, N. 1995b. *The Minimalist Program*. Cambridge, Mass.: MIT Press.

Chomsky, N. 1998. Minimalist Inquiries: The Framework. *MIT Occasional Paper in Linguistics*, 15, MIT.

Chomsky, N. 2002. *On Nature and Language*, ed. by Adriana Belletti, Luigi Rizzi. New York: Cambridge University Press.

Chomsky, N. 2004. *Biolinguistics and the Human Capacity*, Delivered at MTA, Budapest, May 17.

Chomsky, N. 2005. Three Factors in Language Design, *Linguistic Inquiry* 36: 1-22.

Chomsky, N. 2016. *What Kind of Creatures Are We?* New York: Columbia University Press.

Hämit Tömür. 1980. Uyğur Tilidiki Isimlarniň Keliš Kategoriyisi Toğrisida. *Šinjaň Universiteti Ilmiy Žornili*, 3-san.

Hämit Tömür. 1983. Yänä Uyğur Tilidiki Isimlarniň Keliš Kategoriyisi Toğrisida. *Šinjaň Universiteti Ilmiy Žornili*, 1-san.

Hämit Tömür. 1987. *Hazirqi Zaman Uyğur Tili Grammatikisi* (Morfologiyä). Millätlär Näšriyati.

Radford, Andrew. 1997. *Syntactic Theory and the Structure of English — A Minimalist Approach*. New York: Cambridge University Press.

Radford, Andrew. 2004. *Minimalist Syntax: Exploring the Structure of English*. New York: Cambridge University Press.

The Generative Grammar Theory and Studies on Altaic Languages

Litip Tohti

Abstract: It has been a long tradition that all functional categories of Altaic languages are treated as morphological element of content words and recognized as grammatical categories of a noun or a verb. Such an approach of blindly imitating the frame of inflectional Indo-European languages' grammar wiped out all the referable idiosyncratic meanings of the Altaic agglutinative functional constituents developed through the long grammaticalization process. As a result, the studies of the Altaic languages' grammar were led into a dead end, and the scholars in the field couldn't interpret even the simplest syntactic structures. Thanks to the cognitive revolution launched by Chomsky in the field of linguistics. Due to the enlightenment of his Generative Grammar theory, we have had now a second chance of reviewing the Altaic languages and taken a satisfying step toward the adequacy of observation, description and interpretation. By recalling his breakthrough achievements over the past 30 years, the author of this paper attributes the accomplishments to the two major breaking points: first, being able to get rid of the grammatical frame of the inflectional languages, and second, identifying the head features of functional constituents in the Altaic languages.

Keywords: Generative grammar; Altaic languages; Functional categories; Head features

（通讯地址：100081 北京 中央民族大学中国少数民族语言文学学院）

哈萨克语的语料标注问题

张　定　京

提要：语料标注的初衷是帮助读者准确理解整体句义的构成情况，前提是正确的切分，其效果关系到可理解度。标注的对象是语料，不限于语句中的语法成分，还包括词汇成分；切分与标注的单位不应是语素，而应是语位；标注的行数通常为四行，而五行和三行的采用则出于特定理由；标注的文种应与行文文种一致；语料标注的经济性策略体现在音标选用、零形式语位的标注、合成语法的标注等方面。

关键词：哈萨克语　语料标注　语位　语素

语料标注是语料分析描写中必不可少的过程，其效果直接关系到分析描写的准确性和可理解度。目前哈萨克语乃至突厥语族语言语料标注中存在着不少诸如认识不清、目标不明、做法不一的问题，对标注效果影响比较大。近年来随着语料标注在分析描写研究中越来越受到重视，相关问题的解决也日益显示出必要性和急迫性。

一　现状与问题

（一）行数问题

从语料标注的行文行数看，目前有四行、五行、三行乃至一行等不同做法。除四行标注外，其余做法各自都存在着程度不一的问题。

1. 四行标注

四行行文标注比较常见。其四行分别为：（1）按词分写的书面规范语句行，无书面语的语言为实际发音记录行；（2）按单位切分后的语句行；（3）为每个切分单位做标注的语句行；（4）全句意译语句行。如：

（1） Mağan bir telefon soqsaŋ bolğanï, men äzir-aq jetip kelemin.

Men-ğa bir telefon-Ø soq-sa-ŋ bol-ğan-ï men-Ø äzir

我-向 一 电话-宾 打-假-谓2单普 成-历形-属3 我-主 现在

aq jet-ip kel-e(di)-min

限制语助 到-P副 来-将-谓1单

只要你给我打个电话，我马上就会来的。

2. 五行标注及其问题

五行行文标注的做法比较少见，但有时却是必不可少的。其第一行为实际口语发音记录行。其余四行同以上“四行标注”。如：

（2） sonɑŋgøjyn æɡɨ ɑləp tʃɤχtə, on thəjəndə dɑmuwʁostə.

sonɑn kejin ælgi ɑləp ʃəqtə, on təjəndə dɑmuw qostə.

sonɑn kejin ælgi-Ø ɑl-əp ʃəq-tə-Ø on təjən-də

然后 他-主 拿-P副 完成体助动-过-谓3 十 分-宾

dɑmuw-Ø qos-tə-Ø

达木-主 添加-过-谓3

然后他（把钱）拿了出来，达木加了一角钱。

问题：较之四行标注，五行标注看上去比较烦琐，同时第一、二行有重复之嫌，且第一行实际口语发音记录句会因人而异。

3. 三行标注及其问题

三行行文标注很少见，一般在两种情况下采用。

一是，省去四行中的第一行，保留之后的三行。如：

（3） Men-ğa bir telefon-Ø soq-sa-ŋ bol-ğan-ï men-Ø äzir

我-向 一 电话-宾 打-假-谓2单普 成-历形-属3 我-主 现在

aq jet-ip kel-e(di)-min

限制语助 到-P副 来-将-谓1单

只要你给我打个电话，我马上就会来的。

二是，省去四行中的第二行（切分行），且标注行只标注词汇不理睬语法，尤其是形态部分（以朝克主编中国少数民族会话读本中张定京著《哈萨克语366句会话句》为例），如：

（4） Oqïwšïlar onïŋ sabağïn süysine tïŋdaydï.

学生 他 课 喜爱 听

学生们愿意听他的课。

问题：着眼于节省篇幅的三行标注会丢失一些准确度。除未显示标准语语句原貌外，第一、二种情况还无法显示已固定在书面语中的语音变化形式，如，书面语中最终的显示形式应是mağan，onïŋ和sabağïn，而不是men-ğa，ol-nïŋ和sabaq-ï-n；另外，第二种情况中还一概忽略和丢失了语法部分的信息，只标注了词汇信息。

4. 句译式标注问题

只是在哈萨克语原句后加汉文译文。如：

（5） Bul kitäpti biz bärimiz oqïğanbïz. 这本书我们都看过。

（6） Qïzïngïz jaqïnda ğana kelip qaytqan edi goy, tağï sağïna qaldïngïz ba? 您家闺女前不久才来看过您不是，又想她啦？

问题：这并不算真正意义上的标注。只是较之无任何说明的原句，至少可以说明整体句意。

（二）对象问题

语料标注时常会被称为“语法标注”。这是很具误导性的以偏概全。标注对象是整个语句，语句中不仅有语法成分，更有词汇成分。切分与标注从来都是针对所有词汇和语法成分的，并非单纯针对语法成分。

可能会有这样一种辩解，词也是四级语法单位中的一级，也是语法单位，因此将词汇标注和语法标注统一称作语法标注是没有问题的。不过，事实上，在语言系统中，词汇是词汇，语法是语法，它们是两种不同的语言单位。词汇和语法是相互对立的两大集团，分别负责表达具体的词汇意义和抽象的语法意义。任何句子均由词汇和语法成分两类组合而成，不可能只由语法成分构成，标注也自然是对词汇成分和语法成分的标注。因此，语句标注即是语法标注的说法无法成立。

（三）单位问题

1. 语素标注的问题

关于标注的单位，国内外比较通行的做法是以语素为单位做切分和标注。著名的《莱比锡标注规则：隔行逐语素对照标注惯例》名称本身也明确表明标注的单位是语素。哈萨克语语料标注中最常见的做法也是语素标注。如：

（7） Ol närse bir qïrïqayaq bolsa kerek.

ol	närse-Ø	bir	qïrïq-ayaq	bol-sa-Ø	kerek-Ø
那	东西-主	一	四十-脚	是-假-谓3	要-谓3

那大概是一只蜈蚣。

（8） Awïrïp qalğandïqtan sabaqqa bara almadïm.

Awïr-ïp　qal-ğan-dïq-tan　sabaq-qa　bar-a　al-ma-dï-m

生病-P副　助动-历形-名缀-从　课-向　去-A副　助动-否-过-谓1单

因为生病，我没能去上课。

（9） Aqšamdï joğaltïp qoyğanğa, šešem urïstï ay kelip.

Aqša-m-dï　joğal-t-ïp　qoy-ğan-ğa　šeše-m-Ø

钱-属1单-宾　丢-使-p副　结果体助动-历形-向　妈妈-属1单-主

urïs-tï-Ø　ay　kel-ip

责骂-过-谓3　抒情语助　来-p副

因为我把钱弄丢了，妈妈把我狠狠臭骂了一顿。

（10） Šïnï šïn, biraq äli xabarlağan joq.

šïn-ï-Ø　šïn-Ø　biraq　äli　xabarla-ğan　joq-Ø

真实-属3单-主　真实-谓3　但　还　公布-历形　没有-谓3

那是实情，是没错儿，但还没公布。

问题：以语素为单位切分和标注时，即使每个语素及其意义均清楚，整体结构的意义很有可能并不清楚。因为由语素构成的结构体，其整体意义往往并不等于各部分意义简单相加（ABC≠A+B+C）。这样，以语素为单位做标注就无法取得理想的效果。

2. 语位标注

为解决每个语素意义都清楚但整体结构意义仍不清楚的问题，我们提出了语位和语位标注的概念，即以语位为单位进行切分和标注。以上四例以语位为单位进行切分和标注时结果如下：

（11） Ol närse bir qïrïqayaq bolsa kerek.

ol　närse-Ø　bir　{qïrïqayaq}　bol-{sa-Ø kerek}

那　东西-主　一　蜈蚣　是-揣测语气

那大概是一只蜈蚣。

（12） Awïrïp qalğandïqtan sabaqqa bara almadïm.

Awïr-{ïp qal}-{ğan-dïq-tan}　sabaq-qa　bar-{A al}-ma-dï-m

生病-局面体-一般因果　课-向　去-能动-否-过-谓1

因为生病，我没能去上课。

（13） Aqšamdï joğaltïp qoyğanğa, šešem urïstï ay kelip.

Aqša-m-dï　joğal-t-{ïp qoy}-{ğan-ğa}　šeše-m-Ø　urïs-tï-Ø

钱-属1单-宾　丢-使-惹祸体-因果　妈妈-属1单-主　责骂-过-谓3

{ay kel-ip}

渲染语气

因为我把钱弄丢了，妈妈把我狠狠臭骂了一顿。

（14） Šïnï šïn, biraq äli xabarlağan joq.

šïn-{形1-属3+形1-谓3+biraq}	äli	xabarla-ğan	joq-Ø
真实的-悬认转折	还	公布-历形	没有-谓3

那是实情，是没错儿，但还没公布。

以上语句按语位切分标注，使整体结构的意义一目了然，较之语素标注效果有了大幅改善。尤其体现在其中的蜈蚣、揣测语气、局面体、一般因果、能动体、惹祸体、因果、渲染语气、悬认转折逻辑关系等合成语位上。

问题：按语位标注自身也存在问题（虽然属低层面的次要问题）——构成合成语位的语素未被切分与标注说明。

（四）文种问题

文种问题主要体现在语料标注行文过程中对转写符号和标注文种的选用不一致，比较随意无序。

1. 转写音标符号问题

目前用来转写哈萨克语语料的音标符号大体上有两种，一是国际音标（宽式或严式），二是国际突厥字母（国际突厥语族语言学界通用的拉丁字符）。这两种转写符号各有优缺点。

国际音标的受众面更广，但无法利用大写字母来表达代表不同变体的抽象音位；国际突厥字母受众面相对窄，但可很方便地利用大写字母来表达包含不同变体的抽象音位。如名词的复数法位用两种音标符号表达的效果如下：

国际音标：　　{可数名-lar/ler/dar/der/tar/ter(-属人称-格词尾)}

国际突厥字母：　{可数名-LAr(-属人称-格词尾)}

这时，国际突厥字母具有明显的优势。

2. 标注法位的文字种类

问题：用A语种行文却用B语种标注。如有些论著本是用汉语写文章，却用英文语法术语标注语法单位。如维吾尔语语料标注实例：

（15） -ɛmisɛ seniŋtʃɛ bolʁanda mɛn ɛmdi qandaq qiliʃim kerɛk?

-ɛmisɛ	seniŋ-tʃɛ	bol-ʁan-da	mɛn	ɛmdi
那么	2SG.GEN-EQUI	COP-ADJL-LOC	1SG	那

qandaq　　qil-iʃ-im　　　　kerɛk?
怎样　　　做-NMLZ-POS1SG　　需要
　　那么你说我现在应该怎样办?

（16） dʒøχuj tʃidɑp olturɑlmɑj tɑʃqiriʁɑ tʃiqip kɛtti.
dʒøχuj tʃidɑ-p　oltur-ɑl-mɑ-j　　tɑʃqiri-ʁɑ tʃiq-ip　kɛt-ti.
觉慧　忍受-ADVL 坐-ABİL-NEG-ADVL 外面-DAT 出-ADVL 去-PST.3
觉慧在房里实在坐不下去，便走出来。

用英文术语标注语法成分（甚至是代词），用意显然是与国际接轨，显示出档次和水平。但从实际效果看，这种做法与标注的初衷有些背道而驰。标注是为读者理解整体结构意义的来源提供帮助，而词汇成分用汉文标注，语法成分用英文标注，这表明并未想明白要给谁看，结果是国人看起来似懂非懂，理解起来难度增大，英语母语人更是不可能看懂。面向同一读者，用两种不同文字掺杂标注，有些故弄玄虚。如果认为用相对陌生的英文标注效果比用完全熟悉的汉文还好，那自然应该所有的标注（语法+词汇）都用英文。果若如此，对于汉文读者而言，无异于没有标注。追求与国际接轨（这本身就值得商榷），不应以牺牲标注效果为代价。

（五）准确度问题

目前语料标注中存在着准确度不够的问题。问题主要产生于虚词和零形式的标注不到位。

1. 虚词粗放标注

虚词标注准确度不够是目前比较普遍的问题。问题的症结在于标注过于笼统抽象，不够精确和具体。如：

（17） Tüzim boyïnša istewiŋ kerek qoy.
tüzim　boyïnša　iste-w-iŋ　kerek　qoy
制度　格助（后置）　做-名动-属2单普　要　语助
得按制度办呀。

句中的boyïnša和qoy两个虚词只是按照类别分别被标注为格助词和语气助词，这样做的效果相当于只是将tüzim、iste-和kerek分别标注为名词、动词、形容词。很明显，这种标注精度是达不到说明语义构成的应有要求的。

2. 零形式标注遗漏

作为所谓“无形”的形式，零形式是语言经济性的典型代表，是与有形的语法形式相对的重要语法形式，并不是可有可无的。但在做语料标注过程中往往被忽视。如：

（18） Asan bügin mektep zalïnda kino kördi.

Asan	bügin	mektep	zal-ï-nda	kino	kör-di
阿山	今天	学校	礼堂-属3-位	电影	看-过

阿山今天在学校礼堂看了电影。

哈萨克语是形态发达的语言，句法结构相当严谨。所有的主要句法成分均有其特定的形态身份标记，主语必为主格形式，谓语必缀接谓语性人称词尾，宾语必为宾格形式，领有者定语必为领格形式。这些身份形态标记有些本身就是零形式，有些可在特定情况下显示为零形式。这些零形式都是各自范畴系统中的特定成员，如不标注，会使标注无法反映语言的实情，丧失科学性、严谨性，淡化哈萨克语综合性语言的特点，甚至会使句法结构关系变得不明朗。

以上例句标注相关零形式后效果会好很多：

（19） Asan bügin mektep zalïnda kino kördi.

Asan-Ø	bügin	mektep-Ø	zal-ï-nda	kino-Ø	kör-di-Ø
阿山-主	今天	学校-领	礼堂-属3-位	电影-宾	看-过-谓3

阿山今天在学校礼堂看了电影。

二　对象与单位

标注的对象是采集的话语材料，其基本单位是由词汇单位和语法单位构成的句子。语法标注说不够准确。做语料标注时，切分和标注的对象同时包括语法单位和词汇单位。统而言之，就是语料标注。

标注的单位——语位。做标注先对语句进行切分。以语素为单位做切分和标注，存在只见树木不见森林的问题，其整体意义不等于各组成部分意义的简单相加，以至于各组成部分的意义均清楚时整体意义往往仍不清楚。这一问题的解决途径是改变做法，以语位为单位做切分和标注。

语位的概念。语位指语言中能够自由运用的最小语言单位。所谓自由运用指它是能够自由拆装的零部件，具有普适性，能够有规律地在同类所有分布中以不变的形式表达不变的特定意义。因此，它组配出的言语结构体的整体意义就等于各直接构成成分意义的简单相加，即ABCD＝A+B+C+D。使用语位概念，表达者可根据表义需要选用语位，用它们做组合的零部件，用什么语位整体结构就会添加什么意义，否则就没有；相应地，受众也能够通过理解每一个语位的意义顺利地理解整体结构的意义。

语位与语素。语素是语言中形式与意义结合的最小单位。它不能自由运用，不是语句的直接构成成分，只用来构成语位。语位由语素构成，由一个语素构成的是单纯语位，由两个或更多语素构成的是合成语位。具有表义功能的语言单位只有两种：不能自由运用的素级单位——语素、可自由运用的位级单位——语位。与我们通常感觉不一致的一个情况是，我们往往感觉构词附加成分地位较高，构形附加成分地位较低，但实际上构词附加成分普适性低，不能自由运用，只能属层次较低的语素层级，而构形附加成分普适性强，可以自由运用，可属层次较高的语位层级。

语位的种类。从表义特点看，表达词汇意义的语位是词位，表达语法意义的语位是法位。从结构特点看，由一个语素构成的语位是单纯语位（如qïrïq“四十”），由两个或两个以上语素构成的是合成语位（如qïrïqayaq“蜈蚣”）。关于法位，从构成手段方面看，可由形态手段构成，如：{名-NÏ+及物动}“宾动结构关系法位”；可由语序手段构成，如：{质料名+类别名}“质料定中结构关系法位”；可由虚词手段构成，如：{名1+Men+名2}“并列结构关系法位”；可由重叠手段构成，如：{形：Ap-AB}“加强级法位”；可由语调手段构成，如：{……！（急降调）}“感叹语气法位”；可由混合手段构成，如由形态和虚词手段构成的{-A qoy-}“急速体法位”。

言语和语言。一条铁律是，任何言语单位（包括语句、词组、发生形态变化的词等）均是由词位和法位两种成分组合而成的结构体。如表1所示：

表 1　言语单位构成成分

言语单位	词位	法位
balalar“孩子们”	bala“孩子”	-LAr“复数词尾”
jaqsï bala“好孩子”	jaqsï“好”、bala“孩子”	{形＋名}“性质定中结构关系”
Mïnaw Asandiki? “这是阿山的？”	mïnaw“这个”、Asan“阿山”	{……?$_{（上扬语调）}$}“诧异式疑问语气” {名$_{-主}$＋名$_{-谓人称}$}“主谓结构关系” {$_{名}$-Niki}“领属物词尾”

语料标注是将言语单位切分成其构成成分——语位，然后对每一个切分出的语位做标注。如：

（20）Mïnaw Asandiki?

mïnaw-Ø　　Asan-Niki-Ø　　{……？（上扬语调）}

这个-主　　阿山-领属物-谓3　　诧异式疑问

这个是阿山的？

语位标注的问题与对策。相对于语素标注，语位标注大大改进了标注的效果，但语位标注自身也存在困难与问题。其一，做语位切分与标注的前提是，标注者对语位要有前期研究，对哪些成分是一个语位（尤其是合成语位）要心知肚明，能准确判断、切分和标注。如不具备这样的条件，只能退而求其次，采用语素标注法。如：Barğanïŋmen beker.“你去了也没用。”应该用语位标注，其效果为：

（21a） bar-{ğanïŋmen}　　　beker-Ø
　　　　去-深沉式转折　　　没用-谓3

但如对其中的{ğanïŋmen}这一语位没有认识，就只好按照语素标注：

（21b） bar-ğan-ïŋ-men　　　beker-Ø
　　　　去-历形-属2单普-助　　没用-谓3

其二，按语位标注时，合成语位内部的构成成分往往不够清楚，如上文的{-ĞAnïŋmen}“深沉式转折逻辑关系”。为解决此问题，可对合成语位的各组成部分做适当切分并在其后的括号内做相应的标注。语位标注（附带构成语素切分与标注）：

（21c） bar-{ğan-ïŋ-men}　　　　　　beker-Ø
　　　　去-深沉式转折(<历形-属2单普-助)　没用-谓3

在合成语位后用括号标出其中包含语素的做法，可只在首次且有必要时采用，当读者了解相关概念后就无须采用了。

三　标注的文种

标注语与行文语不一致，在A语言行文中使用B语言术语来标注语法成分，不会使标注更精准，相反，只会给受众造成理解困难。用什么文字行文就该用什么文字做标注，这道理很直白。

有时之所以会出现汉语行文中用英文做标注，大概与英文具有一套比较定型的语法术语缩略语有关。那么，汉文是否有，或者说可以有？答案自然是肯定的。汉文的语法缩略语其实可做到比英文的更加简略明了。以下是一些比较通行的汉文语法缩略语，可作参考。

	缩略术语	原术语（词尾/表达形式）
1）	A副	-A形式状态副动
2）	般过	一般过去时
3）	般体	一般体
4）	被	被动态
5）	宾	宾格
6）	变将	转变将来时
7）	尝体	尝试体

8）	从	从格
9）	单	单数
10）	定将	决定将来时
11）	动	动词
12）	动干	动词词干
13）	动机	动机体
14）	非遍体	非遍及体
15）	否	否定
16）	复	复数
17）	副	副词
18）	副动	副动
19）	贯过	一贯过去时
20）	格助	格助词（后置词）
21）	过	过去时
22）	过将	过去将来时
23）	果体	结果体
24）	后过	后知过去时
25）	花过	花样过去时
26）	或将	或然将来时
27）	或形	或然形动
28）	级	形容词的级
29）	即过将	即刻过去将来时
30）	己体	为己体
31）	假	假设式
32）	假副	假设副动
33）	将	将来时
34）	捷体	迅捷体
35）	局体	结局体
36）	历过	经历-状态过去时
37）	历形	经历-状态形动
38）	离体	离去体
39）	临将	临近将来时

40）	临体	临近体
41）	局面体	局面体
42）	肯	肯定
43）	量	量词
44）	连助	连接助词
45）	领	领格
46）	猛体	迅猛体
47）	名	名词
48）	名动	名动
49）	名缀	名词构词词缀
50）	蓦过	蓦然过去时
51）	目副	目的副动
52）	目将	目的将来时
53）	目形	目的形动
54）	能动	能动体（情态）
55）	P副	-P形式一般副动
56）	普	普称
57）	祈	祈使式
58）	祈2单普	祈使式第二人称单数普称
59）	祈3	祈使式第三人称
60）	强	加强级
61）	前历过	前经历过去时
62）	弱	减弱级
63）	使	使动态
64）	始体	开始体
65）	似	比似格
66）	属	领属性人称
67）	属2复尊	领属性第二人称复数尊称
68）	属3	领属性第三人称
69）	属物	领属物
70）	数	数词
71）	述经过	追述经过过去时

72）他体 为他体
73）体 体
74）体助 体助动词
75）婉将 委婉将来时
76）完体 完成体
77）位 位格
78）谓 谓语性人称
79）未尽过 未尽过去时
80）谓3 谓语性第三人称
81）未体 未完成体
82）小体 小动体
83）现 现在时
84）限副 时限副动
85）显体 速显体
86）现现 现状现在时
87）形 形容词
88）形动 形动词尾
89）形缀 形容词构词词缀
90）向 向格
91）虚过 虚拟过去时
92）续过 持续过去时
93）续将 持续将来时
94）续体 持续体
95）续现 持续现在时
96）易体 轻易体
97）原 原级零形式
98）语助 语气助词
99）职形 职业形动
100）主 主格
101）助 助格
102）转静 将静词谓语句转换为名词性词组的接口
103）转体 转变体

104）追点过　　追述时点过去时
105）追段过　　追述时段过去时
106）追前过　　追述前时段过去时
107）尊　　尊称
108）自　　自负态（反身态）
109）1　　第一人称
110）2　　第二人称
111）3　　第三人称

四　标注的行数

标注的行数可有五、四、三、一。采用多少行标注并非随意，而是由标注的目的与要求决定的。我们可为五行标注做0—4的编号，如：

（22）0 sonɑŋgøjyn ægɨ ɑləp tʃɤχtə, on thəjəndə dɑmuwʁostə.

1 sonan kejin ælgi aləp ʃəqtə, on təjəndə daməw qhostə.

2 {sonan kejin}	ælgi-Ø	al-{əp ʃəq}-tə-Ø	on	təjən-də	daməw-Ø	qos-tə-Ø
3 然后	那（人）-主	拿-完体-过-谓3	十	分-宾	达木-主	加入-过-谓3

4 然后他（把钱）拿了出来，达木加了一角钱。

在标注语料有书面语形式时，可根据以下情景，选用不同的行数。

情景一：没有语流音变研究需求时，采用四行标注法，取以上的1—4行。

情景二：有语流音变研究的需求时，采用五行标注法，取以上0—4行。这时，将0行与1行做比较，可清楚地观察到实际发生的语流音变。

情景三：需尽可能减少行数时，可只取以上2、3、4三行。此过程中可能出现的不利情况是，无法显示出已固定在书面拼写规则上的音变情况。比如，被省去的第一行中原本书面拼写形式为kömegi“他的帮助”，现保留的第二行只能显示未发生过音变的原形kömek-i“帮助-属3”。

情景四：没有切分标注的需求，只需了解整句的意思，或者篇幅不允许有多行标注时，就只取1、4行，并且可把两行合并为前后跟随的一行。

在语料没有标准书面语形式时，不存在1行，最多为0、2、3、4四行标注。其三行标注与有书面语的情况相同。

五　经济性策略

在保证准确性的前提下，语料标注应讲究经济性，追求操作的便捷性和结果的简洁明了，尽可能避免烦琐。经济性策略涉及以下几个方面。

（一）音标的选用

在标注哈萨克文语料时，转写字符通常会在国际突厥字母和国际音标（宽式、严式）之间做选择。国际突厥字母具备大小写形式，可以用大写形式表示拥有数个音位变体的抽象音位，同时在键盘上录入也相对方便，总体看更高效便捷。因此，在对国际音标没有硬性要求时，可以优先选择国际突厥字母。

当对国际音标有硬性要求时，就只能使用国际音标。这时存在采用宽式还是严式国际音标的二次选择。宽式音标不表现出具体的音素变体，比较简便，通常情况下可优先采用；而当涉及需要精确表达的音位变体或语流音变等情况时则应选用严式国际音标。

（二）零形式的标注

零形式是与有形语法形式对立存在的特殊语法形式。哈萨克语中，存在与不同范畴的有形语法形式相对立的身份不同、数量可观的零形式，诸如单数零形式、一般级零形式、主动态零形式、肯定语气零形式、一般体零形式、谓语性第三人称零形式、主格零形式、领格零形式、宾格零形式，等等。

可以常常见到标注中对这些零形式词尾全部忽略的情况。如：

（23a） Asan özi mašina aydap keldi.

Asan	öz i	mašina	ayda-p	kel-di
阿山	自己-属3	汽车	驾驶-P副	来-过

阿山自己开车来的。

这显然是不对的。但若将所有的零形式全部标注出来，过程又会非常烦琐，结果也会非常复杂。如：

（23b） Asan özi mašina aydap keldi.

Asan-Ø-Ø	öz-Ø-i-Ø	mašina-Ø-Ø	ayda-Ø-Ø-Ø-p
阿山-单-主	自己-单-属3-主	汽车-单-宾	驾驶-般体-主动-肯-P副

kel-Ø-Ø-Ø-di-Ø

来-般体-主动-肯-过-谓3

阿山自己开车来的。

不标注不对，全部标注又过于烦琐。于是存在一个取舍问题。理想状态是既能反映黏着语的句法结构特点不放弃零形式的标注，又能做到相对简洁。这里，零形式的类别似可作为一个突破口。观察发现，哈萨克语的零形式词尾可归为两类，一类只与词语本身的相关特征相关（包括单数、一般级、主动态、肯定、一般体等零形式），另一类与词与词之间的结构关系相关（包括主格、谓语性第三人称、领格、宾格等零形式）。相比之下，决定更高层次句法结构关系的后一类更不应该被忽略，以保证句法结构整体框架的清晰性。因此，可考虑在以上零形式中，标注与结构关系相关的而省去词层面的，标注为：

（23c）Asan özi mašina aydap keldi.

Asan-Ø	öz-i-Ø	mašina-Ø	ayda-p	kel-di-Ø
阿山-主	自己-属3-主	汽车-宾	驾驶-P副	来-般过-谓3

阿山自己开着车来的。

这样既可反映哈萨克语的结构特点，又做到了尽量简洁方便。

（三）合成法位的标注

哈萨克语合成法位会遇到不方便线性切分标注的情况。合成法位有直合式和间合式两种情况。直合式法位的各构成法素按顺序直接组合，其间没有其他成分；间合式的构成法素被其他成分间隔在两端。对这两种合成法位做线性切分和标注的方便程度很不一样。直合式方便，如：

（24）Än aytïwšï ediŋ ğoy, bir än aytïp jiber.

än-Ø	ayt-{ïwšï edi}-ŋ	ğoy	bir	än-Ø	ayt-{ïp jiber}-Ø
歌-宾	唱-贯过-谓2单普	提醒语助	一	歌-宾	唱-捷体-祈2单普

你会唱歌呀，唱上一支吧。

间合式法位则需将分布在两端的语素抽出，隔空合成一个法位形式，做线性切分就不是很方便。如：

（25）Asannïŋ inisi keldi.

[Asan	ini	{名1-领+名2-属人称}]	kel-di-	{名-主+动-时-谓人称}
[阿山	弟弟	领属性定中]	来-过-	主谓

阿山的弟弟来了。

为提高切分与标注的便捷程度，避免烦琐，遇到这种间合式合成法位时，不妨直接以语素为单位来切分和标注（与传统的习惯做法相似）。如：

（26）Asannïŋ inisi keldi.

Asan-nïŋ　　ini-sï-Ø　　kel-di-Ø
阿山-领　　弟弟-属3-主　　来-过-谓3
阿山的弟弟来了。

（四）句调的标注

同样内容的命题（语句），句调不同，就带有不同的语气意义。如：

（27） Asan keldi./?/!

Asan-Ø　kel-di-Ø　{……缓降调}　/{……上扬调}　/{……急降调}
阿山-主　来-过-谓3　陈述语气　/诧异式疑问语气　/感叹语气
阿山来了。/阿山来了？/阿山来了！

哈萨克语中单纯由句调表达的语气意义，至少有数十种，但目前的研究成果尚不足以说明究竟有哪些类别，每一个类别的语调形式与意义之间的对应关系具体是什么样的。句调标注目前还不具备可操作性，只能暂时放弃，只切分和标注句调之外部分。如：

（28） Asan keldi./?/!

Asan-Ø　　kel-di-Ø
阿山-主　　来-过-谓3
阿山来了。/阿山来了？/阿山来了！

（五）使用辅助标志

语料标注行文中，为突出特定部分从而让人更方便辨认，一个策略是为相关部分添加辅助标志。常见的辅助标志有以下几种。

第一，语法成分下标。可使语法成分的标注明显地区别于词汇成分的标注，同时可有效防止标注行的文字过多地超出切分行。如：

（29） Än aytïwšï ediŋ ğoy, bir än aytïp jiber.

än-Ø　ayt-{ïwšï edi}-ŋ　ğoy　bir　än-Ø　ayt-{ïp jiber}-Ø
歌-宾　唱-贯过-谓2单普　提醒语助　一　歌-宾　唱-捷体-祈2单普
歌$_{\text{-宾}}$　唱$_{\text{-贯过-谓2单普}}$　$_{\text{提醒语助}}$　一　歌$_{\text{-宾}}$　唱$_{\text{-捷体-祈2单普}}$
你会唱歌呀，唱上一支吧。

语法成分下标，当标注较长语句时优势会更加明显。

第二，目标成分加粗。语料标注常涉及为描写特定成分而举出的例句。为使读者方便地发现目标成分，常见的做法是在前三行中将该特定成分加粗显示。如追述时点过去时：

意义内涵：相关动作行为在说话前相当久远的某个时点上进行，说话人述说时使用平静的实事求是的追述语气。

表达形式：{谓动干-态-体-肯定/否定-**ĞAn bolatïn**-谓人称}。其中-ĞAn是经历形动词尾，有-ğan/gen/qan/ken四个变体；bolatïn是追述语气助词。

示例：

（30）Sol kezde mektepte birde-bir oqïwšï qalmağan bolatïn.

sol kez-de mektep-te {birde-bir} oqïwšï-Ø qal-ma-{**ğan bolatïn**}-Ø

那 时候-位 学校-位 任何一个 学生-主 剩下-否-追点过-谓3

当时学校里一个学生也没有。

这个小操作可为读者节约时间，提供方便。

第三，相关部分加下划线。为表明格助词、连接助词等涉及的相关部分的范围，可在第一行（书面语形式书写行）为该部分增加下划线，涉及一个部分时用单下划线，涉及两个部分时，第二个部分用双下划线（为避免杂乱的感觉不在第二、三行使用下划线）。如：

（31）Kezekte bükil memleket boyïnša reforma iškeriley jürgiziliwde.

kezekte bükil memleket- {Ø boyïnša} reforma-Ø iškerile-y

当前 全 国家-范围 状中 改革-主格 深入-A副

jürgiz-il-{iw-de}-Ø

进行-被-续现-谓3

目前全国正在深入进行改革。

（32）Qïrïq jïldan beri elimizde jalpï bettik reforma üzdiksiz jürgizilip keledi, sonïŋ arqasïnda elimizdiŋ universal memlekettik quwatï barïnša küšeytildi.

qïrïq jïl-dan beri el-imiz-de {jalpï bettik} reforma-Ø üzdiksiz

四十 年-从 以来 国-属1复-位 全面的 改革-主 持续

jürgiz-il-{ip kel}-e(di)-Ø {sonïŋ arqasïnda} el-imiz-diŋ universal

进行-被-长持续-状现-谓3 幸果因果 国-属1复-领 综合

memlekettik quwat-ï-Ø barïnša küšey-t-il-di-Ø

国家的 力量-属3-主 尽可能 加强-使-被-般过-谓3

四十年来，我国持续进行了全面改革，得益于此，我国的综合国力得到了极大的提高。

六 小结

1. 关于对象，切分和标注的对象是语言材料（语句）中的语言成分——语位，包括词位和法位。因此，标注对象不只是语法成分，而是语料。

2. 关于单位，标注中切分和标注的单位应是语位（词位和法位）而不是语素（词素与法素）。否则各语素的意义均清楚也往往不好理解结构的整体意义。

3. 关于语种，用什么语种行文即应用什么语种做标注，用A语种写语料却用B语种的术语做标注是不合适的。

4. 关于行数，语料标注通常采用四行标注法，可根据特殊需求选用五行或三行标注法。

5. 标注策略，需注重经济性与效率，尽量简化。（1）用于语料转写的音标选择的先后顺序可以是：国际突厥字母、宽式国际音标、严式国际音标。（2）只标注句法结构层次的零形式词尾，不标注词内部的零形式词尾。（3）直合式合成语位按语位切分与标注，间合式合成语法可按语素切分与标注。（4）由句调构成的语位暂不标注。

参考文献

阿不都热西提·亚库甫、张定京主编：《阿尔泰语系语言情态系统的功能-类型学研究：分析性对比语料400句》，中央民族大学出版社，2013年。

张定京：《哈萨克语366句会话句》，社会科学文献出版社，2015年。

张定京：《实体语法理论——哈萨克描写语法学方法论》，中央民族大学出版社，2015年。

Leipzig. 2015. The Leipzig Glossing Rules: Conventions for Interlinear Morpheme-by-morpheme Glosses. Leipzig, Germany.

On Problems About Glosses of Kazak Text

Zhang Dingjing

Abstract: The original purpose of glosses of text is to help readers understand the component parts of the meanings of the whole sentence exactly. The premise is to divide the sentence correctly, and its result is related to the extent of reader's understanding. Target of glosses is not limited to grammatical elements, but also lexical elements. Units of dividing and glossing are not morphemes but grammemes. Glossing unit has 4 lines under normal conditions, and 5 lines, 3 lines can be selected for their own reasons. Characters of glosses should be in the same language as the paper wrote. Tactics of convenience and efficiency are reflected in aspects of selecting phonetic transcriptions, glossing zero forms and composed grammemes.

Keywords: Kazak language; Glosses of text; Grammeme; Morpheme

（通讯地址：100081 北京 中央民族大学中国少数民族语言文学学院）

俄语中的蒙古语借词

哈斯巴特尔

提要：俄语和蒙古语是分属于两个不同类型语系的语言。历史上俄罗斯族曾被蒙古族占领和有效控制长达一个半世纪，使得完全不同的两种语言经历了长时间的密切接触，导致大量蒙古语词进入了俄语。观察分析这些蒙古语借词，可以有效了解蒙古族与俄罗斯族之间所发生的各种关系。这些借词中除了有军事和政权方面的借词以外，还有反映经济、文化、宗教、草原环境、日常生活等各个方面的借词。通过对这些蒙古语借词的研究，可清晰地看到当时蒙古人对俄罗斯族方方面面的影响。

关键词：俄语　蒙古语　蒙古语借词　民族接触

一　引言

俄罗斯族和蒙古族是分属于不同人种、不同语系的两个民族。俄罗斯族属于欧罗巴人种，操印欧语系斯拉夫语族的俄罗斯语；蒙古族则属于蒙古人种，操阿尔泰语系蒙古语族的蒙古语。显然，他们是毫不相干的两个民族，使用两个完全不同的语系语言。但是，俄罗斯语中却保留着相当数量的蒙古语词。俄语中存在的这些蒙古语词反映着这两个民族在历史上曾经有过的不同寻常的密切接触的事实。

十三世纪，一代英雄成吉思汗统一了分散于草原上的各个蒙古部落，征服了包括俄罗斯在内的众多西域国家，建立了横跨亚洲和欧洲两个大洲的大帝国。成吉思汗给子孙分封土地时将俄罗斯领地封给了长子术赤，并以南俄为中心建立了钦察汗国，统治达一个多世纪。

俄罗斯族被蒙古族有效统治长达一个半世纪（1240—1380年）。虽然1380年蒙古人被德米特里打败后统治被大大削弱，但是依旧又延续了一个世纪。直到1480年，莫斯科大公国的伊凡三世才宣布自己以及罗斯不再效忠蒙古可汗。后来罗斯吞并了金帐汗国的诸继承国喀山汗国、阿斯特拉罕汗国、克里米亚汗国，彻底结束了蒙古人的统治。

在这长达两个多世纪的时间里，蒙古族的影响，尤其是行政，甚至是宗教方面的影响是强烈的，如有的著作中指出："顾此时（按：伊凡第四，1533—1584）莫斯科公虽已称沙皇（Tsar即Cæsar），然其所沿袭者仍多鞑靼之遗风，与欧洲异；君权以亚洲之规范，了无限制，所谓基督教亦为东方式掌诸朝廷之'正宗'，此盖在蒙古人未入侵以前，由君士坦丁堡出发之保加利亚传教师傅入俄境者也。"（韦尔斯 2006：500）

应该说，蒙古族对俄罗斯二三百年的时强时弱的统治，导致了毫不相干的两个民族之间的接触，客观上为蒙古语词流入俄语创造了条件。对此有的研究著作指出："相形之下，蒙古对罗斯历史的建设性和积极的贡献却非常有限。在行政与财政领域一些蒙古词汇进入了俄语，显示了蒙古的影响的深度。例如，'亚尔雷克'（iarlyk）这个词便来自蒙古语，原意是可汗的手令……在现代俄语中的意思是标签或海关印戳。俄语中的'京加'（denga）——意为硬币——和'京吉'（dengi）——钱的意思——也来自蒙古语。"（尼古拉·梁赞诺夫斯基，马克·斯坦伯格 2007：67）

关于俄语中外来语借词的研究，《外来语词典》（JI. H. KOMAPOBA 1979）中收录了一万九千个外来语借词，其中也收录了蒙古语借词，但是数量有限。这些蒙古语借词包括以下九个词：

Айм'ак"基本行政组织，在蒙古人民共和国；布里亚特和山区阿尔泰自治区的一个地区"；

Ар'ат"蒙古国和中国蒙古地区的劳动人民、牧民，在图瓦称为农民"；

Аргал'и"猸羊"；

Арг'ал"干牛粪（亚洲非林地区的燃料）"；

Бурх'ан"蒙古佛教人士崇拜的偶像"；

дал'ай-л'ама"达赖喇嘛（活佛）"；

дац'ан"喇嘛庙"；

Джут"灾害"；

Дзер'ен"黄羊"。

而在《词源词典》（M. Фасмер 1978）中收录的蒙古语借词则多一些，收录了260个词，其中大部分是来自俄罗斯境内的卡尔梅克语和布里亚特语这两种蒙古语族语言的借词。尽管这些借词也是属于蒙古语语族语言的词汇，但是毕竟是同一个国度内的相互借用关系，所以，这类借词本文没有包括在内。

本文收录的蒙古语借词近100个。根据初步观察，俄语中的这些蒙古语借词大多具有古蒙古语特点，涵盖了政权、军事、草原、畜牧、宗教以及日常生活等方方面面的内容。

本文收录的蒙古语借词的俄文资料主要参考了《大俄汉词典》（黑龙江大学俄语系

词典编辑室 1985）和《俄汉大辞典》（刘泽荣 1960）两部词典；蒙古语资料主要参考了《蒙汉词典》（内蒙古大学蒙古语文研究室 1976）。

二 俄语中的蒙古语借词

（一）有关政权、行政的借词

根据这些蒙古语借词语音特点知道，它们不是同一个时期被借入的。其中，一些蒙古语借词语音特点与中世纪蒙古语语音特点相吻合，因此可以确定这些词是十三世纪初借入的，它们与蒙古军西征并占领俄罗斯公国的历史有关系；另一些借词语音特点接近现代蒙古语口语，因此可以确定这些借词是近年被借入的，反映了蒙古人民共和国建立以后，加强了与苏联的经济文化联系。这些借词是通过蒙古人民共和国的喀尔喀方言被借入俄语中去的。例如：①

俄语	蒙古语
Arat (Ар′ат)“牧民、劳动者”	arad“人民”
Ail (А′ил，-а)“阿依尔”（阿尔泰地方的山村、村落，蒙古游牧的家族群；吉尔吉斯共和国的村落。例如：аилный совет“村苏维埃”）	ayil“村子”
Ajmak (Айм′ак，-а)“（蒙古）盟（行政单位）”	ayimaγ“盟（一级行政区名）”
Audie-nʦija (Ауди′енция)“（地位很高的人的）接见”，如：коро́ль дал ауди′енцию послу“国王接见了大使”	aγulǰa-“会见、会晤、会面”
Orda (Орд′а)“〈史〉突厥和蒙古部落的联盟，汗国”	ordo(n)“宫，宫殿”
Karakitai (Каракит′ай)“黑契丹人”	xara“黑”+俄语китай“契丹”

蒙古语xara“黑”+俄语китай“契丹”构成了合成词каракитай。Китай的早期形式是kitan“契丹”，是由词尾-n>i演变发展来的。

---

① 蒙古语词按书面语传统标注法标注，不加说明；蒙古语口语例词按宽式国际音标标记，并加以说明；中世纪词按文献标记形式标记，并加以说明；喀尔喀方言词按喀尔喀基里尔文字标记，并加以说明。

Kurultai (Курулт′ай, -я)“（某些蒙古族、突厥族的）代表大会，全体大会” xuraltai“有会的”

Kurzal (Курз′ал, -а)“（疗养地供集会、演出用的）大厅” xural“会议”+俄语зал“厅”

蒙古语xural“会议”+俄语зал“厅”时，蒙古语词-al脱落，构成了复合词курзал。

Xan (Xan)“汗，可汗” xa:n（口语）“可汗，皇帝”

Xata (Х′ата)“（乌克兰、白俄罗斯和南俄罗斯乡村的）农舍” xota“浩特（家园，牲畜歇处）”

Xošun (Хош′ун, -а)“旗（中国内蒙古自治区的行政单位；蒙古人民共和国过去的行政单位）” xɔʃɷ:n（口语）“旗（相当于县级行政单位）”

Xural (Хур′ал, -а)“呼拉尔（蒙古人民共和国选举出来的政权机关）” xural“委员会，会议”

Meʤie (М′едье)“（匈牙利的）省” moǰi“省，省份”

Mogoli (Мог′олы)“蒙古人（中亚人的说法）” moŋγul“蒙古人、蒙古族”

Somon (Сом′он, -а)“苏木（蒙古人民共和国省市以下的行政单位）” somon“苏木（相当于镇级行政单位）”

Tamga (Тамг′а, -й)“〈方，旧〉记号，标记；烙印，戳子；（鞑靼奴役俄罗斯时课的）税” tamaγa（书面语）“印章”

Tarxan (Тарх′ан, -а)“〈史〉达尔罕（古代蒙古社会里的一种称号），〈旧，方〉货郎” darxan“匠师，手艺人，〈史〉达尔罕（旧时被免除徭役赋税的人）”

Jasak (Яс′ак)“〈史〉实物税（古代对西伯利亚一带各部族征收的皮毛牲畜等）” ǰasaγ“政，政体，〈史〉军法、法度”

Jasa (Яс′а)“雅撒（古代蒙古习惯法汇编，传说是成吉思汗编写的）” ǰasaγ“政，政体，〈史〉军法、法度”

Jam (Ям, -а)“驿站” ǰam“路，道路”

（二）有关游牧经济和日常生活的借词

自古以来蒙古族是游牧民族，生活于大草原，逐水草而游动，不固定于一个草场，牲畜是他们的唯一财产。在长期的游牧生产活动中形成了一整套适应于这种游牧生产方式的习俗和词汇，这些习俗和词汇反映在日常蒙古语中。在与俄罗斯族长期接触过程中这些习俗和词汇也被吸收到俄语里。例如：

俄语	蒙古语
Ajran (Айр′ан, -a)“酸奶”	ayiraγ“酸奶”
Araka (Ар′ак, -a)“阿拉克酒（用米和椰子汁等酿成的）”	arixi (n)“酒”
Arkan (Apk′an, -a)“（捕马等的）套索，套马索”，例如：Apk′aниь“用套索捕”	uraγa(n)“套马杆”
Argal (Арг′ал)“干粪（亚细亚用作燃料的牛马粪）”	arγal“干牛粪”
Altɨn (Алт′ын)“金子”，例如：алтын“（俄国旧铜币）三戈比”	altan“金子”
Irbis (′Ирбис, -a)“雪豹”	irbis“豹子”
Išak (Иш′ак, -a)“〈方〉驴，骡子”	ilʤig（口语），elǰige（书面语）“驴”
Oʧag (Оч′аг, -a)“炉灶，火炉，〈转〉发源地”	očoγ“（火撑子的）撑腿儿，火星，星火，火花”
Otara (От′ара, -ы)“大羊群，集体农庄的大羊群”	otor“敖特尔（逐水草流动放牧的一种方式）”
Bɨk (Бык)“公牛，牡牛，有角的雄性野兽”	bøg（口语）“牤牛，种公牛”
Bugaj (Буг′ай, -я)“〈方〉公牛，雄种牛”	buxa(n)“牤牛，种公牛”
Kaban (Каб′ан, -a)“野猪”	xaban“大种公猪”
Kabkan (Капк′ан, -a)“捕兽器，捕兽的夹子，圈套”	xabxa“夹子（泛指踩夹、板夹等捕兽用具）”
Kunak (Кун′ак, -a)“粟、谷子”	xonoγ“粟、谷子（常炒制成炒米，泡奶茶当主食食用）”
kurenj (кур′ень, -я)“木棚、窝棚，（顿河一带的）古代小房、农舍，〈史〉（查坡洛什哥萨克的）独立分队”	xure:n（口语）“院、圈、盘，〈史〉蒙古族生产和防御的形式”
Gak (Гак)“〈海〉钩”，例如俄语复合词：гакблок（<гак+блок）“带钩的滑车”	γoxa“钩子”
Gobi (Г′оби)“戈壁”	γobi“戈壁、戈壁滩”

Malaxaj (Малах′ай, -я)“（巴什基尔人带大帽耳朵的）尖顶皮帽子”	malaγai“帽子”
Xoton (Хот′он, -а)“〈史〉霍顿（古代游牧人的游牧屯住地），（蒙古族的）牧业生产组成的家园”	xoton“浩特（牧区合作社生产单位）”
Xurɛ (хур′э)“（蒙古）大寺院”	xure:（口语）“院子”
Denjga (Деньг′а, -и)“钱”	ǰoγos“钱，货币”
Doxa (Дох′а, -и，复数дохи[阴])“里外两面毛皮的皮袄”	daxu“翻毛光板皮大衣”
Daban (Даб′ан)“大板，山口（南西伯利亚一带用）”	daba:n（口语）“山梁”
Telega (Тел′ега, -и)“（四轮）大车（运货用的）”	terge“车”
Tuluk (Тул′ук, -а)“皮囊（多半指皮酒囊，有时指作牛皮筏子用的皮囊）”	tulum“（用牛犊、马驹、羊或黄羊的皮制成的）皮口袋、皮筏子”
Tulun (Тул′ун, -а)“（一般用来存放旅途用品）皮口袋”	tulum“皮口袋”

蒙古语借词тулу-к是（高加索一带装东西用的）皮囊。而蒙古语tulum是古代蒙古族征战时用牛胃加工而成的盛装食物的囊袋。

ʧai (Чай)“茶”	čai“茶”
ʤut (Джут, -а)“绝饲，大量饿死（指冬季缺乏饲草，牧场上牲畜绝饲或大量饿死）”	ǰut“灾害，灾荒”
ʤuljma (Дж′ульма, -ы)“死羊毛”	ǰuluma“内皮，嫩皮，皮层”
ʤɛjrɛn (Джейр′ан, -а)“黄羊，瞪羚”	ʤə:rən（口语）“黄羊”

（三）有关军事、尚武以及与此相关的借词

十三世纪初，铁木真统一了草原上纷争不休的各个蒙古部落，建立了游牧民族政权——蒙古汗国，之后便开始了震撼世界的西征并占领了俄罗斯大公国，建立了钦察汗国。虽然建立了军事统治，但是征战不断，战事活动贯穿于日常生活，因此一些有关军事、尚武等方面的词汇时常出现于俄语中并被固定下来。例如：

俄语	蒙古语
Balda (Балд′а, -ы)“〈技〉大锤，〈旧，方〉树瘤”	balta“大斧、大槌”
Batɨr、Batɨŗ (Бат′ыр-а、Бат′ырь, -я)“（蒙古、中亚地区用语）英雄，勇士”	ba:tar（口语）“英雄”
Bukolɨ (Бук′олы, -ов)（单）“牧民和奴隶”	boγol“奴隶”
Bulat (Бул′ат, -а)“（古代铸造宝刀宝剑的）一种优质钢，宝剑”，例如：ковать булат“锻造宝剑”，мочить булат“磨剑”	bolod“钢”
Bogatɨŗ (Богат′ырь, -я)“勇士，壮士（特指古时的或神话中的），英雄”。	baγatur“英雄”
俄语中，Богатырь也有了派生新词能力。例如：богатырский эпос“歌颂勇士的史诗”，богатырская мощь советскоей Армии“苏联的雄强威力”，богатырский сон“（口语）酣睡”，богатырство“英雄气概、勇士气概”等。	
Bulga (Булг′а, -а)“〈俗〉慌乱，惊慌”，如《蒙古秘史》Bulqa-tur ese qaqačaba ǰe“反乱里不曾离了也者”（栗林均，确精扎布 2001：213）	bulqa-（中世纪）“纷乱，惊乱”
karaul (кара′ул, -а)“〈军〉卫兵，哨兵，守卫，放哨”，例如：начальник караул“卫兵长”，вдять (делать) на караул“举枪敬礼”	qara’ul（中世纪）“哨兵”
Kalanʧa (Каланч′а, -'и)“（堡垒、消防队等的）瞭望台，瞭望塔”	xarača“眼神，眼力” 蒙古语xaran-“看，瞭望”+ -ča（加词缀时-n脱落）= qarača。
Kolʧan (Колч′ан, -а)“箭筒、箭袋”	xorčin“箭骑手、箭袋”
Kowɨ (Kóвы)“〈旧，文语〉阴谋、诡计暗算”	xoobi“协商政务、勾结”
Kuŗ-ɛr (Курь-′ерь, -а)“递送员，送信员，信差”	xür-gen“送”

俄语中在词根курь-上再加名词词缀-ерь构成курьерь；词根курь-借自蒙古语词根kür-“到”。词缀-′ер见于барь-′ер“篱栅，栅栏”。

Nukɛr (Нук′ер, -а)“〈史〉（11—12世纪）蒙古贵族的义勇兵，（从13世纪起）蒙古汗的亲兵”	nükür（中世纪蒙古语）“伴当”
Tsirik(Ц′ирик, -а)“兵、战士”	цэрэг（喀尔喀方言），čerig “兵、战士”

（四）有关佛教、帝王的借词

俄罗斯族的宗教信仰是东正教，而蒙古族信仰的是自然教，信奉长生天和自然界万物，后期佛教传入蒙古地区后，信奉自然教的同时也开始信奉佛教。随着蒙古族占领并统治俄罗斯，一些自然教和佛教词汇也流入俄罗斯地区，反映在俄语中。例如：

俄语	蒙古语
Tɛŋri (Т′енгри)“（突厥和蒙古语）天”	teŋri（口语）“天” 在中世纪蒙古族崇拜自然，所以，将“天”奉为“长生天”来供奉。
Bogdo ɡɛɡɛn (Богдо гэг′эн)“活佛”	boγdo ɡeɡen“活佛”
Bogdɨ xan (Богдых′ан)“中国皇帝”	bɔgd xaːn（口语）“皇帝、活佛”
Burxan (Бурх′ан, -а)“佛”	burxan“佛”
Kagan (Каг′ан)“〈史〉（古代某些中亚国家的）汗、王”，例如：俄语каганат“〈史〉国、汗国”	xaγan“皇帝”
Xutuxtu (Хут′ухту)“胡图格图（清朝对喇嘛教高级僧侣的封号）”	xutuγtu“胡图格图（清朝对喇嘛教高级僧侣的封号）”
Tabunan (Табун′ан, -а)“塔布囊（驸马）”	tabunaŋ“驸马”
ʤasa (Дж′аса, -ы)“（蒙古）庙宇产业”	ǰasag“札萨克”

（五）有关草原动植物的借词

蒙古族是游牧民族，广阔的大草原是蒙古族世代繁衍生息的地方。他们非常熟悉草原上的动植物。在与俄罗斯族交往过程中这些草原动植物名称也自然渗透到俄罗斯族语言中。例如：

俄语	蒙古语
Bɛrkut (Б′еркут, -а)“金雕、鹫”	börgüd“雕、鹫”

Kaban (Каб′ан, -á)“野猪、公猪、〈骂〉胖大粗野的男子”	xaban“大种公猪”
Kulan (Кул′ан, а)“野驴，蒙驴”	xulan“野驴，也叫蒙古驴”
ʤɛjrɛn (Джейр′ан, -а)“黄羊，瞪羚”	ʤəːrən（口语）“黄羊”
ʤɛrɛn (Дзер′ен, -а)“黄羊”	зээрэн（喀尔喀方言）“黄羊”
Sarana (Сар′ана, -ы)“百合”	sarana（口语）“山丹花”
Saraj (Сар′ай)“棚子，板棚”，例如：Сарай для дров“木柴棚”	sara-bči“棚，棚舍，棚圈，檐” 蒙古语sara-bči是在早期saran上加名词词缀-bči构成的。加-bči时-n脱落。
Tarbagan (Тарбаг′ан, -а)“土拨鼠”	tarbaγan“旱獭”
Taran (Тар′ан, -а)“〈植〉某些蓼属植物”	taraːn（口语）“庄稼，农作物”
Tolaj (Тол′ай, -я)“兔子”	tɔːlai（口语）“兔子”

（六）有关文化生活的借词

蒙古族在俄罗斯建立了钦察汗国，有效统治长达一个半世纪。在漫长的时间里，蒙古族的一些文化形式在一定范围内也影响了被占领民族，一些具有文化色彩的用语也被借入俄语中。例如：

俄语	蒙古语
Tjma (тьм′а, -ы)“一万” 俄语中没有表示“万”的数词，“万”采用合成方法来表示，即以十个千的乘法来表示：десять“十”тысять“千”。因而，тьм′а是蒙古语借词无疑。而从тьм′а的语音特点来看，该词具有卡尔梅克语tɛman的语音特点，所以它是从当时卡尔梅克方言借入的。	tümən“万”
Koturnɨj (Кот′урный, -ов)“〈史〉厚底鞋（古代希腊演员穿的）”	γutul“靴子”
Kotɨ (Кот′ы, -ов)“〈方〉女棉鞋”	γutul“靴子”
Xaltura (халт′ура, -ы)“（口语）敷衍了事，潦草塞责”。例如：Этот художник занимается халтурой“这个画家作画粗制滥造。”	xaltura-“滑，圆滑，潦草”

Xadag (Хад′ак, -а)“哈达”	xadaγ“哈达”
Xuligan (Хулиг′ан, -а)“〈篾〉流氓、无赖汉”	xulaγai“小偷，贼”
Xajla- (Хайл′а-ть, хайлó, -а)“好大声喊叫的人”	xaila-（中世纪）“大叫、大哭，〈尊〉苦”，例如《蒙古秘史》yeke dawu-ar qaila-ba“大声叫了”（栗林均，确精扎布 2001：211）
Xaili-tj (Хайл′и-ть)“〈粗〉大喊大叫”	xayila-（中世纪）“大叫、大哭”
Xaræ (Х′аря)“〈粗、骂〉嘴脸”	xariyal“谩骂、责骂”
Xaja-тj (Х′аяtь)“（俗）诋毁、污蔑、辱骂”	xariya-“谩骂、责骂”
Xur (хур，-а)“〈乐〉呼尔（蒙古族一种管弦乐器）”	xɷ:r（口语）“胡琴”
Barkan (Барк′ан，-а)“坚厚毛绒布（蒙木器家具用的厚毛巾）”	bürxü-“遮盖，蒙盖，笼罩，掩盖”

三　蒙古语借词特点

根据蒙古语借词的语义和语音特点分析，这些借词大体上是分两个时期被借入俄语的。这两个时期也是俄罗斯族和蒙古族接触最多的时期。一个是中世纪蒙古族占领俄罗斯并建立钦察汗国，统治俄罗斯族的漫长的一个半世纪；另一个是苏联时期，蒙古人民共和国建立以后，成为苏联的卫星国。这两个时期，两个国家之间的关系变得非常密切，蒙古国的一些词汇进入了俄语。

（一）语音形式上的变化

在语音上，由于蒙古语语音系统不同于俄语语音系统，所以，蒙古语借词进入俄语以后，那些不符合俄语发音习惯的语音都被俄语语音所改造，从而在语音方面发生了与蒙古语不同的一些语音变化。语音上的这些变化随着借入时间的增加，越来越大，拉开了与蒙古语母语距离的同时更融合了俄语的特点。这些特点表现为如下几方面：

1. 长元音被变读为短元音

众所周知，蒙古书面语中没有长元音音位，蒙古书面语词中的-vcv-音组在现代蒙古语中都演变成了长元音音位。由于俄语中没有长元音音位，所以，具有长元音音位的蒙古语口语词被借入俄语后，长元音一律被改造为短元音，个别被改造为相近的复元音。例如：

俄语хошун ——蒙古语口语xɔʃɷ:n，书面蒙古语xosiγun；

俄语дабан ——蒙古语口语daba:n，书面蒙古语dabaγan；

俄语курень ——蒙古语口语xure:n，书面蒙古语xüriyen；

俄语батыр~батырь ——蒙古语口语ba:tar，书面蒙古语baγatur；

俄语джейран ——蒙古语口语ʤə:rən，书面蒙古语ǰegeren；

俄语таран ——蒙古语口语tara:n，书面蒙古语tariyan；

俄语толай ——蒙古语口语tɔ:lai，书面蒙古语taulai；

俄语хур ——蒙古语口语xɷ:r，书面蒙古语xuγur；

俄语дзерен——蒙古语喀尔喀方言зээрэн“黄羊”等。

2. 蒙古语借词中还保留着早期蒙古语语音特点

蒙古语长元音是由词中位置上的音组，即-vcv-的元音间辅音弱化并脱落，前后两个元音经过合并、相互同化等阶段后演变而成的。在这个演变过程中，中世纪蒙古语处于元音间辅音脱落，前后两个元音还没有合并的发展阶段。有些词是这个时期借入俄语的，所以，这些借词还保留着这一时期的复元音特点。属于这一类的借词包括：

俄语караул，在中世纪《蒙古秘史》中标记为qara'ul。词中音组-a'u-中间的辅音以喉部浊擦音形式保留着，而在现代口语中这个元音间的喉部浊擦音已经消失，同时前后au相互同化演变成了长元音ɷ:，即xarɷ:l。在长元音音组的演变过程（-aγu-→-a'u-→-au-→-ɷ:-）中，处于-au-阶段时被借入了俄语。

此外，蒙古语借词中还保留着早期蒙古语语音的以下特点。

（1）蒙古语借词中还保留着早期吐气辅音特点

①蒙古语借词中的舌根吐气塞辅音k

中世纪蒙古语中舌根辅音分为吐气的塞辅音k和不吐气的塞辅音g两种，没有擦辅音x。在文献资料中，按元音的阴、阳性属，将k标记为阳性的q和阴性的k两种，q和k属于一个音位；同样也按元音的阴、阳性属，将g标记为阳性的γ和阴性的g两种，它们也同属于一个音位。在后来语言的发展中，吐气的k都演变成了擦辅音x，而不吐气的g则没有变化，于是在书面语和口语中只有x和g（书面语中标记为γ和g）的区别，中世纪k完全消失了。

俄语中的蒙古语借词中，有的还保留着舌根k，有的保留着x，说明它们是k→x变化的两个不同时期被借入的一些词。而这些词，在蒙古语中一律都演变成了擦辅音x。例如：

保留k时借入的：

俄语	蒙古语	俄语	蒙古语
Каракитай	xara+китай	Курень	xure:n
Курултай	xuraltai	Каланча	xarača
Курзал	xural+зал	Колчан	xorčin
Кабан	xaban	Ковы	xoobi
Капкан	xabxa	Курь-ерь	xür-gen
Кунак	xonoγ	Баркан	bürxü-

有个别词，在蒙古语借词中仍保留k，但是在蒙古语中却演变成不吐气的γ。例如：

俄语	蒙古语
Коту́рный	γutul
Кот′ы	γutul
Буќол	boγol

演变为x后借入的：

俄语	蒙古语	俄语	蒙古语
Xan	xa:n	Хада́к	xadaγ
Ха́та	xota	Хулига́н	xulaγai
Хошу́н	xɔʃɷ:n	Хайла́-ть	xayila-
Хура́л	xural	Ха́ря	xariyal
Хур′э	xure:	Ха́я-ть	xariya-
Хото́н	xoton	Хур	xɷ:r
Халту́ра	xaltura-		

②蒙古语借词中保留着舌尖吐气塞辅音t

早期蒙古语中的舌尖吐气塞辅音t在前后语音的影响下，在一些词中都演变成了不吐气的d。但是在蒙古语借词中仍保持着吐气辅音的早期特点，显然，这些词是在t还没有演变成d时被借入俄语的。例如：

俄语	蒙古语
Тархан	darxan
Арат	arad
Булат	bolod
Беркут	börgüd

（2）蒙古语借词中还保留着早期蒙古语词尾的辅音-n

①一些蒙古语借词中还保留着早期蒙古语词尾鼻辅音-n，而在现代蒙古语中这些

词尾鼻辅音除了已经被赋予了语法功能的以外，大部分都脱落了。例如：

俄语	蒙古语
Сомон	somo
Хотон	xota
Алтан	alta

②一些蒙古语借词中还保留着早期蒙古语词尾鼻辅音-n，而在现代蒙古语中这些词尾鼻辅音-n，有的已经演变成了-m、-i或-ŋ。例如：

俄语	蒙古语
Колчан	xorčin
Каланча	xarača
Телега	terge

（3）一些蒙古语借词中还保留着早期蒙古语词中音节末-l

一些蒙古语借词中还保留着早期词中音节末舌边辅音l，而在现代蒙古语中它已经演变为颤音r。例如：

俄语	蒙古语
Колчан	xorčin
Каланча	xarača
Телега	terge

（4）俄语中没有的辅音则用相近辅音来替换或以辅音双写来标记

①俄语中没有与蒙古语ǰ[ʤ]相对应的辅音，于是在蒙古语借词中用俄语я来替代。例如：

俄语	蒙古语
Ясак	ǰasaγ
Яса	ǰasaγ
Ям	ǰam

②俄语中没有与蒙古语ǰ[ʤ]相对应的辅音，采用双辅音相拼的方式来标记。例如：

俄语	蒙古语
Джаса	ǰasag
Джут	ǰut
Джульма	ǰuluma
Джейран	ʤəːrən

（二）语义上的变化

蒙古语词进入俄语以后，由于俄语的语义环境不同于蒙古语，人文社会环境也不相同，导致蒙古语借词的语义也发生了一些变化，表现为一定的转义、语义扩大或语义缩小。

1. 蒙古语借词语义转义

蒙古语xulaγai表达单一的“小偷，贼”义，借入俄语以后，Хулиган转义为“〈箧〉流氓、无赖汉”等贬义。因为俄语中具有专门表达偷盗意义的вор、жулик“小偷”两个名词，所以，借入的Хулиган为了避免重叠，表达了相关的语义。

蒙古语xarača表达“眼力”的语义，借入俄语后Каланча转义为与“眼力”有关的（堡垒、消防队等的）瞭望台、瞭望塔。因为在没有望远镜以前，前沿阵地的“瞭望台，瞭望塔”可以弥补“眼力”。

蒙古语中nükür在中世纪表达“伴当”之义，现代蒙古语中演变为“朋友、同志”。中世纪借入的Нукéр，在俄语中表示与“伴当”有关的“蒙古贵族的义勇兵，蒙古汗的亲兵”。

2. 蒙古语借词语义扩大

蒙古语qara'ul表达单一的“哨兵”义，借入俄语以后караул除了能够表达与蒙古语词一样的“哨兵”语义以外，还表达相关的“〈军〉卫兵，哨兵，守卫，放哨，守卫任务，守卫室，救命（口语用作感叹词），（边界）卡伦，边台”等多种语义。例如：начальник караула“卫兵长”，выставитъ караулы“布置警戒”，Караул! Режут! закричал он“救命啊！杀人啦！他高声喊起来。”

在蒙古语中qara'ul虽然沿用至今，但是语义仍停留在单一的“哨兵，哨所”上。

ba:tar在蒙古语中表达“英雄”的语义，而在蒙古语借词Батыр、Батырь、Богатырь中，除了表达“英雄”义以外还能表达“勇士、壮士”等相近语义。例如：богатырский эпос“歌颂勇士的史诗”，богатырская мощь советскоей Армии“苏联的雄强威力”，богатырский сон“〈口语〉酣睡”，богатырство“英雄气概、勇士气概”。

3. 蒙古语借词语义缩小

蒙古语xaltura-表达“滑，圆滑，潦草”的语义，“滑”的语义用于“滑倒”场合时表“光滑”，蒙古语借词халт′ура中没有“滑倒”的语义，只借用了“圆滑”义，又演变为“潦草”义。与蒙古语xaltura-比较，语义显然缩小了。

（三）构词方面的变化

俄语中有一些词是复合构成的，由语义相近的蒙古语借词和俄语固有词重叠构成。例如：

俄语курзал“公共大厅（温泉场、疗养地等备集会、看表演等等）”。该词是由蒙古语词qурал“会议”的qур-和俄语固有词зал“厅”两个同义词重叠构成的合成词。构成上，最初是qурал+зал，之后qурал的-рал被省略，变成курзал。-рал的脱落，大概是因为连续出现三个舌尖音р-l-l，为了发音方便去掉了前面带有舌尖辅音р的整个音节-рал。

（四）不同时期借入的同源词共存

在语音上，蒙古语借词中存在着不同时期借入的同源词共存的情况。例如：

1. 蒙古语借词хурал和курал（见курзал）

хурал和курал是同一个词。курал（蒙古语文献中标记为qural）存在于早期蒙古语中，而хурал（蒙古语中标记为xural）是现代书面语和口语形式。俄语中之所以出现хурал和курал两种形式，是由于它们是在不同时期借入的。蒙古语中早期的qural，后来发展成了xural。因此，курал是qural时借入的早期借词，而хурал是后期xural时借入的借词。类似借词还有курень和хурэ等，与上述хурал和курал的情况完全一样。

2. 蒙古语借词батыр、батырь和богатырь是同源词

богатырь是从早期的baγatur借入的，baγatur反映着中世纪的语音面貌。后来，baγatur在蒙古语中发展成ba:tar，即词中-aγa-音组演变成了长元音-a:-。这时俄语借入了ba:tar，标记为батыр和батырь。因此，蒙古语借词богатырь是从baγatur借入的，батыр、батырь是后期从ba:tar借入的。

参考文献

黑龙江大学俄语系词典编辑室编：《大俄汉词典》，商务印书馆，1985年。

刘泽荣主编：《俄汉大辞典》，商务印书馆，1960年。

内蒙古大学蒙古语文研究室编：《蒙汉词典》，内蒙古人民出版社，1976年。

〔美〕尼古拉·梁赞诺夫斯基、〔美〕马克·斯坦伯格著，杨烨、卿文辉译：《俄罗斯史》（第七版），上海人民出版社，2007年。

〔英〕韦尔斯著，梁思成等译：《世界史纲》（下），上海人民出版社，2006年。

Л. Н. КОМАРОВА. 1979. «Словарь иностранных слов». Москво: Русский язык.

М. Фасмер. 1978. «Этимологический словарь русского языка». Москво: Прогресс.

〔日〕栗林均、确精扎布编. 2001.『「元朝秘史」モンゴル語全単語・語尾索引』，東北アジア研究セン

タ一叢書第 4 号，東北大学東北アジア研究センター．

The Mongolian Loanwords in Russian

Hasbaatar

Abstract: Russian and Mongolian belong to two different language families. Due to the occupation and rule of the Russian by the Mongolian for a century and a half in history, the two completely different languages experienced close contact for a long time, resulting in a large number of Mongolian words entering into Russian. Observing and analyzing these Mongolian loanwords can help us effectively understand the various relationships that have occurred between the Mongolian and Russian. In addition to military and political borrowings, these loanwords also reflect various aspects such as economy, culture, religion, grassland environment, and daily life. Through the study of these Mongolian loanwords, we can clearly see the various aspects of the influence of Mongolian on the Russian at that time.

Keywords: Russian; Mongolian; Mongolian loanwords; Ethnic contact

（通讯地址：150080 哈尔滨 黑龙江大学满学研究院）

汉藏语系语言对蒙古语族语言的深层影响*

斯钦朝克图

提要：本文运用语言类型学和比较语言学的理论和方法，研究和解释了汉藏语系语言与蒙古语族语言的深层接触和对它的影响。通过比较认为语言的深层接触和影响与过去语言接触只谈从一种语言中吸收的音译词而不考虑其他，即语音、语法、词汇语义、语序、认知思维等诸多方面的影响不同。通过蒙古语族语言的实例界定了表层影响与深层影响的区别和各自的不同特点。

关键词：汉藏语系语言　蒙古语族语言　深层影响

由于地域和环境等众多因素，某一弱势语言受到强势语言的影响是不可避免的。一些强势语言在某一历史时期会受到另一个强势语言的影响也是不争的事实。如现在最强势的英语也受到过强大的罗曼语或称拉丁语言的影响；汉语也算国内最强势的语言，但在元代也受到过当时的强势语蒙古语的较深影响。现在国内蒙古语及蒙古语族语言受到强势汉语的影响也很深。藏语也一度影响了西部地区其他一些民族语言成为西部区域的强势语言，如西部蒙古语族语言也受到过强势藏语影响等。本文主要讨论蒙古语族语言受到汉藏等强势语言深度影响包括认知思维的影响等的情况，把过去语言接触只谈借词而不考虑其他借用等深度影响的片面现象做一个系统化的讨论。

一　深层影响的概念界定

根据法国教授徐丹的意见（徐丹 2011：20）我们把语言接触包括借词和借用语法概念分为表层影响和深层影响两类。对此，陈其光教授也曾经提出过语言间的深层影

---

* 该文在2017年8月14—17日在内蒙古师范大学召开的中国人类学学会2017年学术年会语言人类学分会上宣读。本研究受到欧盟研究委员会（European Research Council (ERC) Horizon 2020 ERC-2019-AdG 883700TRAM）的项目资助。在此特表诚挚的谢意。东部裕固语例子选自本人的调查资料，藏文资料由池真先生提供。本文也得到徐丹、阿错两位老师审阅，特此一并致谢。

响："几种语言长期接触，其中一种的原有成分、框架、演变规律发生变化，这是一种深层影响下的变化。"（陈其光 2002：8）阿错认为"倒话……这种语言接触乃至形成独立混合语的接触方式不妨叫做语言深度接触"。（意西微萨•阿错 2004：136）过去我们所说的借词，一般是以语音为基础的音译词，这实际上属于表层借用。这种借用比较普遍，且是伴随词汇借用产生的。但深层影响和借用比较复杂和特殊，主要包括以下几个方面：

（1）语法的深层影响和借用；

（2）词汇语义的深层影响和借用；

（3）语音的深层影响和借用。

语法的深层影响和借用包括语法范畴和句法形式等的影响和借用，是深层影响中最重要并且过去语言学界很少关注的课题，其中也包括量词的借用等。实际上这种借用比较普遍，只不过没有深入研究和挖掘而已。这是一个语言认知和结构发生重要变化的现象。在蒙古语族语言中至今存在着这种深层影响和借用，而且也在被继续影响着。

词汇语义的深层影响和借用也比较普遍。但这种影响和借用与一般表层借用有所不同。其中包括与一般借词不同的有特殊影响的借词。如一些谐音联想转译的借词，本来有固有词但还要借用相同意义的借词，一些核心词或最基本词的借用等均属于深层借用。再如一些身体主要器官词语的借用和日月星辰等自然界最普遍词语的借用等。

语音的深层影响和借用主要指外来语音直接影响其固有词语音，也就是固有词受到外来语音的影响发生变化。这种情况也比较普遍。

这样一来，所谓深层影响就是语音、词汇和语法甚至认知概念等语言的各个系统中的深层影响和借用。本文先主要讨论语音、语法、词汇三个方面的深层影响和借用。

二　语法方面深层影响和借用

主要涉及格、代词、话题标记、形容词的级范畴、量词、动词的语态变化、副动形的语义语序变化以及语气词、语序等。语法上的影响都不是表层的小事，都属于深层影响。

（一）格范畴的深层影响

格范畴是格语言的重要标志，属于高度语法化的表现。格范畴受外来影响产生重要变化属于深层变化。蒙古语族语言的格标记与藏语有较多相似，如主格、属格（领格）、工具格（界限格）、与格、位格（与位格）、从格（从比格）基本是一致的，但作格、通格、业格（受事对象）（藏语），宾格、合同格、联合格（蒙古语族语言）有所不同。

1. 受藏语与位格、领有格-la的影响甘青地区蒙古语族语言改变传统的宾格而使用相应的与位格。试比较：

（1a）	mən-ə	nere-tə	serəntəŋrəβ	kə-tək.（东部裕固语）
	我-GEN	名字-DAT	色仁东力布	说道-HAB
	我的名字叫色仁东力布。			
（1b）	min-u	nere/-yi	serengdongrob	ge-deg.（蒙古语）
	我-GEN	名字/-ACC	色仁东力布	说道-HAB
	我的名字叫色仁东力布。			
（1c）	nga-vi	ming-la	sgrolma	zer.（藏语）
	我-GEN	名字-DAT	卓玛	叫
	我的名字叫卓玛。			

2. 受藏语与位格-la的影响河西地区蒙古语族语言改变传统的界限格而使用相应的与位格。试比较：

（2a）	tʃʰə	ʃa:βə-tə	sʊra.（东部裕固语）	
	你	喇嘛-LOC	问	
	你问喇嘛吧。（藏语及其他语言例子略）			
（2b）	tʃʰi	nan-ta	asak.（康家语）	
	你	我-LOC	问	
	你问我吧。			
（2c）	mangə	ɢua-lə	gagə-də	asɢ(ə)e!（保安语）
	我们	二-COL	哥哥-LOC	问
	咱俩问哥哥吧！（布和、刘照雄 1982：31）			
（2d）	či	nata-ača	asaɣu.（蒙古语）	
	你	我-ABL	问	
	你问我。			

（2e）	tʃʰi	tʃyenki-sʉn	fʉni	qʊrɔ-la-tʉ	niχɔ	tsʰʊŋqʊ-te.（康家语）
	你	卷-APFV	烟	三-COL-LOC	一	选-PFV
	请你从三种卷烟中选一个。					

（2f）	či	ene	ɣurba-ača	nege-yi	sungɣu.（蒙古语）
	你	这	三-ABL	一-ACC	选
	你从这三个里挑吧。				

（2g） khyod-gyi　　nga-la　　dris.（藏语）

你-ERG　　我-DAT　　问

你问我吧。

3．受藏语受事对象（传统语法称为业格，现代分析争议较大，这里暂标记为-ACC）-la的影响东部裕固语使用相应的与位格，而蒙古语族其他语言用宾格或其简化形式（零形式）。这种情况也不同程度地存在于保安、康家、土族等语言。试比较：

（3a） tianjiŋ-tə　　χalta.（东部裕固语）

电影-LOC　　看

看电影。

（3b） kinu　　üǰe.（蒙古语）

电影　　看

看电影。

（3c） glog bryan-la　　ld.（藏语）

电影-类义格　　看

看电影。（书面语）

（4a） hərte-kə-t　　χʊla　　ʊː-.（东部裕固语）

早-所属-LOC　　饭　　喝

吃早饭。

（4b） erte-yin　　qoɣola　　ite.（蒙古语）

早-GEN　　饭　　吃

吃早饭。

（5a） uːrən-t　　mʊː　　βəi.（东部裕固语）

味道-LOC　　不好　　有-AUX

味道不好。

（5b） üner/（-ni）　　maɣuqai　　bayi-n.（蒙古语）

味道/（-3rd）　　不好　　有-NPST

味道不好。

（6a） tɕi　　ndʑaŋ-də　　ɕine-ɢə!（保安语）

你　　他-LOC　　笑-CAUS

你逗他笑！（布和、刘照雄 1982：40）

（6b） či　　tegün-i　　iniye-lge!（蒙古语）

你　　他-ACC　　笑-CAUS

你逗他笑！

受藏语影响固有宾格形式被变为与位格。试比较：

（7a） tɕin-dɑ　kətɕi　ɵl-wɑ?（保安语）

你-LOC　什么时候　得-PST

你是什么时候生的？

mən-dɑ　ʂdʑəggə　(rgəbdʑɑ)　səmtɕi　səgsəm　lɵ　dɑwɑ　dəmbɑ-nə

我-LOC　一千　（九百）　三十　三　年　七　月-GA

se　ɢurɑŋ-dɑ　ɵl-wɑ.

三-LOC　得-PST

我生于1933年7月3日。（陈乃雄等 1987：8）

（7b） tɕim-ɘ　kɘdʑeː-nɘ　toro-san-na?（土族语）

你-LOC　何时-3rd　生-APFV-有-AUX

你是什么时候生的？

n-daː　nɘgɜ　miŋɢan　ʂdʑɘn　dʑɔŋ　xʊdʑin　ɢʊraːn　fon-nɘ

我-LOC　一　千　九　百　三十　三　年-GEN

doloːn　sara-nɘ　ɕinɘ　ɢʊraːn-dɘ　toro-san　na.

七　月-GEN　新　三-LOC　生-APFV　有-AUX

我生于1933年7月3日。（清格尔泰等 1988：8）

（7c） či　keǰiye　törö-gsen　bui?（蒙古语）

你　何时　生-APFV　吗-INT

你什么时候出生的？

（8a） ten-dɘ　rɜ　gɘ.（土族语）

他-LOC　来　说道

叫他来。（清格尔泰 2010：140）

（8b） tegün-i　ire　ge.（蒙古语）

他-LOC　来　说道

叫他来。

（8c） kho-la　shog　zer.（藏语）

他-DAT　来　说

叫他来。

4．受藏语-la表受事（业格）的影响康家语等语言用宾格，而蒙古语族其他语言用界限格（从比格）。试比较：

（9a） nga khyi-la skrag. 我怕狗。（藏语）

我 狗-ACC 怕

（9b） pi nuʁui-ni aj-na. 我怕狗。（康家语）

我 狗-ACC 怕-NPST

（9c） bi noqoi-ača ayu-na. 我怕狗。（蒙古语）

我 狗-ABL 怕-NPST

蒙古语族河西走廊一些语言中一定程度地存在着宾-位（宾-与位格）一致的现象，尤其是在代词系统中。如：

宾格-向位格① 宾格-向位格

n-da: tɕəm-ə (tɕim-i:)（清格尔泰 1991：192—195）（土族语）

把我，与我-我（位格） 把你，与你，你（位格）

保安语也与土族语基本相同，第一、第二人称代词的变格与名词的格有所不同，即领格独立，宾格和与位格合并。第一人称与位-宾格：nadə、bədandə、mandə，第二人称与位-宾格：tɕiodə、tandə（布和、刘照雄 1982：33—34）。例如：

（10a） ten-də rɜ gə.（土族语，蒙古语用宾格）

他-LOC 来 说道

叫他来。（清格尔泰 1991：160）

（10b） tegün-i ire ge.（蒙古语）

他-ACC 来 说道

叫他来。

藏语的与格、位格及部分受事对象（业格）都用一个标记la，其中的与格和位格与蒙古语族语言的与位格-du/-dü~/-tu/-tü对应，而业格（受事对象）的la与蒙古语族语言的宾格/零形式（简化的宾格）对应。于是蒙古语族语言河西走廊的一些语言受其深度影响，不用固有的宾格而用藏语的业格（受事）与蒙古语对应的与位格形式即-du/-dü~/-tu/-tü。按徐丹老师的话，这属于“模式借贷”。（徐丹 2018：10—14）

东部裕固语			蒙古语		汉译
lɔmɔq-tʰə	tʃʰəkʰən	tʰal	domoɣ	sonos	听故事
故事-LOC	耳朵	放	传说	听	
keken-t	sʊra-		gegen-eče	asaɣu	问活佛
活佛-LOC	问		活佛-ABL	问	

① 与蒙古语族语言的与位格一致。

ama-la　　vdriba. 问妈妈（藏语）
妈-与位格　问
dgergan-gyi　kha-la　nyan ba. 听（从）老师的话。（藏语）
老师-GEN　话-DAT　听

这种情况与蒙古语西部方言包括卫拉特方言及卡尔梅克语基本一致。是西部方言受藏语影响的结果还是固有的语法范畴有待进一步研究。试比较：

卫拉特方言	现代蒙古语	汉译
töbed kelen-dü suru-lča-qu bičig 藏 语-LOC 学-REC-IMPF 书	töbed kele sur-qu bičig 藏 语 学-IMPF 书	藏语课本
eregül mendü-yin kičiyel-dü suru-lča-qu 健 康-GEN 课-LOC 学-REC-IMPF	eregül mendü-yin kičiyel sur-qu 健 康-GEN 课-LOC 学-IMPF	学健康课程

（孟克老师讲座）

（二）代词的深层影响和借用

代词系统是一个比较封闭的不易于借用的语法系统。受藏语影响东部裕固语和土族语代词系统出现了不同于其语族语言的特殊情况。如藏语bdag有“主人，我，自己”等义项，该词影响了东部裕固语固有词etʃen。（保朝鲁、贾拉森 1991：215）etʃen原有一个义项“主人、君主”，后发展为三个义项，作为一般名词时表示主人，作为人称代词使用时表示反身代词和第一人称。如成语χariːn χaːn ʃriːn etʃen直译为“黑的汗王，黄的主，也就是世俗人的皇帝、佛教的主人”中还保留着其实词意义。实词“主人”在蒙古语族语言除保安语外的其他语言中音义一致。试比较表1中各语言的音义：

表 1　蒙古语族语言中“主人”的音义

汉译	东部裕固语	蒙古语	达斡尔语	土族语	东乡语	保安语	康家语	莫戈勒语	卫拉特方言	巴尔虎布里亚特方言	古蒙古语
我	etʃen	ədʒən	edʒen	ndʑeːn	ədʑən	—	itʃɔ	ɛdʃ an	ezen	idʒiŋ	eǰenn

1. 受藏语影响名词etʃen在转述中表示第一人称“我”

这种情况主要出现在蒙古语族语言的东部裕固语里。试比较：

（11a）rtʃaβa　pantʃʰen　ailata-san-t:　pɔlɔ-χqʰʊai,　tʃʰə-nə　kʰiːt-ə
　　　日扎瓦　班禅　称-APFV-LOC　成-NPST　你-GEN　寺庙-ACC
χaː-sa　pʰəsa　etʃen　tʃʰəma-t:　naiman　ʃaːβə　pʰəila-qa-ja　kə-tʃe.
盖-CND　还　我　你-LOC　八　喇嘛　配-CAUS-OPT　说道-PST

日扎瓦班禅称：可以，你的寺庙建成后我还给你配八个喇嘛吧。（康隆寺的历史）

（11b） barəs darqara-ɢa: “edʒen kʉtʃy βe!” gə-sən be
老虎 夸耀-PRQ 我 厉害 是-AUX 说到-APFV 是-AUX
gə-ni:.
说到-NPST

老虎夸耀说：“我厉害！”（保朝鲁、贾拉森 1988：217）

（11c） edʒen xɔrɢɔr edʒe-βar mede-deg bə.
我 卦 看-CND 知道-HAB 有-AUX。

我打个卦就能算出来。（保朝鲁、贾拉森 1988：105）

2. 受藏语影响名词etʃen/ntɕe:n还表示反身代词“自己”

这种情况主要出现在蒙古语族语言东部裕固语和土族语里。在东部裕固语语流中etʃen简化为tʃen。有意思的是两种语言中第一人称和第三人称的所指不同，但反身代词一致。试比较：

（12a） a:ʂan etʃen-tə sain sʊr-tʃʰ ta:qqʰə kʰʉn-tə ʃike la
阿山 自己-LOC 好 学习-CRD 还 人-LOC 大 也
χanəqar-tʃʰβei.（东部裕固语）
帮-PST

阿山不仅自己学习好，还为他人提供了很多的帮助。

（12b） pu-tʃen neke pɔtɔ-ʁɔ:.（东部裕固语）
我-REPOS 一 想-DUR

我自己考虑一下。

单数：ndʑe:n~ndʑe:na:，复数：ndʑe:n-sgɜ~ndʑe:ŋgula。（清格尔泰 1991：195、207）

（12c） bu ndʑe:-na: ʋarɘ-ja.（土族语）
我 自己-REPOS 做-OPT

我自己做。（清格尔泰 1991：207）

3. 名词ntɕe:n表示第三人称代词

这种情况主要出现在土族语中，并表示第三人称代词的尊称。如：

单数：ndʑe:n~ndʑe:na:，复数：ndʑe:n-sgɜ~ndʑe:ŋgula。（清格尔泰 1991：195）

（13） ntʑe:n-tɘ ʋarɘ-lka.（土族语）
他-LOC 做-CAUS

让他做。（含一般第三人称及其尊称）（乔志良提供）

表 2 河西走廊部分语言与藏语人称代词、反身代词对应比较表

语种	词形	词义	第一人称代词	反身代词	第三人称代词
藏语	bdag	主人	我	自己	
东部裕固裕	etʃen	主人	我	自己	
土族语	ndʑeːn	主人	—	自己	他、她（尊称）
保安语	ɑdʑɑŋ/ədʑɑŋ	—	—	—	他、她
西部裕固语	ehsə	主人	—	自己	

（三）被动态的深层影响和变化

由于长期受汉语影响，蒙古语族语言中固有的被动态减少或消失，或用使动态，或变化语序改变位置来表示被动态。如土族语、东乡语、保安语、康家语、东部裕固语及其一些方言土语等。目前蒙古语族河西走廊一些语言被动态变化更加明显。有的勉强保存但失去被动态意义的多。现代蒙古语也有减少或用使动态表示的趋势。试比较：

（14a） bi　tegün-dü　ǰodo-ɣda-ba.（用被动态）（蒙古语）
我　他-LOC　打-PASS-PST
我被他打了。

（14b） bu　ten-de　baɢa-lɢaː-diː-ɒa.（用使动态）（土族语）
我　他-LOC　打-CAUS-PST
我被他打了。（清格尔泰 1991：317）

（14c） tɕə　ten-də　baɢa-lɢa-ɒaː?（用使动态）（土族语）
你　他-LOC　打-CAUS-PST
你被他打了吧？（清格尔泰 1991：218）

（14d） uru　mən-i　dəɣi-va.（用主动态）（康家语）
他　我-GA　打-PST
我被他打了。

（14e） pʉ　tʃʰam-iː　χɔq-βa.（用主动态）（东部裕固语）
我　你-ACC　打-ATV-PST
我打了你。

（14f） tʃʰə　nam-iː　χɔq-βa.（用主动态）（东部裕固语）
你　我-ACC　打-ATV-PST
我被你打了。

“我被你打了”，一般不说pʉ tʃʰama-tə χɔq-tʰaβa。

（四）形容词比较级的深层影响和借用

受藏语影响康家语和保安语尤其积石山方言的形容词比较级已经发生变化。试比较：

1. 比较对象+界限格/从比格+形容词（蒙古语）
2. 比较对象+领宾格+ʉtʃitʃi（看）+形容词（康家语等）
3. 比较对象+bltas-na（看-的话）+形容词（藏语）

（15a） ene　ula-ni　ʉtʃi-tʃi　ʉntər　va.（康家语）
这　山-ACC　看-CRD　高　是-AUX
这比山高。

（15b） ene　aɣula-ača　öntör.（蒙古语）
这　山-ABL　高
这比山高。

（15c） pɛ: ma t^{h}aŋ ts^{h}eriŋ ȵi: ɕuk tɕ^{h}e tɕuŋ tɛ:-na, ts^{h}eriŋ ɕuk tɕ^{h}eki re.
白玛　和　次仁　二　力气大　小　看的话，次仁　力气大　是
白玛和次仁二人要论力气大小的话，还是次仁力气大。（胡坦 1985：1）（藏语拉萨话）

（15d） k^{h}ərgi　ŋa　htina　gɛnŋgə.（藏语贵德话）
他　我　比（看的话）　年长
他比我大。（胡坦 1985：8）

（五）量词的深层接触与借用

众所周知蒙古语族乃至阿尔泰语系语言量词不发达，从古至今存在的只有几个必不可少的量词。汉藏语系语言的量词一般在蒙古语族语言中几乎不出现，数词与被修饰的名词一般可以直接对接。试比较有关五畜的量词：

蒙古语	汉语
Ǿ	四种
nige üker（一牛）	一头牛
nige mori（一马）	一匹马
nige temege（一骆驼）	一峰骆驼
nige qoni（一绵羊）	一只绵羊
nige imaɣa（一山羊）	一只山羊

有趣的是表达“五畜”时要有“嘴”这一量词，而汉语却没有，是否在汉语中被缩略或汉语量词也是从无到有的有待进一步研究。蒙古语的特例可能有原因，如果去掉量词就容易与“五个牲畜”（tabun mal）混淆。试比较：

蒙古语			汉语
tabun	qošiɣu	mal	五畜
五	嘴	牲畜	
tabun	tariya		五谷
五	庄稼		

有关成双成对的量词比较如下：

蒙古语	汉语	英语
Ǿ	双	pair
nige šaqai	一双鞋	a pair of shoes
nige nidün šil	一副眼镜	a pair of spectacles

有关成套和件数的量词：

蒙古语	汉语	英语
iǰi/čoɣča	套	set
širkeg	件	peace

也有较早期形成的量词，可能也是受其他语言影响形成的。试比较：

tabun　qosiɣu　mal五畜/tabun　mal五（头/只/匹/峰/个）牲畜
五　嘴　牲畜/　五　牲畜

ɣurban　qošiɣun　aduɣusun三牲
三　嘴　牲畜（道布 1983：101，140）

随着一些事物的量化细分和外来语影响量词有逐渐增多的趋势。以保安语为例：

ɕile　nəgə一张桌子
桌　一

morə　nəgə-nə　kudal-dʑi　rə! 牵一匹马来！
马　一-ACC　牵-CRD　来

awu　ɢuru-la-nə　məsgə. 三个孩子的衣服。
孩子　三-COL-GEN　衣服

（六）汉语判断动词“是”（ʂi）的深层影响

判断动词“是”“联系两种事物，表明两者同一或后者说明前者的种类、属性”，或

“联系两种事物，表示陈述的对象属于‘是’后面所说的情况”。（中国社会科学院语言研究所词典编辑室 2016：1197）“是”与蒙古语bol、英语is（系动词）基本吻合。它实际上成为了一个语法成分，蒙古语有时用bol，有时用零形式表示。蒙古语族其他语言中用零形式表示。但受汉语深层影响东乡语就直接借用这一特殊的词ʂi“是”。在句子中以“xxx ʂi...wo（固有判断词）”形式出现。我们认为这种借用与其他一般借词不同属于深层借用。包萨仁认为汉语和东乡语前后呼应混合使用形式是该判断动词被借用以后出现的特殊形式——混合式判断句。（包萨仁 2017：162—163）试比较：

（16a） ənə ʂi jɑŋ wo? ənə ʂi min-i ʂu wo.（东乡语）
这 是 什么 有-AUX 这 是 我-GEN 书 是
这是什么？这是我的书。（布和等 1983：8）

（16b） ene jima βaː-n? ene mun-ə pətʃəg bai.（东部裕固语）
这 什么 有-NPST-AUX 这 我-GEN 书 有-AUX
这是什么？这是我的书。（保朝鲁、贾拉森 1988：8）

（16c） nə jaːn-na? ne mun-ə pudʑig ɒa.（土族语）
这 什么-有-NPST-AUX 这 我-GEN 书 有-AUX
这是什么？这是我的书。（清格尔泰等 1988：3）

（16d） enə jaŋgə wa? enə mən-ə ɕətɕa wa.（保安语）
这 什么 有-AUX 这 我-GEN 书 有-AUX
这是什么？这是我的书。（陈乃雄等 1987：3）

（16e） ene jam ba? ene min-i ʂʉ va.（康家语）
这 什么 有-AUX 这 我-GEN 书 有-AUX
这是什么？这是我的书。（斯钦朝克图 1999年记录）

（16f） ənə joː? ənə miŋ bitəɣ.（达斡尔语）
这 什么 这 我-GEN 书
这是什么？这是我的书。（恩和巴图等 1985：3）

（16g） ene yaɣu bui? ene min-u bičig.（蒙古语）
这 什么 有-AUX 这 我-GEN 书
这是什么？这是我的书。

（17a） basi ʂi tʂin-i duitəu wo.（东乡话）
虎 是 你-GEN 对头
老虎是你的敌人。（布和等 1987：61）

（17b） bi musi-san ʂi miandaji wo.（东乡语）
我 穿-APFV 是 棉大衣 是

我穿的是棉大衣。(包萨仁 2017：162—163)

(17c) ənə (ʂi) la-saŋ iadʑǐ o; tər (ʂi) sə la-saŋ iadʑǐ o.(保安语)
这 是 哭-APFV 孩子 是 那 是 勿 哭-APFV 孩子 是
这是哭过的孩子；那是没有哭过的孩子。(布和、刘照雄 1982：48)

(七) 语序的深层接触与借用

语序的变化是语言变化中比较特殊的变化，也是语言类型学所重视的部分。众所周知语言中借词多了乍一听较别扭，但其他没有变化的情况下慢慢也会熟悉的。但当一个语言或方言土语语序都变了的时候理解起来很难，而且听起来也很别扭。这就是深层影响和变化的结果。但也有学者认为语序的变化与词汇借用一样叫普遍的变化。蒙古语族乃至阿尔泰语系语言是典型的SOV句型的语言。但细究起来蒙古语族语言中有较多相反的句型。有的比较明显，而有的不太明显，如果不深入比较研究还无法搞清楚其原委。较明显的是那些受汉藏语系语言影响较深的蒙古语族语言及河西地区语言，还有现代蒙古语乃至达斡尔语和巴尔虎-布利亚特方言等。此外，莫戈勒语受阿拉伯波斯语影响更深。这些变化主要表现在：汉语只有一种选择，是符合汉语语序的说法；蒙古语有两种选择，一种符合蒙古语传统语序，一种是受汉语深度影响所致，主语-宾语-谓语式SOV变为主语-谓语-宾语式SVO。

SOV是蒙古语族语言主要语序，但受汉语影响变为SVO的现象在蒙古语族语言，有时在河西走廊地区语言中出现。试比较：

(18a) 我不知道，他们也许是老师也许是学生。(汉语) SVO

(18b) bi te-den-ü baɣši yum uu suruɣči yum uu
我 他-PL-GEN 老师 是-AFF 吗-INT 学生 是-AFF 吗-INT
ge-sen-i mede-kü ügei.(蒙古语) SOV
说道-APFV-ACC 懂-IMPF 勿-NEG

(18c) bi uliə mədʑiə-nə, hə-la kuŋpa ʂi lauʂi bi-mu ɕiəʂəŋ pəsə.
我 勿-NEG 懂-NPST 他-PL 恐怕 是 老师 有-AUX-INT 学生 还是
(布和等 1987：5)(东乡语) SVO

(18d) bu lə medeniː, tere-tʃɔg-nə gergan bi uː,
我 勿-NEG 懂-NPST 他-PL-3RD 老师 是-AUX 吗-INT
ɕyeʂəŋ bi uː.
学生 是-AUX 吗-INT (保朝鲁、贾拉森 1988：5)(东部裕固语) SVO

(18e) bu liː mude-m, te-ŋɢula baɢaɕi ʋai juː, surdʑin
我 勿-NEG 懂-NPST 他-PL 老师 是-AUX 吗-INT 学生

ʊai xa bu li: mude-m.（清格尔泰等 1988：4）（土族语）SVO
是-AUX 吗-INT 我 勿-NEG 懂-NPST

（18f）bə elə medə-na, ədʑaŋ-ɢula gergən dangə mba ba,
我 勿-NEG 懂-NPST 他-PL 老师 可能 是-AUX 吗-INT
ɬəma dangə mba ba.（陈乃雄等 1987：4）（保安语）SVO
学生 可能 是-AUX 吗-INT

（18g）bi: ul mədə-n, tər səb jum wo:? ʃeḫ jum wo:?
我 勿-NEG 懂-NPST 他 老师 是-AUX 吗-INT 学生 是-AUX 吗-INT
（恩和巴图等 1985：4）（达斡尔语）SVO

现代蒙古语中为了翻译的方便直接从汉语语序翻译导致深层借用。这种语序越来越多。试比较：

（19a）Malayisiya-yin keüken ati ene tuqai yari-qu-du-ban, ünen-i
马来西亚-GEN 姑娘 阿悌 这 关于 说-HAB-LOC-REPOS 真-ACC
kelekü-dü bi egün-eče emüne yerü-ni mongɣol ündüsüten-ü
说-HAB-LOC 我 这-ABL 前 一般-3RD 蒙古 民族-GEN
tuqai oyilaɣa-ǰu önggere-ge ügei... ge-le.
关于 了解-CRD 过-DUR 勿-NEG 说道-IMPR
对于这件事马来西亚的姑娘阿悌说："说真的我过去对蒙古民族没有了解……"

其实按蒙古语语法特点应该这样翻译：

（19b）Malayisiya-yin keüken ati: ünen-i kele-kü-dü bi egün-eče
马来西亚-GEN 姑娘 阿悌 真-ACC 说-HAB-LOC 我 这-ABL
emüne yerü-ni mongɣol ündüsüten-ü tuqai oyilaɣa-ǰu önggere-ge
前 一般-3rd 蒙古 民族-GEN 关于 了解-CRD 过-DUR
ügei... ge-le.
勿-NEG 说道-IMPR

该语序也可以简化为谓-宾式VO。

1. 谓-宾式VO

（20a）pə-te se mete-wa, tʃʰi re-sʉn-i.（康家语）
我-PL 不-NEG 知道-PST 你 来-APFV-ACC
我们不知道你已经来了。

（20b）čin-u ire-gsen-i mede-gsen ügei.（蒙古语）
你-GEN 来-APFV-ACC 懂-APFV 勿-NEG

不知道你已经来了。

（20c）makə-tʃi　pari-sa　χʊni　ma　imɔ-ni?（康家语）
怎样-CRD　捉-CND　绵羊　和　山羊-ACC
怎样捉绵羊和山羊？

（20d）qoni　imaɣa-yi　yaɣaqi-ǰu　bari-ǰu　bayi-na?（蒙古语）
绵羊　山羊-ACC　如何-CRD　抓-NPST　有-NPST-AUX
怎样捉绵羊和山羊？

再往简单化比较，汉语的“老师说，把这个交给你”，一般情况下按蒙古语习惯应该这样说，试比较：

（21a）baɣši　egün-i　čima-du　ög　ge-ǰei.
老师　这-ACC　你-LOC　给　说道-PST

（21b）baɣši　kelekü-dü-ben　egün-i　čima-du　ög　ge-ne.
老师　说-HAB-LOC-REPOS　这-ACC　你-LOC　给　说道-NPST

2. 述-补式

（22a）aːʂan　larki-tʃ-taːni　ʉrtʃʰaqʰ　ere-kʃ　βai.（东部裕固语）
阿山　说-CRD-DEC　明天　来-NEG　有-AUX
阿山说明天不来。

（22b）larki-sən-tə　pɔlɔ-qqʰʊai,　tʃʰə　kʰiːt　χaːq-sa.（东部裕固语）
说-APFV-LOC　成-NPST　你　寺庙　盖-CND
你兴建寺庙的话可以，（他）说。（这里省略了转述动词ke-）

（22c）ašan　marɣaši　irə-kü　ügei　ge-ne.（蒙古语）
阿山　明日　来-IMPF　勿-NEG　说道-NPST

（22d）či　süme　bari-bal　bolo-na　ge-ǰei.（蒙古语）
你　寺庙　盖-CND　行-NPST　说道-PST

3. 中心词-形容词式

受汉语尤其是河西地区当地汉语的影响这种修饰动词的形容词在动词之后的现象在蒙古语族西支语言比较多见。中心词-形容词式也可说谓-补或述-补。古蒙古语和现代蒙古语都没有这种述补关系，一般都是状述关系。而蒙古语族河西地区语言中多了一个语法成分补语。临夏汉语用“者~着”（tʂə）表示。如“小红急者坏坏的了。（小红急坏了）”（包萨仁 2017：123）如果在现代蒙古语中出现这种述补关系听起来就觉得不可思议。“‘着’在各方言里的演变不尽一致，某些方言反映出‘著（着）’字的原始状态……从地理角度看，语言表现出一种连续体状态，阿尔泰语中的词尾/-dʒ//-d/（本文引用他人文章的例子时，注音符号一律随其作者。）平行与北京话及西北方言‘着/的’平行的现象大概是语言长期交融，互相影响的例证，而不象（像）是一种偶然巧合。北京方言反映了北部方言与长江流域各方言之间连续体中的一环。汉语音韵在各方言中的演变是‘着/的’平行的内因所在，这并不排除各民族语言交融的外在因素。”（徐丹 1995：289）所以河西地区蒙古语族语言尤其是东乡等语言的并列副动形-dʐi意义的扩大是上述汉语和阿尔泰语言相互影响交融的结果。试比较：

（23a）ʧʰə　aman　χuːr　pʰileː-tʃi　seikqʰan　pai.（东部裕固语）
你　口　琴　吹-CRD　美丽　有-AUX
你吹口琴吹得好。

（23b）či　aman　quur　syaiqan　üliye-ǰü　bayi-na.（蒙古语）
你　口　琴　美丽　吹-CRD　有-AUX-NPST
你吹口琴吹得好。

（23c）erken　pʰətʃʰək　ɔŋʃə-tʃə　sain　pai.（东部裕固语）
他　书　念-CRD　好　有-AUX
他书念得好。

（23d）tere　bičig　sayin　unši-daɣ.（蒙古语）
那　书　好　念-HAB
他书念得好。

（23e）hə　xolu-dʐi　ɢuduŋ　wo.（东乡语）
他　跑-CRD　快　是
他跑得快。（包萨仁 2017：124）

（23f）ɢura　bɑu-sə　mo　jɑwu-dʐi　ɡɑu　u　wo.（东乡语）
雨　下-CND　路　走-CRD　好　勿-NEG　是
如果下雨，走路比较难。（包萨仁 2017：121）

（23g）øtʃək　tʰani-tʃ　sein（东部裕固语）　bičig　sayin　suru-na（蒙古语）
文字　仁-CRD　好　文字　好　学-NPST
学习好　学习好

4. 中心词-副词式

这也是受汉语影响出现的语序变化现象。如果中心词是副动词那么还是属于述-补关系。

（24a）qʊrtʊn　ŋaŋki 很快。（康家语）　maši　qurdun.（蒙古语）
快　很　很　快

（24b）lesə-tʃi　ŋaŋki. 饿得厉害。（康家语）　maši　ölös-čü　bayi-na.（蒙古语）
饿-CRD 很　很　饿-CRD 有-NPST

（24c）min-i　　dʑiɑun-i　　tɕiɑuruŋ　　out-dʐi　　xəŋ　　wo.（东乡语）

我-GEN　　弟弟-GEN　　头　　痛-CRD　　很　　是

我的弟弟头痛得厉害。（包萨仁 2017：121）

5. 中心词-数词式

蒙古语族语言中一般数词在被修饰语之前，但有些情况下也出现在被修饰语之后，尤其是在河西走廊地区语言中。属于受藏语影响。试比较：

（25a）kʰʉn　　niɣe　　re-va.（康家语）

人　　一　　来-PST

来了一个人。

（25b）nige　　kümün　　ire-be.（蒙古语）

一　　人　　来-PST

来了一个人。

（25c）te　　ɢoilo-də　　muɕigu　　sara-re　　buliː-ŋgɜ　　ire-ʥa.（土族语）

他　　俩-LOC　　前　　月-LOC　　孩-一　　来-PST

他们上个月生了一个孩子。（清格尔泰等 1988：12）

（25d）putɔ　　qʊrɔ　　ajʁa　　utʃʰi-wa.（康家语）

饭　　三　　碗　　喝-PST

吃了三碗饭。

（25e）ɣurban　　ajaɣa　　budaɣa　　idebe.（蒙古语）

三　　碗　　饭　　吃-PST

（25f）apa-ta　tʃʰa　qʊar　χʊni　nuru　pʉtʰɔ　niɣe　tere　pəʁa-sʉn　ki-sina.（康家语）

父-LOC 茶　二　绵羊　背　整　一　上　钱-PL　放-PROG

给父亲两块茶、一个整羊背，还加些钱。

（25g）əŋki-sata　　vanti　　qʊrɔ-la　　kʰʉn　　i-sʉn　　wa.（康家语）

这样-PRQ　　小喇嘛　　仨-COL　　人　　有-APFV　　有-AUX

这样有了三个小喇嘛。

（25h）保安语　　藏语　　蒙古语　　汉译

dawa　dəmba-nə（陈乃雄等 1987：8）　zlaba　bdunpa　doloɣan　sara　七月

月　　七-GNE　　月　　第七　　七　　月

6. 中心词-修饰语式

这是词组前后修饰和被修饰的词序。河西地区东部裕固语受汉语深层影响偶尔出现这种情况。试比较：

东部裕固语	蒙古语	汉译
em qʰʊsʊn	ʊsʊn em	药水
药 水	水 药	

三 词汇语义方面的深层接触与借用

（一）谐音联想转借方式

这是一个比较有意思的深层借用方式，是根据被借用语言的语音的谐音用本族语言翻译而成的一种特殊借词。这种情况在河西走廊地区比较普遍，其中蒙古语族的保安语、东部裕固语和康家语中比较多。如“洪水”叫作ɬaːn qʰʊsʊn；数字“万”称为ajʁa。其中ɬaːn qʰʊsʊn实际上属于复合词，直译为“红水”。由于汉语洪水的“洪”hóng与颜色的“红”hóng音节和声调完全相同，于是借用时按其谐音“红水”命名洪水。河西走廊由于土壤多是红土或黄土，所以洪水一般都是红色。实际上东部裕固语里有固有词jyer“洪水”，但现在很少使用，甚至很多人已经忘记了固有词jyer。固有词ajʁa的意义是“碗”，还在使用，但汉语的“碗”与“万”这一数字谐音。于是东部裕固语根据当地汉语“万”字的谐音给“碗”附加一个新的语义“万”。也就是东部裕固语里ajʁa有两种义项“碗”和“万”。尽管“碗”wǎn“万”wàn声调不同，但河西走廊汉语没有声调易于谐音。实际上古老的固有词tʰømen“万”还在使用。西部裕固语尤其是大河方言ajʁa也表示上述两种意思。汉语的“千”在当地方言（甘河滩话）中谐“天”音，“天”在保安语中读udər，乃借udər以表“千”。这种借用方法在保安、康家等蒙古语族语言以及突厥语族的西部裕固语和撒拉语中还存在。试比较：

（26a）pəʁa　niɣe　ajʁqa　i-na.（康家语）
钱　一　万　有-NPST
有一万元钱。

（26b）nəgə　ajɢə　ajɢə.（保安语）
一　碗（万）　碗
一万个碗。（陈乃雄 1987：149）

（26c）møŋkə　neke　ajʁa.（东部裕固语）
钱　一　万
一万元钱。

（26d）tɕi　nɑ-də　ser　nəg’udər(<nəgə udər)　økə.（保安语）
你　我-LOC　钱　一天　给

你给我一千块钱。（陈乃雄 1987：149）

此外，与货币有关的还有一个谐音转借词“角”santʃaq，“一角钱”叫做“neke santʃaq”。这个santʃaq是个固有词，其原义为“鬓角”，但东部裕固语里由于没有专指货币的“角”，于是就按其谐音翻译用它代替货币的角（十分或毛）。而西部裕固语则用“脚”的谐音转译azaq来表示。西部裕固语的这种深层借用更加明显，方法也多。

与此有关的谐音联想转借在康家语里还有，如康家语里untʃʰira-一词除了基本意义“转”外还表示赚钱的“赚”。如：pəʁa untʃʰirava“赚钱了”等等。

这种方法在东部裕固语姓氏中也有。例如：ʂipʰar“张”（原义为章子，转义为姓氏张）、keir“王”（原义为碗，转义为姓氏王）等。

（二）与固有词意义相同的词语的深层借用

这种情况在整个蒙古语族语言中比较普遍。其原因很多，其中最重要的原因是受强势语言的影响。把这部分借词归到深层借用范围内。实际上这部分借词在本民族语言固有词里都有，但借词和固有词并用。试比较（拉丁语转写的是蒙古语）：

čeček[tʃʰətʃʰək]（固有词）/metɔq（藏语借词metog）/quwar（汉语借词）/ilɣa（满语借词）花

藏语借词metɔq用于蒙古语族西支语较多，如东部裕固语、土族语、保安语和康家语。汉语借词quwar[xuaːr]多用于蒙古语，而且以东部蒙古语居多并有取代固有词的趋势。在现代蒙古语尤其是东部方言土语里能够找到的是quwar kürgeye!“献花！”čeček kürgeye! 反而少见了。偶尔还用于甘青地区语言，如东部裕固语巴岳特土语就用χʊəɣ。满语借词ilɣa仅用于达斡尔语。

naɣaču~naqatʃʰə（蒙古语固有词）/taqa（维吾尔语借词）/ǰiü ǰiü~tɕiu tɕiu（汉语借词）舅舅

维吾尔语借词taqa用于东部裕固语，汉语借词ǰiü ǰiü用于其他语言和方言土语较多。etʃe-（üǰe-）（固有词）/χalta- 看（藏语借词）（东部裕固语）

jaβə-（yabu-）（固有词）/hanə- 去（西部裕固语借词）（东部裕固语）

øle（üyile）（固有词）/kʉŋzʉo 工作（汉语借词）（东部裕固语）

aǰil（固有词）/lɔːtʉŋ 劳动（汉语借词）（蒙古语，主要用于科尔沁土语等）

teβəsker（debisger）（固有词）/ʐʉzi 褥子（汉语借词）（东部裕固语）

alpatʰə（albatu）（固有词）/ʐənmin 人民（汉语借词）（东部裕固语）

htʃʰʉr（učir）（固有词）/jyanjin 原因、原由（汉语借词）（东部裕固语）

上述一些词语虽然是同义词，但有些有所变化。如东部裕固语中jaβə-趋于回去，而

hanə-总的表示去。tʃʰətʃʰək只保留于古老的沙特及婚礼祝词，而metɔq有完全取代固有词的趋势。

（三）对其他语的直译当中产生的深层影响

这种类型包括的固定词组较多。如果不深究无法分辨其来源。尤其是早期从梵藏文译经的影响，后来汉语的影响，再后来印欧语的影响等。现在还有一些语句是从蒙古国蒙古语借用的。其实其中有些是直译印欧语言产生的。试比较：

ǰiruɣtu/twlwwiz/diyanši 电视（蒙古语/英语/汉语）

teyin ilɣal 格（从藏语直译）

mašin aǰillaqu ügei 机器坏了（印欧语don't work）

（四）核心词语和最基本词语的深层借用

这种借词看起来像表层借词，但深入比较分析的话属于核心词汇和最基本词汇。这种词语在蒙古语族语言中不同程度地存在着。试比较表3中各词：

表3　蒙古语族语言200个核心词汇中的借词

汉译	东部裕固语	蒙古语	达斡尔语	土族语	东乡语	保安语	康家语	莫戈勒语	卫拉特方言	巴尔虎布里亚特方言	古蒙古语
鸟	ʃuːn/ ʃʉːn	ʃʊbʊː	dəgi/ ʃoɣoː	ɕau	bundʐu	ɕaji	bindʒir	mɯrg/ murɣ/ mʊrg	ʃʊbʊː/ ʃɔbuːn	ʃʊbʊːŋ/ ʃʊβʊː	siba'un/ bildü'r/ bilǰü'ür
肝	heleken/ heleke	əlɘ̆g	xələg/ xələɣ	xelge/ xalg	gandzɯ/ ʂɯʐo	hɛlgə/ helge	gandzɯ/ ʃlrɔ	ɪlk'ʌn	elken	ələgiŋ/ ələg/ iləg	heligen
星星	hotən/ pʰɔtɔn	ɔd	xod	foːdə/ foːdɘ	xodun/ xoduŋ	hoːtaŋ/ hɵːtaŋ	hutɔ/ futɔ	istōrɛi	ɔdɔn	ɔd	hodon
盐	taːwsən	dabs	kataː*	dabsə/ dabsɘ	dansun/ daŋsuŋ	dobsoŋ/ dobsəŋ	iʃi*	dabs'un/ dɔbs'un	dabsn	dabhaŋ/ daβʊː	dabusun
云	pʉlət	uːl	əulən	uloŋ	olian	ulaŋ	ʉliɔ	ʌbr	yːlyn	uːl	he'ülen

上述核心词语比较中，把人体重要器官“肝”叫作汉语的“肝子”kanzi/gandzɯ或藏语ʃirɔ属于深层借用。这种借词只有康家语和保安语中出现了。把“盐”称为iʃi是受汉语深层影响，康家语独自借用。借自藏语的ɕaji只出现于保安语。达斡尔语的kataː属于满—通古斯语的深层借用。把天体星星用波斯或英语的istōrɛi表示应该属于深层影响，主要在莫戈勒语中出现。“云”借自波斯语的ʌbr、鸟借自波斯语的murɣ均出现在莫戈勒语中。而云彩借自西部裕固语或突厥语族语言的pʉlət，只是东部裕固语的深层借

用。这种情况还有一些。

（五）构词附加成分的借用

这种构词附加成分的借用不太多，主要是受藏语影响所致。是随着操蒙古语族语言的一些民族信奉藏传佛教出现并发展的。如藏语里有ma“母亲”的词，借入蒙古语或蒙古语族一些语言中用作构词附加成分表示“女性”的意义。试比较：

1. 名词>名词

čeček“花”>čeček-ma其其格玛（花+女性，女性名字）

miduɣ“花”（藏语词）>miduɣ-ma莫德格玛（与蒙古名其其格玛同，女性名字）

nabči“叶子”>nabči-ma娜布其玛（叶子+女性，女性名字）

gelüng“格隆”（受过戒律的喇嘛）>gelüng-ma女性格隆

gerel“光”>gerel-ma格日勒玛（光+女性，女性名字）

2. 动词>名词

delger-“开花”>delger-ma德力格尔玛（开花+女性，女性名字）

sayiǰira-“好转”>sayiǰira-ma赛吉尔玛（好转+女性，女性名字）

quwasai-“变又黄又胖”>quwasai-ma花赛玛（变又黄又胖+女性，女性名字）

undur-“永流不息”>undur-ma温都尔玛（永流不息+女性，女性名字）

四 语音方面的深层影响与借用

一般蒙古语族语言中固有语音和非固有语音是能够区分开来的。所谓的深层语音借用主要指借词语音影响固有词语音，而不是一些借词语音和固有词语音是截然分开的两套语音。如汉藏语系语言的ɚ、z、ts^h、tʂ、ʐ、ɕ等辅音一直只用于汉藏语系语言的借词，而几乎没有用于蒙古语族语言的。但随着强势语言的影响其中一些已经影响到固有词汇，并且这些固有词汇放弃固有语言或完全转入非固有语音。ɬ辅音原来不属于东部裕固语的固有语音，但受藏语的影响东部裕固语固有词中出现了ɬ。从而导致了东部裕固语固有语音l及一些固有词语音中原来的l中和为ɬ或完全变成ɬ，有的原来的l和后来的ɬ并用。如ɬaːn（<hula'an）“红”、ɬaphtʃ^{h}aq/laphtʃ^{h}a“叶子”等。此外，布里亚特语受强势俄语的影响基本词汇里有俄语语音的现象较多。如ʒ：ǰarɣaǰu-/tʃarkatʃ-/ʒarkəʒə-享福等。

汉语的tɕ、tɕ^h、tʂ^h、ʂ也影响东部裕固语固有词语音，从而使有些东部裕固语固有词的语音也变为tɕ、tɕ^h、tʂ^h、ʂ或者并用。如：tɕaː/tɕijaː“命运”、tʂ^{h}əna（巴岳特土语）/tʃʰena（乃曼-杨哥土语）“狼”、ʂʉːn/ʃʉːn“鸟”、ʂəra/ʃəra“黄”、tʂʰaːs/tʃʰaːsə“纸”、χaitʂʰə/χaitʃʰə“剪子”、ʉrtɕʰakqʰ/ʉrtʃʰaqʰ（<øːr tʃʰai-破晓）“明天”、tɕarəm“半”等。其中有些还没有完全变化。这种深层语音借用在蒙古语族一些语言中还不同程度地存在。试比较：

üǰe-（蒙古语）/ʉtʃ/ʉtʂ-/udʐə-看（喀喇沁土默特土语和部分科尔沁土语、东乡语等）

sungɣu-（蒙古语）/sʊŋka-/tsuŋku-选，间苗（康家语）

üǰügür（蒙古语）/udʐu头儿、末端（东乡语）

šira（蒙古语）/ʂira黄（东乡语、东部裕固语）

sečen（蒙古语）/ʂidʐan聪明（东乡语）

min-i　　dʑiaun-i　　tɕiauruŋ　　out-dʐi　　xəŋ　　wo.（东乡语）

我-GEN　　弟弟-GEN　　头　　痛-CRD　　很　　是-AUX

我的弟弟头痛得厉害。（包萨仁 2017：121）

ɢura　　bau-sə　　mo　　jawu-dʐi　　gau　　u　　wo.（东乡语）

雨　　下-CND　　路　　走-CRD　　好　　勿-NEG　　是-AUX

如果下雨，走路比较难。（包萨仁 2017：121）

有些本土语音受汉语语音影响发生变化。如汉语的儿化音影响土族语民和方言及互助方言中的l、r辅音前的元音对应民和方言的卷舌元音。音位tɕ、tɕʰ、tʂʰ、ʂ、r（ɚ），本来在这些语言里不存在，但被吸收了就改变了原有的语音系统。试比较：

互助	民和	词义
im‘el～m‘el	imeʳ	鞍
ulə～lu	boʳ	可以，成
talɢʊi～tolɢʊi	taʳɢai	头
tʊlɢa	tʊʳxa	柱
daŋɢʊl	daŋɢʊaʳ	土块（清格尔泰 2010：314—333）（土族语）

五　固定搭配认知、句型概念和问候语的深层影响和借用

（一）词组固定搭配认知理据的深层借用

词组固定搭配与一个民族及其语言认知理据有关。由于思维方式等不同在词组固定搭配上表现出不同的特点。如汉语一般说“戴帽子”而蒙古语一般说“穿帽子”。对此百年前土默特文人嘎拉桑就明确指出过。但是随着汉语的普及及其影响的加深，在现

代蒙古语口语尤其是东部蒙古语中也开始出现“戴帽子”的说法。我本人就听到过一些知识分子这样说。虽然局部出现这种现象，但还没有普及。试比较：

蒙古语		蒙古语东部一些方言土语		汉语
malaɣai	emüs-	malaɣai	ǰegü-	戴帽
帽	穿	帽	戴	
em	uuɣu-	em	ide-	吃药
药	喝	药	吃	

由于本人的语码转换慢偶尔还不知不觉脱口说出em ide-，说明大脑中已有两种语码共存。

（二）蒙古语族语言与其他语言之间表达一种概念的句型比较

从类型学角度世界语言的语序分为SOV、SVO、VSO、VOS、OVS等。这种语序变化在语法的深层影响中已论述。实际上对某一种概念的表达除了上述语序的限制外还存在不同的表达方式。如蒙古语句子表达式既不同于汉语也不同于西方语言。下面用最普通的一句做简单比较就会一目了然。

（27a）emüne-eče　arasun　debel　emüsü-gsen　mori-tai　kümün
　　　前方-ABL　皮　袄　穿-APFV　马-COM　人
ire-le (ayis-ui).（蒙古语句型）
来-PST（来-PROG）
　　　从前方来了一个人，他骑着马，身着皮袄。（汉语句型）

（27b）A man in fur coat is riding horse coming forwardly.（英语句型）
　　　一人　皮袄　骑　马　来　前面

（27c）Навстрчу　приближался　всадник　в　кожаном
　　　迎面　正在来着　骑马的人　（穿上，四格）　皮
халате.（俄语句型）（斯钦朝克图 2005：125）
袄

民族认知思维形成的表达式受汉语影响而发生变化的可能在蒙古语族语言及方言土语中存在。如果这样也属于深层影响和借用。

（三）问候语的深层影响

问候语是反映一个民族的经济文化、认知思维的重要部分，也可以认为是民族的一个文化因子。按语言的结构特征应该在句法部分讨论。属于一种固定词语或短语，也

可以在词汇部分讨论。有些地区因其地理、气候、经济和文化特点不同具有不同的问候语。有些是不分地区几乎通用的，如“您好”等。拿四季问候语来说，有些地区如东南亚等没有可分的四季，就分旱季、雨季两季，所以没有四季问候语。有的民族和地区虽然有四季，但没有四季问候语。可能在他们的生产生活中不需要按四季问候，如汉语等。所以，把问候语分为固有的和深度借用的两种。问候语的传播也是一种语言文化的影响，是一种文明的表现。

1. 蒙古语族语言固有的问候语

（28a）sayin　bayi-na　uu? 您好？（蒙古语）
好　有-NPST　吗-INT

（28b）amur　bayi-na　uu? 请安！（东部蒙古人右手持右膝盖半蹲着说，部分蒙古语族固有）
安康　有-NPST　吗-INT

（28c）ment　sʊra-ja! 请安！（东部裕固语）
安康　问-EXP

（28d）mal-čini　sayin　uu? 牲口好吗？（部分蒙古语族固有）
牲畜-3RD　好-NPST　吗-INT

（28e）qura　usu　sayin　uu? 雨水好吗？（部分蒙古语族固有）
雨　水　好-NPST　吗-INT

（28f）sayiqan　qaburǰi-ǰu　bayi-na　uu? 春季过得好吗？（部分蒙古语族固有）
好　过春-CRD　有-NPST 吗-INT

（28g）sayiqan　ǰusa-ǰu　bayi-na　uu? 夏季过得好吗？（部分蒙古语族固有）
好　过夏-CRD 有-NPST 吗-INT

（28h）sayiqan　namurǰi-ǰu bayi-na　uu? 秋季过得好吗？（部分蒙古语族固有）
好　过秋-CRD　有-NPST 吗-INT

（28i）sayiqan　ebülǰi-ǰü　bayi-na　uu? 冬季过得好吗？（部分蒙古语族固有）
好　过冬-CRD 有-NPST 吗-INT

四季问候语与游牧民族四季游牧有关，是蒙古语族游牧民族特有的问候语。该问候反映了他们的经济文化和认知思维。

2. 受汉藏语系语言深层影响的问候语

还有一些受汉语影响出现的问候语。试比较：

（29a）qoɣula-ban　ide-gsen　üü? 吃饭了吗？
饭-REPOS　吃-APFV　吗-INT

（29b）yaɣarau　　uu? 忙吗?
　　忙　　　　吗-INT

（29c）aɣajiɣuu　　yabu　　a! 请慢走!
　　慢　　　　走　　　呀

3. 汉语和蒙古语共有的问候语

如：ayan　ǰam-da-ɣan　sayin　yabu! 一路顺风，旅途愉快!
　旅行　路-LOC-REPOS　好　走

此外，随着改革开放和对外交流的深入出现了一些受印欧语影响的问候语。其中有些是通过汉语借用的，有些是直接借用印欧语言的。例如：

（30a）angqarul-iyan　qandu-ɣulu-ɣsan-du　bayarla-la. 谢谢你们的聆听!
　　注意力-REPOS　向-CAUS-APFV-LOC　高兴-PST
　　（Thanks for your attention!）（印欧语）

（30b）bayar-tai/再见!（Goodbye!）（印欧语）
　　快乐-具有-SFF

（30c）bayarla-la/talarqa-la 谢谢!（Thank you!）（印欧语）
　　高兴-PST/感谢-PST

（30d）öglögen-ü　mendü! 早晨好!（早安!）（Good morning!）（印欧语）
　　早晨-GEN　安康

（30e）üde-yin　emüneki　amar　amuɣulang　ayilatqa-ya! 上午好!
　　中午-GEN　前　安康　平安　禀报-EXP
　　（Good morning!）（印欧语）

（30f）üde-yin　qoyinaqi　amar　amuɣulang　ayilatqa-ya! 下午好!
　　中午-GEN　后　安康　平安　禀报-EXP
　　（Good afternoon!）（印欧语）

（30g）üdesi/oroi-yin　amar　amuɣulang　ayilatqa-ya! 晚上好!（晚安!）（Good night!）（印欧语）
　　夜/晚-GEN　安康　平安　禀报-EXP

（30h）sayiqan　ǰegüdü　ǰegüdü-le! 做个好梦!（Have a good dream!）（印欧语）
　　美丽　梦　梦-SFF

还有一些印欧语言的问候语还没有完全被接纳。例如：

（31a）Have a good time! 玩得愉快!（印欧语）

（31b）Good luck! 祝好运!（祝好!）（印欧语，相关词语在蒙古语中叫作öljei

mör“幸运”）

对深层影响应持平常心，因为语言接触是语言的常态。但对一些违背客观规律的借用应加以引导和规范。如原本有固有词的还是以固有词来规范，但借词的使用频率远高于固有词，而且被大家认可的可以吸收。有些语句的顺序，我们应该按照语法的规范来要求。更重要的是遵循使用本民族语言或方言土语的农牧民的习惯来规范。蒙古语族的一些语言和方言土语中出现的深层影响我们要正确面对，合理利用。

六 小结

本文通过田野调查和文献资料比较，将汉藏语系语言对蒙古语族语言的深层影响和借用归纳出表层影响（一般借用）和深层影响（深度借用）的界定规律。

（一）汉藏语系语言的语音直接渗透到蒙古语族语言固有词语音为深层影响，而停留在借词的属于表层影响。

（二）汉藏语系语言的词汇直接渗透到核心词为深层影响。

（三）汉藏语系语言的词汇和蒙古语族语言固有词同时并存为深层影响。

（四）受汉语影响用谐音联想转借方式构成新词的也属于深层影响。

（五）受藏语影响形成的构词附加成分属于深层影响。

（六）受汉藏语系语言语法形态诸方面影响的都属于深层影响，如格、代词、形容词的级、量词、动词的语态、判断动词、语气词、语序等等。

参考文献

包萨仁：《东乡语汉语接触研究》，中国国际广播出版社，2017年。
保朝鲁等编：《东部裕固语词汇》，内蒙古人民出版社，1985年。
保朝鲁、贾拉森编：《东部裕固语话语材料》，内蒙古人民出版社，1988年。
保朝鲁、贾拉森编著，陈乃雄校阅：《东部裕固语和蒙古语》，内蒙古人民出版社，1991年。
布和编著，确精扎布校阅：《东乡语和蒙古语》，内蒙古人民出版社，1986年。
布和等编：《东乡语词汇》，内蒙古人民出版社，1983年。
布和等编：《东乡语话语材料》，内蒙古大学出版社，1987年。
布和、刘照雄编著：《保安语简志》，民族出版社，1982年。
曹道巴特尔：《喀喇沁蒙古语研究》，民族出版社，2007年。
陈乃雄：《保安语和蒙古语》，内蒙古人民出版社，1987。
陈乃雄等编：《保安语词汇》，内蒙古人民出版社，1986年。
陈乃雄等编：《保安语话语材料》，内蒙古人民出版社，1987年。
陈其光：《语言间的深层影响》，《民族语文》2002年第1期。
道布编著：《蒙古语简志》，民族出版社，1983年。

恩和巴图编著，新特克校阅：《达斡尔语和蒙古语》，内蒙古人民出版社，1988 年。
恩和巴图等编：《达斡尔语词汇》，内蒙古人民出版社，1984 年。
恩和巴图等编：《达斡尔语话语材料》，内蒙古人民出版社，1985 年。
哈斯巴特尔等编：《土族语词汇》，内蒙古人民出版社，1986 年。
哈斯呼：《基于语音声学参数库的东部裕固语语音研究》，内蒙古大学博士学位论文，2014 年。
胡坦：《论藏语比较句》，《民族语文》1985 年第 5 期。
贾晞儒：《从青海汉语的几个方言词看语言间的接触影响》，《民族语文》1994 年第 4 期。
刘照雄编著：《东乡语简志》，民族出版社，1981 年。
清格尔泰编著，李克郁校阅：《土族语和蒙古语》，内蒙古人民出版社，1991 年。
清格尔泰：《清格尔泰文集》（卷 7），内蒙古科学技术出版社，2010 年。
清格尔泰等编：《土族语话语材料》，内蒙古人民出版社，1988 年。
斯钦朝克图：《康家语研究》，上海远东出版社，1999 年。
斯钦朝克图：《蒙古文化语言学研究回顾与展望》，载吴新英、陈刚龙主编《面向新世纪的蒙古学：回顾与展望》，民族出版社，2005 年。
斯钦朝克图：《土族语情态系统研究语料》，载阿不都热西提·亚库甫、张定京主编《阿尔泰语系语言情态系统的功能-类型学研究：分析性对比语料 400 句》，中央民族大学出版社，2013 年。
徐丹：《从北京话“V 着”与西北方言“V 的”的平行现象看“的”的来源》，《方言》1995 年第 4 期。
徐丹：《汉语河州话及周边地区非指人名词的复数标记“们”》，《民族语文》2011 年第 6 期。
徐丹：《从借词看西北地区的语言接触》，《民族语文》2015 年第 2 期。
徐丹：《甘青一带语言借贷的历史层次及模式》，《民族语文》2018 年第 6 期。
意西微萨·阿错：《倒话研究》，民族出版社，2004 年。
照那斯图编著：《东部裕固语简志》，民族出版社，1981 年。
照那斯图编著：《土族语简志》，民族出版社，1981 年。
中国社会科学院语言研究所词典编辑室编：《现代汉语词典》（第 7 版），商务印书馆，2016 年。

The Deep Influence of Sino-Tibetan Languages on Mongolic Languages

Siqinchaoketu

Abstract: This article applies the theories and methods of linguistic typology and comparative linguistics to study and explain the deep contact and influence of Sino-Tibetan languages on Mongolic languages. By comparison, the author believes that the deep contact and influence of language are different from past language contacts that only focused on loanwords without considering other differences, but rather on various aspects such as phonetics, grammar, lexical semantics, word order, cognitive thinking, etc. The differences and distinct characteristics between surface influences and deep influences were defined through examples of Monglic languages.

Keywords: Sino-Tibetan languages; Mongolic languages; Deep influence

（通信地址：100081 北京 中国社会科学院民族学与人类学研究所）

论八思巴字蒙古语文献中的复合元音拼写特征*

哈 斯 巴 根

提要：八思巴字蒙古语文献，总体上较真实地记录了13—14世纪蒙古语语音。然而，对蒙古语复合元音的拼写情况则相对复杂一些。本文从八思巴字蒙古语文献的拼写特点着手，对八思巴字蒙古语文献复合元音拼写中的不同的拼写方式进行深入的探讨，分析其原因，阐述八思巴字蒙古语文献中反映的13—14世纪蒙古语复合元音基本特征。蒙古语复合元音是在蒙古语历史演变过程中形成的语音形式。对于蒙古语复合元音的形成与演变，学者们仍有不同的看法。所以，八思巴字蒙古语文献复合元音拼写特征的研究，对蒙古语复合元音的形成与演变的深入研究具有重要的意义。

关键词：八思巴字　蒙古语文献　复合元音　拼写特征

八思巴字是受元世祖忽必烈汗之命，由元帝师八思巴创制的一种古文字。元世祖忽必烈颁布了诏书，元朝至元六年（1269年）为八思巴字开始使用之年（宋濂等 1976：4518）。在诏书中名为“蒙古新字”的八思巴字，是一种为“译写一切文字”的多民族共同使用的文字。元代又称之为“蒙古国字”和“元国书”。在八思巴字创制中不仅顾及了蒙、汉、藏等不同民族的语言文字的特性，还兼顾了蒙、汉、藏等文字的书写规则。譬如在藏文字母基础上创制八思巴字，并兼顾汉字以音节为单位的书写特点，还借鉴了回鹘式蒙古文从上到下书写和从左往右移行的书写规则等。目前，已发现书写蒙、汉、藏、回鹘等多种语言的八思巴字文献；其中书写蒙古语和汉语的八思巴字文献居多，学术界分别称之为“八思巴字蒙古语文献”（呼格吉勒图、萨如拉 2004：7）和“八思巴字汉语文献”（照那斯图、杨耐思 1987：内容提要）。

* 本论文获得国家社科基金重大项目“基于八思巴字文献资料的蒙、汉、藏语接触研究”（项目批准号20 & ZD303）的资助。

一 八思巴字蒙古语文献中的语音特点

在创制新文字过程中，八思巴对当时的蒙古语语音特点进行深入细致的研究，制定了适合当时蒙古语的八思巴蒙古文拼写规则，较准确地记录了13—14世纪蒙古语的语音特点。这些均在八思巴字蒙古语文献中得到了反映，如：词首擦辅音h，长元音形成过程中的辅音脱落现象等。

尤其在元音的拼写方面，不仅对当时蒙古语的a、e、i、o、u、ö、ü七个基本元音分别赋予了相应的拼写符号，还对元音同化现象等做了较详细的记录。此外，在元音拼写方面还创制了一个特殊的字母ė。如下：

a e i o u ö ü ė

八思巴字蒙古语文献中的八思巴字母ė与蒙古语中的e不是一一对应关系。在元音ė出现在词首或出现在词首辅音y、d、t、s之后时与蒙古书面语中的元音e相对应，而元音ė在词中、词末以复合元音形式出现在元音u、ü或e后时与蒙古书面语中的元音i相对应。例如：

八思巴字	书面语	词义
ėǰen	eǰen	主人
yėkʻe	yekʻe	大
dėŋri	tʻngri	天
tʻėri·ün	tʻerigün	头
aǰu·uė	aǰuγui	是也
üėledtʻügeė	üiledtʻügei	做

从八思巴字蒙古语文献中的八思巴字母ė与蒙古书面语的e和i的对应情况，可以了解到当时文献中的音节末或词末元音之后出现的ė字母所标记的不是辅音，而是元音。由于对与ė字母对应的，在回鹘式蒙古文文献和蒙古书面语元音之后出现的字母，学者们提出过不同的释读，因而曾对早期蒙古文文献中是否存在复合元音有过疑虑。从以上对应情况看来，在使用八思巴字的年代，即在13—14世纪蒙古语中确实已经形成了复合元音。

在八思巴字蒙古语文献研究中，一般情况下以ė字母转写不同于e元音的八思巴字ꡦ，而在八思巴字汉语文献研究中则正好相反，把ꡠ转写为ė，而把ꡦ则转写为e元音，并认为ė的开口度小于e，前者为二等，后者为三等（宋洪民 2017）。八思巴字汉语文献研究中的以上分析对八思巴字蒙古语文献中的ė元音的研究具有重要的参考价值。

二 ė字母结尾的复合元音及其拼写特点

八思巴字蒙古语文献中的ė实为e元音的一种变体。ė字母在词首出现的相对多，还与t和č辅音之后的e元音交替出现。由此看来，ė不等于e元音，ė的音值为舌面前次高音（照那斯图 1990：29）。例如：

ėne（这个） ėlčʻine（使臣） ėdü·e（如今）

tʻeri' ün—tʻėri·ün（头），čʻeri·üd-ün—čʻėri·üd-ün（军人们）。

同时，拼写复合元音的末尾元音时，在元音字母之后通常使用ė字母，但由于八思巴字字母系统本身的原因，不能以ė字母结尾拼写所有的复合元音，有时出现yi结尾的复合元音。

八思巴字蒙古语文献中出现的ė字母结尾复合元音有eė、uė、üė等。拼写这些复合元音时，应在相关元音字母之后再加ė字母。

1. e+ė字母的复合元音，主要出现于词末。例如：

kʻeė（风） delekʻeė（世界） ölǰeė（吉祥） tʻögörigeė（圆的） ügeė（无）

此外，在动词词尾中也常出现类似的复合元音，如：ilebeė（派出）、henletʻügeė（施献）、kʻürgetʻügeė（送）、nemetʻügeė（加）、üėledtʻügeė（做）等。

2. u+ė字母的复合元音，主要出现于词末。例如：

a·uė（大） ma·uė（坏） ari·uė（洁） hoqtorquė（宇宙）

aǰu·uė（是也） aquė（山洞） du·ulqaquė（宣谕）

ǰasaquė（修缮） onoquė（辨识）

3. ü+ė字母的复合元音，均出现于词首和词末。例如：

üėle/üėles（事情） üge·üė（无） bükʻüė（在） bütʻükʻüė（成）

bütʻü·emüė（使成） ge·eküė/kʻe·eǰü·üė（说了） kʻürteǰü·üė（受赐）

三 yi字母结尾的复合元音拼写特点

在八思巴字蒙古语文献中，ai复合元音均以yi字母结尾形式出现。这与八思巴字创制时的设计有密切的关系。八思巴字的拼写规则规定，八思巴字的辅音在独立使用或其他辅音字母之前出现时读音均带a元音。在八思巴字蒙古语文献的书写规则中辅音字母的读音变化较多，有时读为纯辅音，有时读为带a的音节。在元音字母之前、之后，或者在辅音字母后，这类辅音字母的读音为纯辅音，而在辅音字母前出现的读为带a元音的音节。此外，独立拼写单位的辅音字母读音均为带a元音的音节。虽然在八思巴字拼写中完整地记录了当时蒙古语的7个基本元音，但在八思巴字字母表中却没有辅音字母之后拼写的a元音字母。在表示a元音时用上述特殊规则拼写。

鉴于上述八思巴字字母中的a元音与辅音字母融为一体，在连接任何元音字母时a元音自动消失的特殊拼写规则，很难形成aė复合元音。若在具有a元音的辅音字母之后连接ė元音字母，a元音同样自动消失，不能与ė字母形成复合元音，反而ė代替a成为另一个单元音音节。因而，在八思巴字蒙古语文献的复合元音拼写中没有a+ė的复合元音。

在八思巴字蒙古语文献的书写规则中，为了解决上述难题，采取了在辅音字母之后连接yi字母的方法。八思巴字的yi字母为两个字母，y为辅音字母，i为元音字母。在八思巴字的辅音字母之后拼写y辅音字母，再连接i元音字母时，y辅音字母之前的辅音字母自动生成a元音，便成为ayi复合元音，读音应为aė。

在八思巴字蒙古语文献中复合元音ayi的拼写，有可能借鉴了回鹘式蒙古文的书写特点。在回鹘式蒙古文中a元音之后书写两个长齿字母yi的情况较常见，一般拉丁文转写为ayi。这个ayi的读音应该与同时代的八思巴字文献中ayi的读音相同。两者之间的区别在于八思巴字文献中的ayi既出现于词首音节，也出现于词末，而回鹘式蒙古文的ayi仅出现于词首、词中，词末则变成为ai。因而，在回鹘式蒙古文文献中的ayi是否为复合元音，人们的看法尚未统一。然而，一般看来，对两种文字文献书写特点的比较，特别是对词末ayi拼写的对比分析，有助于对八思巴字蒙古语文献中的复合元音ayi拼写的探讨。

1. 词末以ayi形式拼写复合元音。ayi由a+y+i三个部分组成，读音应为ai或aė。y不表示实际读音，按拼写规则增加了该字母。与回鹘式蒙古文中的词末ai对应的复合元音，在八思巴字蒙古语文献中均拼写为ayi。例如：

dalayi（海） qaqarqayi（明白） qaqayi（猪） qulaqayi（贼）

qutʿuqtʿayi（有福） tʿawlayi（兔） horayi（山顶）

在动词的附加成分和词尾中ayi形式出现得比较多。例如：

yabuqayi/yabu·ayi（走） bolayi（成） bolqabayi（使成）

bosqabayi（立） da·usbayi（完成）

在八思巴字蒙古语文献中，ayi拼写形式最多的是祈使动词的第三人称附加成分。在八思巴字蒙古语文献中，该附加成分均拼写为-tʿuqayi。例如：

atʿuqayi（在） abtʿuqayi（抢夺、要） aldatʿuqayi（失） baritʿuqayi（拿）

ba'utʿuqayi（安下） boltʿuqayi（做） bordatʿuqayi/bordotʿuqayi（喂）

čʿidqutʿuqayi（注） darutʿuqayi（压） ǰarqulatʿuqayi（诉讼）

orotʿuqayi（入） yabutʿuqayi（走） qaqaltʿuqayi（破）

qudaldutʻuqayi（买） quriyatʻuqayi（收） tʻalbitʻuqayi（放）

2. ayi形式还出现于词首音节。这种拼写形式与回鹘式蒙古文的书写形式相同。需要说明的是，在八思巴字蒙古语文献中ayi形式无论在词首音节还是词末出现读音相同，均表示复合元音aė。例如：

bayiqsan/bayiqu（有） sayid/sayin（好） sayiqan（漂亮） tʻayil（祭祀）

在回鹘式蒙古文中仅有单个长齿字母书写形式的naiman（八），在八思巴字蒙古语文献中把这种ai复合元音的词仍然拼写为nayiman（八），nayimadu·a:r（第八）。

四 与复合元音拼写相关的一些情况

1. 在八思巴字蒙古语文献中，除了e+ė组合外，还出现以eyi拼写形式体现eė复合元音的情况。这种现象在《居庸关石刻》（东壁、西壁）文献中出现的居多。在《居庸关石刻》（东壁、西壁）中uė、üė的拼写形式与其他八思巴字文献相同，而把其他文献中的eė形式均改为eyi。由此看来，这种eyi拼写可能是仅仅出现于个别文献中的现象，与复合元音的读音变化没有直接的关系。此外，在一些词中把词首音节的eė复合元音也拼写为eyi或ėyi。例如：

ėyin（如此） ėyimü（这样） geyi·ülbeyi（照亮了）

bütʻü·ebeyi（建成了） kürtʻebeyi（授赐了） e·üdbeyi（创立了）

2. 在八思巴字蒙古语文献中也出现了一些üyi形式的拼写。这种拼写主要出现于词首音节。例如：

kʻüyičʻi·eged（完成） kʻüyičʻi·ekʻün/kʻüyičʻi·en/kʻüyičʻi·e·ülün（完成）

ǰüyil（种类）

3. 在八思巴字字母表中有表示o的字母。然而在八思巴字蒙古语文献中并没有出现oė的复合元音拼写形式，均拼写为带有y辅音字母的oyi形式。这种拼写形式是由八思巴字的o字母和ė字母的书写规则所决定的。八思巴字的o字母以其中间部分与其他字母连接，而ė字母则以右侧连接，并且字母左侧笔画下行，不易于o字母连接，故采用了能够独立成为书写单位的yi组成oyi形式，拼写了当时蒙古语的oė复合元音。例如：

oyitu（有智慧） qoyina（后） moqoyi（蛇） noqoyi（狗）

从以上三种a元音以外的情况出现的yi结尾复合元音可以看出，在八思巴字蒙古语复合元音拼写中，除了a、o开头的复合元音，主要出现ė结尾复合元音，有时候还出现yi结尾的复合元音。从这种复合元音拼写中ė和yi结尾的拼写形式交替出现情况来看，这两种拼写尽管在形式上有所区别，但读音是相同的。末尾形式是ė还是yi都应该读为ė元音。同样a、o开头的复合元音末尾的yi也理应读为ė元音。

此外，在八思巴字蒙古语文献中有一些汉语借词，对于汉语借词主要采取了汉语读音拼写规则。因而，在蒙古语文献中出现了一些类似于八思巴字汉语文献中出现的汉语复合元音（呼格吉勒图、萨如拉 2004：27、108、153、189、262）。如：šuė（水） guė（贵） gei（吉） heėn（贤） ǰiu（竹） šiu（寿）等。

总之，在八思巴字蒙古语文献中出现了aė（ayi）、eė、oė（oyi）、uė、üė等5个复合元音，尚未发现őė复合元音。在文献中采用两种方法拼写了这些复合元音。一种是在相关元音之后加ė元音。这种拼写为二合元音拼写，从中比较容易了解当时蒙古语复合元音的形成情况。另一种是在相关字母（元音）之后加yi。论及元音+yi拼写时使人联想到回鹘式蒙古文文献中的相同书写情况。综合起来看，两者之间既有联系，也有较大的区别。八思巴字蒙古语文献中词首、词中的元音+yi拼写与回鹘式蒙古文文献中的情况比较一致，而词末的元音+yi拼写情况彼此之间有较大的不同。八思巴字蒙古语文献中的元音+yi拼写，主要是为了解决字母连接问题而创造的组合形式，与读音没有直接的关系。此外还有个别的类推等例外情况。

参考文献

呼格吉勒图、萨如拉编著：《八思巴字蒙古语文献汇编》，内蒙古教育出版社，2004年。

宋洪民：《八思巴字资料与蒙古字韵》，商务印书馆，2017年。

[明] 宋濂等：《元史》卷二百二列传第八十九，中华书局，1976年。

照那斯图：《八思巴字和蒙古语文献》（研究文集 I），日本：东京外国语大学亚非语言文化研究所，1990年。

照那斯图、杨耐思编著：《蒙古字韵校本》，民族出版社，1987年。

On the Spelling Features of the Compound Vowels in the Mongolian Documents in Phags-pa Script

Khasbagen

Abstract: In the Mongolian Documents in Phags-pa script, the documents, generally speaking, authentically reflect the Mongolian sounds in the 13th – 14th century. While the spelling of Mongolian compound vowels is a rather complex issue. This paper will study the spelling of Mongolian compound vowels in different ways in the Mongolian Documents in Phags-pa script, from the perspective of the spelling features in the Mongolian Documents in Phags-pa script; analyze the reasons that result, and describe the basic features of the Mongolian compound vowels in the Mongolian Documents in Phags-pa script in 13th – 14th century. Mongolian compound vowels are the sound forms which accumulated in the course of Mongolian historic changes. As to the forming and changing of Mongolian compound vowels, the scholars hold different views. Hence, it's important to study the spelling features of the compound vowels in the Mongolian Documents in Phags-pa script, meanwhile make further research on the forming and changing of Mongolian compound vowels.

Keywords: Phags-pa script; Mongolian documents; Compound vowels; Spelling features

（通讯地址：010021 呼和浩特 内蒙古师范大学）

论元音声学空间分布模式图相似度与阿尔泰语系语言之间亲近度的关系问题*

呼　和

提要：本文提出"音段声学空间分布模式相似度与语言亲近度关系"假设，并基于"中国少数民族语言语音声学参数统一平台"，通过计算和比较蒙古语、维吾尔语、鄂温克语元音声学空间分布模式图之间的相似度值，探讨了阿尔泰语系三个语族语言之间的亲属关系问题。研究结果显示，蒙古语和鄂温克语声学元音图之间的相似度比蒙古语和维吾尔语，维吾尔语和鄂温克语之间的相似度相对都高，说明蒙古语与鄂温克语之间的亲属关系亲近度比蒙古语与维吾尔语，维吾尔语与鄂温克语之间的相对高。

关键词：阿尔泰语系语言　元音声学空间分布模式图　相似度　亲属关系

一　引言

自菲利普·约翰·冯·斯特拉伦伯格（Phillip Johann von Strahlenberg）1730年在斯德哥尔摩发表的那篇《鞑靼诸语》（The Tatar Languages）文章算起，阿尔泰语言学已走过了近300年的历程。如果说，芬兰学者兰司铁（G. J. Ramstedt，1873—1950）的《阿尔泰语言学导论》（1981）奠定了阿尔泰学理论基础，建立了"阿尔泰学说"，使得"阿尔泰诸语言"从"乌拉尔—阿尔泰语言"中分离出来，变成了独立的阿尔泰学说，那么可以说，美国学者N.鲍培（N. N. Poppe，1897—1991）的《论阿尔泰语言的辅音系统》（1924）、《阿尔泰语和原始突厥语》（1926）、《阿尔泰语言学导论》（1965）、《阿尔泰语言比较语法》（语音学，1960）和《蒙古语比较研究绪论》（1955）等论著对阿尔泰学理论的发展起到了推进作用。（G. J.兰司铁 2004：呼格吉勒图《〈阿尔泰学丛书〉总序》第7页）多年来，虽然历史比较语言学家们基于语音特征、构词方法和句法结构

* 本文系国家社会科学基金冷门绝学研究专项团队项目"中国北方少数民族濒危语言的调查实验研究"（项目编号：21VJXT012）和中国社会科学院创新工程"登峰战略"资深学科带头人资助项目"中国北方跨界民族语言的调查实验研究"（项目编号：DZ2023002）的系列成果之一。

等共性以及语音对应规律和同源（词尾）词汇等夯实了阿尔泰学理论，但仍有不少学者怀疑或反对阿尔泰学。如，波兰学者符拉迪斯拉夫•科特维奇（Wladyslaw Kotwicz，1872—1944）、英国学者克劳森（G. Clauson）、德国学者多费尔（G. Doerfer）等认为：突厥语族语言对蒙古语有过强烈的影响，而蒙古语又对通古斯语有过较大的影响；突厥语族语言、蒙古语和满—通古斯语等之间的共同成分（相似性）是原有的结构相似再加上相互接触和影响造成（互借或相互影响）的结果，阿尔泰语系语言之间不存在发生学上的同源关系，只存在类型学上的相似性。他们的一个重要根据就是蒙古语和突厥语族语言等之间不存在数词的共同性和一些基本词汇的同源性（G. J.兰司铁 2004：呼格吉勒图《〈阿尔泰学丛书〉总序》第6—8页）。本青（J. Benzing）、李盖提（L. Ligeti）、格伦伯赫（K. Grönbech）、西诺（D. Sinor）、罗那-塔什（A. Róna-Tas）等学者提出，目前对"阿尔泰诸语言"在语源上是否存在亲缘关系的问题做肯定的回答还为时过早。这些学者中，有的先相信阿尔泰学理论，后提出怀疑；有的先怀疑阿尔泰学理论，后来相信；有的则既不肯定阿尔泰诸语言间存在发生学上的关系，又不排除存在同源关系的可能性，提倡做更多的研究之后再下结论（G. J.兰司铁 2004：呼格吉勒图《〈阿尔泰学丛书〉总序》第7—8页）。

显然，学者们逐渐认识到有些语言之间所存在的语音特征、构词方法和句法结构等方面的共同性和相似性并不能说明它们原始语言的特征。这些可能是共同的特征而不是原有的特征，不能引用来证明这些语言有共同来源。也就是说，类型学上的相似性与发生学上的同源之间不存在一一对应的关系。这就是历史比较语言学和语言类型学之间的重要差别。如，乌拉尔诸语言与阿尔泰诸语之间虽然在某些语音特征、构词方法和句法结构等方面具有一定的类型上的相似特点，但在语音对应规律和同源词汇方面的共同性较少，所以大多数学者不支持乌拉尔诸语言与阿尔泰诸语言之间的同源关系。

阿尔泰语系语言主要分布在广袤的中北亚地区，也有少数分布在欧洲。据不完全统计，操用阿尔泰语系语言的人口不包括日本大约有一亿。究竟有多少民族的语言属于阿尔泰语系语言，由于在划分语系、语族、语言和方言等各层面上存在分歧，学术界尚未形成统一意见。根据多数学者的意见和最新的观点，阿尔泰语系语言大概有近五十种（G. J.兰司铁 2004：呼格吉勒图《〈阿尔泰学丛书〉总序》第8—9页）。我国阿尔泰语系语言比较丰富覆盖了整个阿尔泰语系语言的各个语族，如，维吾尔语、哈萨克语、乌孜别克语、西部裕固语、柯尔克孜语、塔塔尔语、撒拉语、图瓦语（突厥语族语言）；蒙古语、土族语、达斡尔语、东乡语、东部裕固语、保安语（蒙古语族语言）；满语、锡伯语、鄂温克语、鄂伦春语、赫哲语（满洲—通古斯语）等。虽然，我国是阿尔泰语系诸语言的发祥地，但我国学者对阿尔泰学说所做的贡献远不如国外学者。近年来，清格尔泰、耿世民、力提甫·托乎提、朝克等学者做了一些工作，但从整体上看，多数学者所从事的是单一语种的描写研究或同一语族内部的比较研究，真正从历史比较语言学的视角开展阿尔泰语系诸语言比较研究的成果为数甚少。

自1957年在德国慕尼黑召开的第24届国际东方学会议（24th International Congress of Orientalists）上决定常设国际阿尔泰学会议（The Permanent International Altaistic Conference）以来（G. J.兰司铁 2004：呼格吉勒图《〈阿尔泰学丛书〉总序》第8页），截至2019年已召开了62届国际阿尔泰学会议，不断推动着国际阿尔泰学的研究。但由于阿尔泰学说的复杂性和世界各国对该学科所投入的人力和物力不足等原因，该学说目前仍然是一个有待研究证实的假设性命题。要打破阿尔泰学多年的僵持和发展缓慢等现状，（1）要用历史比较语言学的理论和方法积极开展阿尔泰诸语言比较研究（语言历史），（2）要基于现代科学技术，综合实验语音学（口语）、计算语言学（书面语）、统计学等学科开展现实语言本体的定量和定性研究（语言现状），（3）用考古学、人类学（人种学）、民族学（民俗学）、史学等考察阿尔泰语系诸民族生存和发展的轨迹（留下的痕迹），（4）用解剖学、遗传学，特别是DNA技术（遗传基因），验证这些民族的遗传信息和种族特异性。到目前为止，学者们的研究工作主要集中在第一和第三种上（这两种研究基于的是生活痕迹。阿尔泰语系诸民族大部分是游牧民族可基于的文字文献资料和遗址相对较少），第二和第四种研究做得相对较少（这两种研究属实证研究，能够使用的资源相对丰富）。本项研究属第二种研究中的实验语音学研究。

二　研究理论与方法

自20世纪90年代初起，我们用实验语言学的理论和方法对蒙古语族语言方言土语（话）乃至阿尔泰语系语言的音段和超音段特征进行较系统地定量和定性研究，取得了一些不同于传统语言学研究的新成果，提出了一些新理论、方法和观点，解决了传统语言学不好解决或无法解决的一些语音学和韵律学问题（“研究文献”略）。但是我们以往研究的关注点主要在单语种声学参数的均值，较少关注音段在声学空间中的分布模式或分布格局、变化范围、变化轨迹或变化趋势，即重视描写音段共时现状（静态），忽略了音段的历史演变轨迹（动态），也就是音段在声学空间中的分布模式，重视了点，忽略了面。自2013年以来，我们团队基于“中国少数民族语言语音声学参数统一平台”（呼和 2009，2017），在分析和研究单语种“元音声学空间动态分布图”“语音声学空间分布模式”和“语音声学空间分布类型”的同时，提出“音段声学空间分布模式相似度与语言亲属关系”的假设（Hypothesis），并通过比较蒙古语族语言和阿尔泰语系语言间的“元音声学空间三角形”和“语音声学空间分布模式”相似度，探讨过它们之间的亲属关系问题（呼和 2013，2015b，2017，2019）。通过上述实证研究，逐渐认识到用上述思路和方法所得出的结果和结论，能够证实、修改和补充历史比较语言学研究结论，夯实阿尔泰学说。用“语音声学空间分布模式图相似度”值证实（确定和区分）语言之间的亲属关系是我们团队目前的重要工作之一。

我们所提出的“音段声学空间分布模式”是有形的、能够量化和可视的语音声学空间分布格局。为区别音段声学空间分布模式的个性和共性，我们主张把单语种语音声学空间分布特征叫“音段声学空间分布模式”（现实系统），通过分析和比较多语种“音段声学空间分布模式”得出的重建或构拟的原始模式叫“音位声学空间分布模式”（原始系统）。如图2为阿尔泰语系语言元音声学空间分布模式，图3为阿尔泰语系语言元音音位声学空间分布格局（重构的）。本文的研究思路和方法如下：

首先，利用“语音声学参数统一平台”查找每种语言词首音节所有元音的第一、第二共振峰参数，并用绘图软件绘制每种语言元音声学空间分布模式图，请见图2。其次，基于元音声学空间分布模式图勾勒每种语言元音音位声学空间分布格局图（重构），请见图3。再次，匹配好所要比较的两种语言的“元音声学空间分布模式图”和“元音音位声学空间分布格局图”，用“直方图距离计算方法”和“分块直方图计算方法”计算它们之间的相似度[①]，请见表1，表中用百分比显示了Bhattacharyya系数（巴氏系数）。最后，用历史比较语言学和实验语言学理论分析相似度值与语言亲近度之间的关系并重构原始语言元音音位格局。上述图中的MGYM代表蒙古语男发音人数据、UGYM为维吾尔语男发音人数据、EWKY为鄂温克语男发音人数据。

“直方图距离计算方法”首先把图像匹配好，即直方图匹配。比如，有图像A和图像B，先分别计算两幅图像的直方图HistA和HistB，然后再计算两个直方图的归一化相关系数即巴氏距离（Bhattacharyya Distance）、直方图相交距离等。巴氏距离和巴氏系数是以20世纪30年代曾在印度统计研究所工作的一个统计学家A. Bhattacharyya的名字命名的。在统计中，巴氏距离用于测量两个离散或连续概率分布的相似性。它与衡量两个统计样品之间的重叠量的巴氏系数密切相关。同时，巴氏系数可以被用来确定两个样本是相对接近的，它是用来测量类的可分离性的。

① 所采用的“直方图距离计算方法”（简称“直方图方法”）、“分块直方图计算方法”（简称“分块图方法”）和“感知哈希算法”等三种计算方法中，前两种算法更适合计算语言之间“音段声学空间分布模式图”和“音位声学空间分布模式图”的相似度。本文所用的相似度值是由新疆大学艾斯卡尔教授计算的，这里表示诚挚的谢意。

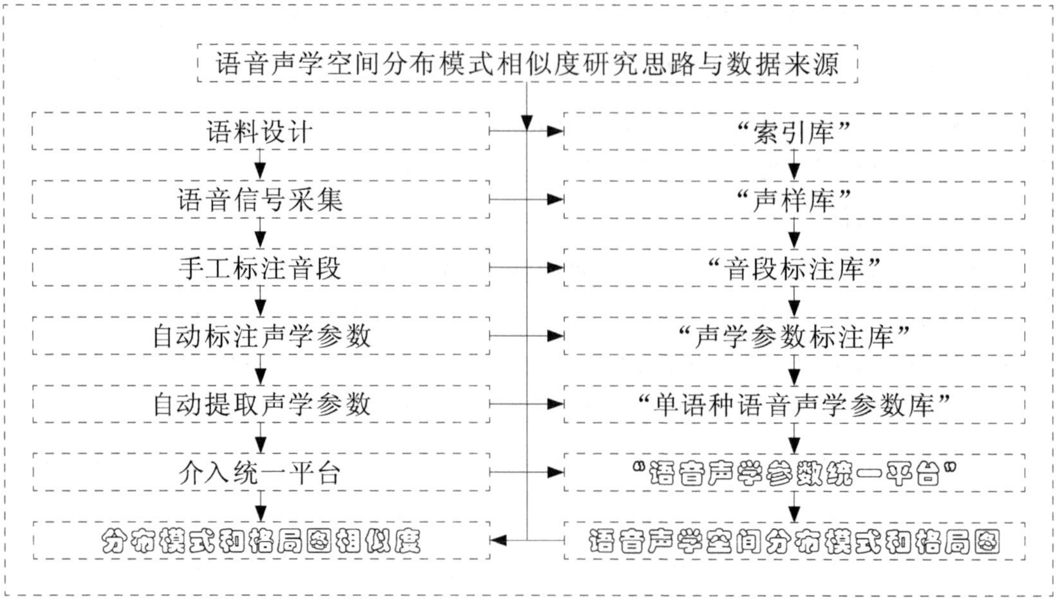

图 1　研究思路与研究方法示意图

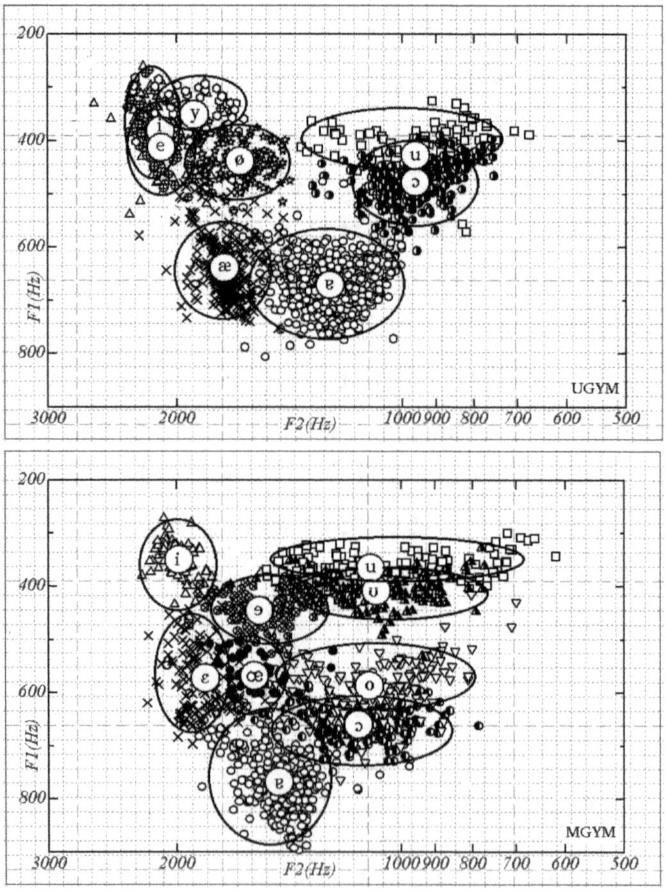

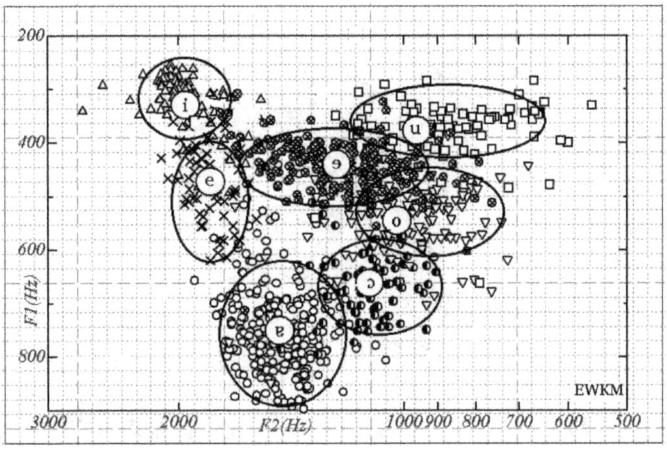

图 2 维吾尔语（上）、蒙古语（中）、鄂温克语（下）元音声学空间分布模式图

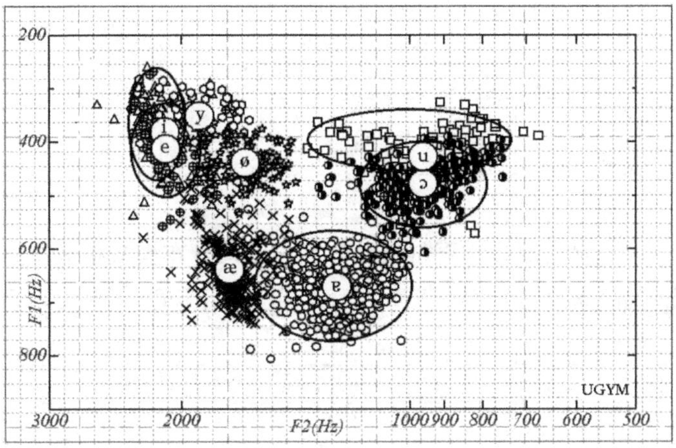

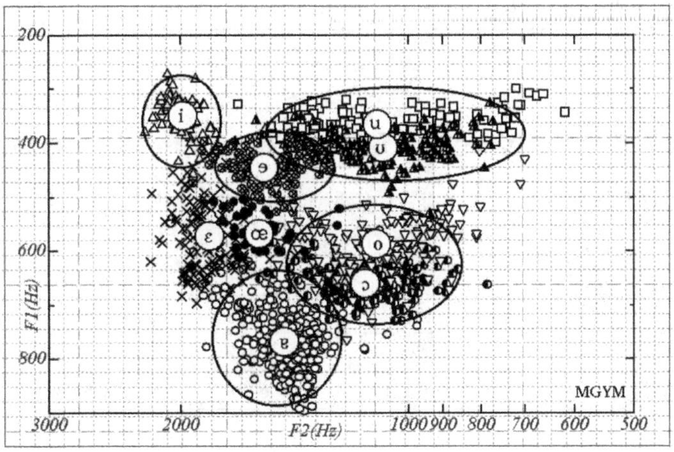

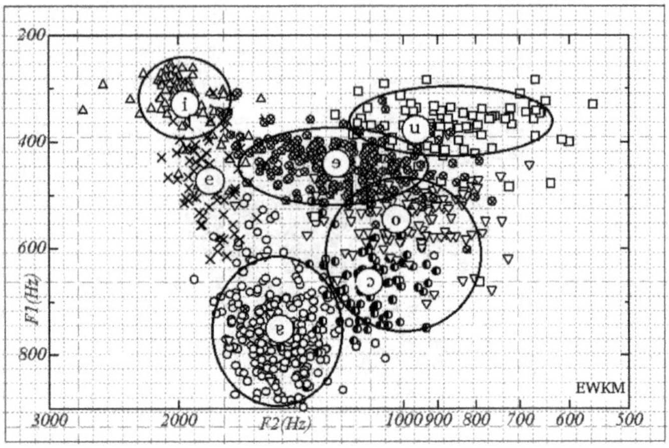

图3 维吾尔语(上)、蒙古语(中)、鄂温克语(下)元音音位声学空间分布格局图(重构的)

表1 蒙古语、鄂温克语和维吾尔语元音(音位)声学空间分布模式图相似度比较

算法和计算结果 / 语言	"直方图距离计算方法"计算结果	"分块直方图计算方法"计算结果
蒙古语—鄂温克语	85%	67%
蒙古语—维吾尔语	79%	54%
维吾尔语—鄂温克语	76%	52%

表2 蒙古语、鄂温克语和维吾尔语元音声学空间分布模式相似度比较(参数)

算法和计算结果 / 语言	基于声学参数的计算结果	
	M	F
蒙古语—鄂温克语	69%	64%
蒙古语—维吾尔语	65%	59%
维吾尔语—鄂温克语	57%	46%

注：M 指男性，F 指女性，下表同。

表3 蒙古语、鄂温克语和维吾尔语重构元音音位声学空间分布格局图相似度比较

算法和计算结果 / 语言	"直方图距离计算方法"计算结果		"分块直方图计算方法"计算结果	
	M	F	M	F
蒙古语—鄂温克语	71%	69%	57%	57%
蒙古语—维吾尔语	69%	62%	54%	51%
维吾尔语—鄂温克语	60%	67%	52%	53%

三 研究结果

（一）元音声学空间分布模式图相似度比较

从表1和表2中可以看到，蒙古、鄂温克和维吾尔等三种语言元音音位声学空间分布模式相似度的统计结果。从表1中可以看到，无论哪种算法蒙古语与鄂温克语之间的相似度值（最高达到85%）都比蒙古语与维吾尔语、维吾尔语与鄂温克语之间的相对高。

“直方图方法”计算结果排列（由大到小）：85%（蒙古语与鄂温克语）>79%（蒙古语与维吾尔语）>76%（维吾尔语与鄂温克语）

“分块直方图方法”计算结果排列（由大到小）：67%（蒙古语与鄂温克语）>54%（蒙古语与维吾尔语）>52%（维吾尔语与鄂温克语）

表2男女发音人数据（基于声学参数的计算结果）显示，蒙古语与鄂温克语之间的相似度值（最高达到69%）都比蒙古语与维吾尔语、维吾尔语与鄂温克语之间的相对高。以下是计算结果排列（由大到小）：

M：69%（蒙古语与鄂温克语）>65%（蒙古语与维吾尔语）>57%（维吾尔语与鄂温克语）

F：64%（蒙古语与鄂温克语）>59%（蒙古语与维吾尔语）>46%（维吾尔语与鄂温克语）

（二）元音音位声学空间分布格局图（重构的）相似度比较

表3显示，三种语言元音重构模式图相似度值比较结果与上述结果基本一致。如蒙古语与鄂温克语之间的最高相似度值达到71%。

“直方图方法”计算结果排列（由大到小）：

M：71%（蒙古语与鄂温克语）>69%（蒙古语与维吾尔语）>60%（维吾尔语与鄂温克语）

F：69%（蒙古语与鄂温克语）>67%（维吾尔语与鄂温克语）>62%（蒙古语与维吾尔语）

“分块直方图方法”计算结果排列（由大到小）：

M：57%（蒙古语与鄂温克语）>54%（蒙古语与维吾尔语）>52%（维吾尔语与鄂温克语）

F：57%（蒙古语与鄂温克语）>53%（维吾尔语与鄂温克语）>51%（蒙古语与维吾尔语）

（三）元音声学空间分布模式图相似度与语言之间的亲近度关系

波兰学者符拉迪斯拉夫·科特维奇等学者认为，阿尔泰语系语言之间的共同成分（相似性）是原有的结构相似加上相互接触和影响所造成（互借或相互影响）的结果，阿尔泰语系语言之间不存在发生学上的同源关系，只存在类型学上的相似性。我们这里不讨论阿尔泰语系语言之间是否有同源关系，只讨论三种语族之间的亲属关系问题。无论从图2、图3（定性）上，还是从表1—表3里的相似度值（定量）上，我们都不难看出，蒙古语与鄂温克语元音声学空间分布模式图之间的相似度都高于蒙古语与维吾尔语之间的相似度。为此，我们有理由认为，前两种语言之间的亲属关系亲近度高于后两种语言之间的。另外，表1—表3的相似度值显示，三种语言之间的相似度都超过50%，说明它们在类型学上的相似性较高。

四　结论与展望

如果说我们以往的研究是“微观基础研究”（“研究文献”略），那么本项研究属“宏观基础研究”。一种语系或语族语言可能有其共同的“语音声学空间分布模式”。这种“模式”就像生物的“遗传基因”DNA一样，保留着语言的“遗传信息和种族特异性”。从大量的语音声学空间分布模式图（“语音面貌”）中，我们能够提取语言的这种“遗传基因”，并重构其原始的、共同的“语音模式”。虽然经过漫长的演化，语言“语音面貌”会发生不同程度的改变，但其原始的、共同的“语音声学模式”不会轻易改变，是相对稳定的。

本文提出“音段声学空间分布模式相似度与语言亲近度关系”假设，并基于“中国少数民族语言语音声学参数统一平台”，通过计算和比较蒙古语、维吾尔语、鄂温克语词首音节元音声学空间分布模式图之间的相似度值，探讨了阿尔泰语系三个语族语言之间的亲属关系远近问题。以下是我们的初步结论：蒙古语与鄂温克语之间的亲属关系亲近度比蒙古语与维吾尔语，维吾尔语与鄂温克语之间的亲近度相对高。

本项研究作为新兴交叉学科研究，具有前瞻性和开拓性意义。但作为探索性研究有待进一步澄清和解决的问题还较多。如：（1）元音声学空间分布模式中既包含现代语音也包含历史语音（演变轨迹），从共时的视角怎样准确审视历史语音？怎样了解和解释共时与历时语音之间的关系？（2）语音虽具有稳固性，但是亦有演变性，共时模式不能完全反映历时模式。语音的稳固与变化之间的关系究竟如何？（3）现代语音模式在多大程度上反映着历史模式？多大程度上反映着其变化？（4）怎样用现在的语音模式对比关系，说明历史渊源关系？（5）作为考核和判定亲属关系的相似度值（指标）有待进一步量化。我们相信，通过大量计算、比较音段和超音段声学空间分布模式图和格局图相似度值，这些问题会迎刃而解，从而推动语言学、语言类型学、历史比较语言学和人类学研究的发展。

参考文献

〔美〕爱德华·萨丕尔著，陆卓元译，陆志韦校订：《语言论——言语研究导论》，商务印书馆，1964 年。
〔苏〕符拉基米尔佐夫著，陈伟、陈鹏译，沈成明校：《蒙古书面语与喀尔喀方言比较语法》，青海人民出版社，1988 年。
〔芬兰〕G. J. 兰司铁著，周建奇译：《阿尔泰语言学导论》，内蒙古教育出版社，2004 年。
呼格吉勒图：《蒙古语族语言基本元音比较研究》，内蒙古教育出版社，2004 年。
呼和：《蒙古语语音实验研究》，辽宁民族出版社，2009 年。
呼和：《基于语音声学模型的阿尔泰语系语言亲属关系初探》，《民族语文》2013 年第 3 期。
呼和（a）：《蒙古语元音演变的声学语音学线索》，《中央民族大学学报》（哲社版）2015 年第 4 期。
呼和（b）：《语言亲属关系声学语音学线索》，《实验语言学》2015 年第四卷第 4 号。
呼和：《蒙古语和维吾尔语双音节词韵律模式比较》，《满语研究》2017 年第 1 期。
呼和：《语音声学空间分布类型初探》，《民族语文》2019 年第 4 期。
陆丙甫、金立鑫编：《语言类型学教程》，北京大学出版社，2015 年。
〔美〕N. 鲍培著，周建奇译：《阿尔泰语言学导论》，内蒙古教育出版社，2004 年。

On the Relationship between the Similarity of the Spatial Distribution Pattern of Vowel Acoustics and the Affinity of Altaic Languages

Huhe

Abstract: This paper proposes the hypothesis of the relationship among the similarity of the spatial distribution patterns of segmental sounds and language affinity, and based on the "Uniform Platform for Speech Acoustic Parameters of Chinese Minority Languages", calculates and compares the spatial distribution of vowels in Mongolian language, Uighur language, and Evenki language. Using the similarity value among the pattern and the acoustic pattern map, this paper explores the issues of closeness and kinship among the three languages of the Altaic language family. The results show that the similarity between Mongolian language and Evenki language acoustic vowel diagram is higher than that between Mongolian language and Uighur language, as well as that between Uighur language and Evenki language, indicating that the degree of kinship between Mongolian language and Evenki language is higher than that between Mongolian language and Uighur language, as well as that between Uighur language and Evenki language.

Keywords: Altaic languages; Vowel acoustic spatial distribution pattern; Similarity; Kinship

（通讯地址：10081 北京 中国社会科学院民族学与人类学研究所）

《训民正音》创制前汉字对朝鲜文字生活的影响 *

金光洙　郑媛宁

提要：《训民正音》创制之前，汉字和汉文对朝鲜语文字生活产生了重大影响。值得一提的是，到了八世纪，朝鲜连地名都效仿中国的方式，多用两个字来命名。直至《训民正音》创制后汉字和汉文的地位仍没有实质的改变，朝鲜语的书写形式仍为汉文、吏读（吏札）、谚文这三种形式。本文主要阐述朝鲜文字创制之前，即古代及中世时期朝鲜借用汉字的音和义记录朝鲜语的词汇及标记文章的过程。

关键词：朝鲜的文字生活　汉字标记　朝鲜式标记

一　引言

新罗统一三国以及高丽建国使朝鲜半岛逐渐成为统一的民族国家，因而统一语言成为大势所趋。虽然朝鲜半岛一直有自己的固有语言，但是没有记录这种语言的文字，因此开始直接应用汉字和汉文，之后通过这些借用汉字的音和义记录朝鲜语。随着相关宝贵文献资料的出土，我们可以了解古代朝鲜语的音韵、词汇和语法形式。

朝鲜文字创制前，汉字和汉文是对朝鲜语言产生重大影响的要素之一。而汉文对朝鲜语的影响中最为显著的当数词汇。由此可以推测古代朝鲜语的发展后期，即统一新罗时代和高丽时代，大量汉语字词被应用于朝鲜语之中。值得一提的是，到了八世纪，朝鲜连地名都效仿中国的方式，多用两个字来命名。汉字和汉文对古代朝鲜语的这种影响，直至后来对朝鲜人名的普遍影响，堪称朝鲜历史上的重要事件之一。

阐述《训民正音》创制之前，即古代及中世时期，朝鲜借用汉字的音和义记录朝鲜语的词汇及标记文章的过程，在研究中朝文化交流，知识及思想传播，文献资料的发

---

* 本文为国家社会科学基金重大项目"朝鲜汉字资源文献整理与研究（18ZDA306）"和延边大学外国语言文学世界一流学科建设攻关科研项目"朝鲜汉字资源文献研究"（18YLGG01）的阶段性成果。

掘、整理等方面有重要学术意义。

二 汉字标记的资料

随着人类文明的发展，语言需要拥有与之配套的文字是一种必然趋势。因此，为了不过多落后于其他民族，朝鲜这个拥有数千年历史的民族，必须要为拥有记录自己语言的文字而努力，并且开始思考在古朝鲜时是否拥有过文字。由于现今已找不到檀君和箕子时代的历史资料，所以对于那时是否有古代文字，无法形成统一的论断。这里所提及的文字，是汉字。我们无法确定汉字是何时，又是怎样传入朝鲜的，但是可以猜测三国时期或是之前，朝鲜刚刚接触汉字时并没有抛弃本民族语言的固有特性，依然保留着朝鲜语言的纯粹性，因而无法完全使用汉字。于是朝鲜先民们便采用了借助汉字来记录朝鲜语的方法。也就是每一个语句都以朝鲜语意义为中心，用汉字来标记，在此，汉字失去了它表意文字的本性，兼顾音和义地被用来记录朝鲜的所有语言。

古代中国和朝鲜史书中记载：

其俗呼城曰健牟罗，其邑在内曰啄评，在外曰邑勒，亦中国之言郡县也……其冠曰遗子礼，襦曰尉解，袴曰柯半，靴曰洗。(《梁书》卷54新罗传)

赫居世王盖乡言也，或作弗矩内王言光明理世也。(《三国遗事》卷1)

始祖姓朴氏，讳赫居世……号居西干……居西干辰言王或云呼贵人之称。(《三国史记》卷1新罗本纪)

《三国史记·地理志》中有关地名的记录十分有限，但由于是仅存的资料，显得弥足珍贵。资料中的高句丽语地名中共出现了67个词汇，其中名词47个，数词4个，形容词13个，动词3个；百济语地名中共出现16个词汇，其中7个名词，9个形容词；新罗语地名中有名词13个，数词1个，形容词5个，动词3个，共22个词。

如："海曲县本高句丽波旦县"，高句丽语的"海"和"波旦"相同；"翰山县本百济大山县"，百济语的"翰"和"大"相同；"永同郡本吉同郡"，新罗语的"永"和"吉"相同。

三国时期（高句丽、百济、新罗），不同国家标记文字的方法不同：

表 1 高句丽、百济、新罗标记文字的异同

汉语	高句丽	百济	新罗
城	忽（골 [kol]）	己，只（기 [ki]）	支（기 [ki]）
峰	述尔（술이 [suli]）	首尼（수리 [suri]）	述（술 [sul]）
新	首（수 [su]）	沙（새 [sai]）	史（새 [sai]）
赤	沙非斤（사비근 [sabigin]）	所非（소비 [sobi]）	沙伏（사보 [sabo]）

吏读资料：

所谓吏札，通俗点说，就是在誓记体基础上补充语法形态，使文章脉络更加清晰的一种标记方式。吏札主要用于官方文书中。例如：

丙戌十二月汉城下后部小兄文达节自此西北行涉之己丑年五月廿八日始役西向十一里小兄相夫若牟利造作。(《平壤石城》566—569年)

乡札资料：

乡札是用汉字尽可能完整的标记朝鲜语的标记方法。乡札作为歌辞文体的标记方法，主要记载了乡歌。(이기문 2003：67)乡札式标记方法的特征是使用纯粹的朝鲜语语序和朝鲜语词汇，相较于吏札，将助词、词尾发展得更为多样化。代表性作品有：

《处容歌》

东京明期月良夜入伊游行如可，
入良沙寝矣见昆脚乌伊四是良罗，
二肹隐吾下于叱古二肹隐谁支下焉古，
本矣吾下是如马于隐夺叱良乙何如为理古。

三　汉字的朝鲜式标记法

《训民正音》创制以前，朝鲜的记录方式依赖于当时唯一的文字——汉字。我们可以推测，这是由于当时中国是名副其实的大国，拥有文化主导权，朝鲜作为邻国必然受到影响。在朝鲜与中国接触初期，两国的语言已经有了密切的关系，随着中国对朝鲜影响的加强，朝鲜接受了汉文的全部体系。当时由于与中国的交流频繁和国家政治局面的动荡，朝鲜的统治阶层日益感到记录的重要性和迫切性，意识到汉字的重要性。但是汉字是以记录汉语为目的而创制的，标记多音节且具有黏着性的朝鲜语很不方便，所以不能照搬汉字，这使得朝鲜先民有机会反省不同于汉语的自己语言的特征。

（一）汉字的朝鲜式标记方法

在利用汉字、汉文书写朝鲜语的过程中，古代朝鲜人民最大限度地利用了汉字的可书写性。随着对汉字的接触和对汉文的熟悉，古代朝鲜人民产生了利用它来标记本国语言的想法，迫切希望能够利用汉字标记法来记录人名和地名等固有名词。古代朝鲜人民为了使朝鲜语用与自己语言结构不同的汉语标记出，进行了不懈的努力，终于发明了利用汉字记录朝鲜语的独特标记方法，即，创造了利用汉字的音标记朝鲜语中相同的音，或者利用汉字的语义标记朝鲜语单词的方法。这种记录方法从原理上可分为两种，即利

用汉字表音性的音读法和利用汉字表意性的意读法。如果利用音读就可以记录本国语言的话，就无需再用意读法。（김영황 2009：41）

从高句丽遗址中出土了最早的汉字雕刻金石文，因此我们可以推测高句丽在汉字的记录方面拥有领先地位。

以下是利用汉字的音和义标记固有名词的历史资料：

（1）人名中出现的固有名词的标记

王夜闻金城西始林树间有鸡鸣声，迟明遣朴公视之，有金色小椟挂树枝，白鸡鸣于其下，朴公还告，王使人取椟开之，有小男儿在其中，姿容奇伟……及长聪明多智略，乃名阏智，以其出于金柜，姓金氏（《三国史记》脱解王九年）

以阏智名之，阏智即乡言小儿之称也……因金柜而出乃姓金氏……新罗金氏自阏智始（《三国遗事》卷1金阏智）

（2）地名中出现的固有名词的标记

火王郡本比自火郡一云比斯伐（《三国史记》卷34杂志3地理1）

泗水县本史勿县（《三国史记》卷34杂志3地理1）

伊川县本高句丽伊珍买县（《三国史记》卷35杂志4地理2）

松岘县本高句丽夫斯波衣县（《三国史记》卷35杂志4地理2）

玉马县本高句丽古斯马显县景德王改名今奉化县（《三国史记》卷35杂志4地理2）

（3）官制中出现的固有名词的标记

儒理尼师今立……初，南解薨，儒理当立，以大辅脱解素有德望，推让其位。脱解曰：神器大宝非庸人所堪，吾闻圣智仁多齿，试以饼啮之。儒理齿理多乃与左右奉立之，号尼师今古传如此。金大问则云：尼师今方言也，谓齿理（《三国史记》卷1儒理尼师今）

（4）药材名中出现的固有名词的标记

荠苨：獐矣加次（노라의갓[noreɐigasˋ]）/蓝乡名青苔：俗云青乙召只非也（프르좃비[phɨrɨtsokˋbi]）/大戟：杨等漆（柒）根（버듨옷불휘[pʌdɨlosˋbulhui]）/菖蒲：消衣亇（숑의마[syoŋɐima]）/蜈蚣：之乃（지내[tɕinai]）/韮：厚菜（후채[hutshɐi]）/蚯蚓：居乎（거위[kʌui]）→지렁이[tɕirʌŋi]地龙/蠷螋：影亇伊汝乙伊（그르메너흐리[kɨrɨmʌinʌhɨri]）/芋：毛立모랍[morɐpˋ]→토란[tʰlan]土卵/虫毛：所也只（소야기[soyagi]）/蜘蛛：居毛以（거믜[kʌmɨi]）（《乡药救急方》）

通过用汉字标记的朝鲜语词汇可以看到，除音读法和意读法之外，还有合成法等其他的标记方法。具体如下：

1. 音读法

音读法就是借助汉字的音来记录朝鲜语的一种假借方法。如，一个叫“마리[mari]”

的人，用音读法标记他的名字，就是“摩离”。这种情况就是完全不考虑汉字的意义，只借助汉字的音。

在文献中可以找到更多的音读法标记的例子：

赫居世（밝은누리[palk`innuri]）→弗矩内（《三国遗事》），小儿（아기[agi]）→阏智（《三国遗事》），小儿（아기[agi]）→阿其（《龙飞御天歌》），서울[ɕyul]→徐伐（《三国遗事》）

2. 意读法

意读法指利用汉字的意义标记朝鲜语的方法。如，一个叫做“누리실[nuriɕil]”的地名，用意读法标记就是“世谷”。这种情况下只考虑汉字的意义而忽略汉字的音。

文献中出现的意读法：

翰山（한뫼[hanmoi]）→大山（《三国史记》），무쇠[musoi]→水铁（《庆国大典记》），苦参（너삼[nʌsam]）→板麻（《乡药救急方》），素那（쇠내[soinai]）→金川（《三国史记》），黄蓍（단너삼[tannʌsam]）→甘板麻（《乡药救急方》）

音读法和意读法是朝鲜语的汉字标记法的核心和根本，与之并重的还有合成法、半音读法、补充法、同音异义法等。

3. 合成法

古代人们在标记某一个词的时候，并不是全部使用音读法或全部用意读法标记朝鲜语，也有将两种方法结合起来使用的情况。也就是说使用某些音节用音读法，某些音节用意读法的合成标记法。

例如朝鲜语中将“개나리꽃”（百合花[kainarik'os`]）译为“犬乃里花”，在这里，“개”[kai]用意读法标记为“犬”，“나리”[narl]用音读法标记为“乃里”，“꽃”[k'os`]用意读法标记为“花”。

4. 半音读法

所谓半音读法，是借用汉字音节中的某一个音素，标记朝鲜语的一部分音的方法。例如“고솜돝”[kosomdot]这个单词译为“高所音猪”。这种情况下“猪”是意读，“高”和“所”是音读，“音”没有采用对应音节，按照韵尾“ㅁ”[m]与“소”[so]（所）一起标记为“솜”[som]。

再如：

齿叱今（닛금[nis`gɨm]>님금[nimgɨm]>임금[imgɨm]）→尼师今（《三国遗事》），鸡冠（닭의볏[talk`byʌs`]）→鸡矣碧叱（《乡药救急方》），桔梗（도랏[toras`]）→道罗次（《乡药救急方》）

5. 补充法

补充法指利用汉字的意标记朝鲜语后，为了使表述更加明确，将词的尾音节或者其他音节用其他字再次重现的方法。例如，在标记“누리”[nuri]这个单词时，“世”是意译，按照它的意义，又在世的后面加入了一个“里”字，变成“世里”。这里如果只写“世”，人们就会按照它的音读作“세”[sʌi]，而写作“世里”时，就不会被读作“세리”[sʌiri]，而被读作“누리”[nuri]。这是由于长久以来的习惯，被约定俗成的。

文献中更多的补充法标记如下：

밤[pam]→夜音，마음[mazam]→心音，나리[nari]→川理，가을[kazal]→秋察，즈믄[tsɨmɨn]→千隐，바회[bahoi]→岩乎，길[kil]→道尸

补充法在解释乡歌时尤为常用。

6. 同音异义法

同音异义法与汉字的标准音或直接意义无关，是借助有同音异义关系的汉字标记朝鲜语单词的一种方法。例如，标记“실개”[ɕilkai]这个地名时，如果用合适的意义标记的话应为“谷浦”，但是由于“谷（실곡[ɕil kokˋ]）”和“丝（실사[ɕil sa]）”是同音异义的关系，所以将“谷浦”写为“丝浦”。又如，端午的别称“수리”[suri]标记为“车衣（戌衣）”。

（二）汉字的朝鲜式标记方法的实行

用汉字标记朝鲜语固有名词时有很大的局限性，单纯利用汉字记录固有名词无法完全满足文字生活的需要。因此朝鲜人民便试图将整篇文章都用朝鲜语式的方法表现出来。最开始出现的是誓记体标记形式。所谓誓记体是由其代表性金石文《壬申誓记石》而来。从誓记体文章阶段可以发现，文章中的汉字是按照朝鲜语的语序排列的，因而也可以称之为朝鲜化的汉文。（허동진 2003：44）

壬申六月十六日二人并誓记，天前誓，今自三年以后忠道执持过失无誓，若此事失天大罪得誓，若国不安大乱世可容行誓之，又别先辛未年七月廿二日大誓，诗尚礼伦得誓三年。《壬申誓记石》（522年或612年）

誓记体并不是汉文体裁，只是将汉字按照朝鲜语的语序排列。其中还没有语法形态的标记方法，文章结构与吏读体相似。从中可以看出它日后发展为吏读体的过程。同时它也证实了朝鲜语的文章结构与汉语不同。书写盟誓词的人都是熟读四书五经有学问的人，他们可以直接使用汉文来书写记录，然而他们却没有那么做。由此我们可以洞察他们将汉字用朝鲜语的语序来书写的意图。

三国时期吏读体发达，并且产生了语法的意识。汉字是表意文字，同一个汉字不仅

可能是名词，也可能是动词，且没有发达的表示语法功能的语法形态。相反，朝鲜语作为黏着语，语法形态特别发达。朝鲜先民们感到用不同的方式表示语法意义十分不便。为了减少这种不便，他们只用汉字的语义来满足文章的表意需要，即，一种在每个意群间用汉字的音或义来表示语法形态的文章构成法。这种文体就叫作吏读体。

吏读体始于三国时期，在李氏朝鲜初期《大明律直解》时得到完善，一直被使用至李氏朝鲜末期。其最珍贵的资料可以追溯到真平王十三年（591年）的庆州《南山新城碑》，它的文章结构与誓记体相同。

辛亥年二月二十六日南山新城作节如法以作后三年崩破者罪教事为闻教令誓事之。《南山新城碑》(591年)

从例文可以看出，吏读体的特征是文字按照朝鲜语的语序排列，加入了吏读语和吏读语法形态。它是向吏札过渡的一种文体形态。在词语方面，吏读仍旧使用汉字的原形，语法形态和补助词（为尼罗）只是采用汉字的音和训。在这种方式中，语法形态主要以借音方式标记。标记补助词时，词干部分是训读标记法，语法形态部分是音读标记法。汉语长久以来影响着朝鲜语的书写习惯。朝鲜语想要从中摆脱出来，按照自己的语序来书写文字，绝非易事。所以，吏读的发明和使用是朝鲜祖先的一大壮举。

吏读经历了高丽和朝鲜时期，一直延用到了19世纪末。吏读可以说是一种畸形的书面语言，但即使这样，却还被使用这么久，确实令人吃惊。可推测其理由：一是这种语言在胥吏中有很强的影响力；二是上层社会统治者借助它，更有利于统治国家。高丽和朝鲜时期吏读主要用于官方文书中，因此吏读几乎成了李氏的专享书面语言。

《训民正音》创制以前，随着吏札的完善，其也被用于汉文的翻译。《大明律直解》和《养蚕经验撮要》具有代表性。

将《大明律直解》与《养蚕经验撮要》的汉文与吏札文进行对比，结果如下：

体例：汉文和吏札文→翻译文

○【汉文】凡奴婢殴家长者皆斩，杀者皆凌迟处斩，过失杀者绞。

○【吏札文】凡奴婢亦家长乙把他为在乙良并只斩齐致杀为在乙良并只车裂处杀齐失错杀为在乙良绞杀齐.（《大明律直解》刑律奴婢殴家长）

→【翻译文】凡奴婢이[i]家长을[ɨl]把他하견을랑다모기[hagyʌnɨlraŋdamogi]斩하제[hɐtɕyʌi].致杀하견을랑다모기[hagyʌnɨlraŋdamogi]车裂处杀하제[hɐtɕyʌi]. 失错杀하견을랑[hagyʌnɨlraŋ]绞杀히제[hɐtɕyʌi].

○【汉文】蚕阳物，大恶水，故食而不饭。

○【吏札文】蚕段阳物是乎等用良（이온달쓰아[iondɐls'ɨa]）水气乙（을[ɨl]）压

脚，桑叶叱分（뿐[b'un]）喫破为遣（하고[hɐgo]）饭水不冬（안달[andɐl]）.（《养蚕经验撮要》韩尚德 1415）

→【翻译文】蚕딴[st'an]阳物이온달쓰아[iondɐls'ɨa]水气랄[rɐl]压脚桑叶뿐[sb'un]喫하고[hɐgo]饮水안랄[an].

古代朝鲜人采用加入词尾的方式读汉文。在这种读法中，句子仍然是汉文的结构，但是按照朝鲜语的方式诵读的时候会显得生硬或有间断，在每句中都加上语法形态来朗读就会自然、流畅。后来成形的口诀或者口诀诵读法则是一种科学的诵读方式。所谓口诀，是为了理解汉文原文，在每句汉文中都加上语法形态来诵读的方式，即在正确地把握汉文意义的基础上，为了便于吟咏，将文章分节，然后在句子中加入标记借字形态的朝鲜语助词和词尾来朗读的方法。

口诀也叫“입겿”[ip`kyʌs`]，常被叫作“吐”（助词加词尾）[tʰo]，是指句子中在词语之间加入的语法形态。（金光洙，姜美花 2019：66）以将儒家道德为主要内容的儿童教科书《童蒙先习》（1679年）的一个章节为例，我们可知口诀的一些特征。

○天地之间万物之中厓唯人伊最贵为尼所贵乎人者隐以其有五伦也罗是故奴孟子伊曰父子有亲为旀君臣有义为旀……朋友有信是罗为时尼人而不知有五常则其违禽兽伊不远矣里罗。

由此可见，口诀是在用汉语的语序把这些汉字进行排列的誓记体文章中加入语法形态的一种标记方法。它与吏札的本质不同。如果删除那些加入句子中的语法形态，其构造与汉文无异。如同吏札一样，不严格地说吏读表示法中也有对语法形态的记录。

口诀的标记性特征就是，与标记口诀语法形态的汉字的正字相对应，也采用了略字。使用语法形态的目的是便于诵读和把握意义，无实际的含义。

在标记口诀语法形态时，为了减少书写上的麻烦，使其以助词的形式出现，并逐渐将其略字化：

表 2　口诀语法形态标记中助词的略字化示例

夕 다 [da]：多的半边	刃 나 [na]：那的左边
又 로 [ro]：奴的右部	卜 와 [oa]：卧的右边
ソ ᄒᆞ [hɐ]：为的上部	尒 며 [myʌ]：旀的右边
ヒ 니 [ni]：尼的下部	口 고 [ko]：古的下部

口诀的语法形态在不同的文献中，被写作不同的略字体。“ヒ”在有些地方被写作“叱”的简略字，而“乎”的略字在有些地方是“ノ”，有些地方是“ㄅ”。

口诀略字是在长时间的书写过程中约定俗成的一种固定记号，看起来与日语的片假名相像。1973年，忠南西山文殊寺发现的14世纪史料《旧译仁王经》（上卷），不仅说明了汉文严密的释读法，也展示了口诀多样的略字，因而备受瞩目。《训民正音》创立以后，略字体被朝鲜文字替换。口诀不限于单纯附加语法形态，还可分为音读口诀、句型口诀、意读口诀等类型。其中最常见的是音读口诀。

乡札是以尽可能借用汉字完整地标记朝鲜语为目的的朝鲜语标记方法。乡札式标记方法绝大部分（除极个别情况）用纯粹的朝鲜语语序和朝鲜语词汇。相较于吏札，乡札式标记法将语法形态发展得更为多样化。乡札用于歌辞体，主要是记载乡歌。乡札是固有名词标记法和吏札的综合体，可以说是一种借助汉字标记朝鲜语的集大成的方式。乡歌代表作有“新罗乡歌”和“均如乡歌”。至今仍然保留并传颂的“新罗乡歌”，是高丽时期的僧侣一然1281年编著的野史体史书《三国遗事》中所记载的14首乡歌。现在保存下来的乡歌以“传说”、“佛教”、“花郎”[①]为主题，内容具有浓郁的佛教色彩和封建色彩。这样的乡歌在乡札式标记方法出现以前，以人们代代传唱的方式流传，直到8世纪中叶才开始用文字记述。因此研究民歌不仅可以了解乡札的特征，也有助于研究这一时期的语言形态。

《均如传》（原名《大华严首座圆通两重大师均如传》），是高丽初期僧均如（917—973年）编辑的。《均如传》将均如的生平分作10章来记述。《均如乡歌》（又称《普贤十愿歌》）记载在其中第7章。第8章中有同时代人崔行归翻译的汉诗。

《新罗乡歌》和《均余乡歌》不仅是研究乡札的重要史料，而且对于研究高丽前期的文字生活和语言发展也有重要意义。现存的乡歌《三国遗事》（卷2）中所记录的《处容郎》与高丽歌谣中的《处容郎》是同一首歌，这为解读乡札提供了依据。这首乡歌出现在《三国遗事》（卷2）的《处容郎望海寺》中。

《处容郎》

东京明斯月良，夜入伊游行如可

入良沙寝矣见昆，脚乌伊四是良罗

二肐隐吾下于叱古，二肐隐谁支下焉古

本矣吾下是如马于隐，夺叱良乙何如为理古。

《处容郎》全文都采用了吏读语序，必要之处使用了吏读吐（助词和词尾）。乡札为了标记朝鲜语的口语，也采用了这种标记方式。

誓记体的特征是句子按照朝鲜语的语序排列。吏札的特征是句子按照朝鲜语的语序排列，并应用了多样的吏读语法形态；在词汇使用方面，汉字词占绝大多数。乡札无论

① 新罗时代为了强化封建统治，训练贵族出身的青年的一种组织。

是语法形态还是词汇等基本要素全部是朝鲜语式。乡札旨在标记全部朝鲜语，具有高度的民族语意识。意读法主要标记意义上的要素，音读法主要标记多样的语法形态。所以乡札被文学作品广为使用。

乡札在888年编著的《三代目》中成形，一直应用至高丽初期，其后渐渐消失。乡札虽然试图完整地标记出朝鲜语，但朝鲜语与汉语分属不同的语系，而且在使用方面每个汉字的使用都没有形成规范，很难被群众掌握和使用。同时在吏札演变的过程中，汉文、吏札、乡札相互混杂。所以由于崇尚汉文的时代思潮，加之乡歌文学形式的消失，乡札也渐渐衰退。

吏札与乡札无关，在高丽时代发展起来。在李朝时期，由于儒教的传入和盛行，它的用法和用途也更加稳固。虽然吏札仍借用汉字来书写，但是已经发展为与汉语截然不同的叙事语。这种形式截止到《训民正音》创立前，实际上演变为汉文和吏读这两种叙事形式。

四　结语

总体来说，在《训民正音》创制前汉文和汉字对朝鲜半岛的政治、经济、文化，特别是文字生活有着不可估量的影响。汉语承载着朝鲜民族的文化，长时间以来汉字都是朝鲜书面语的精髓。《训民正音》创制前汉文和吏读在统治阶层中形成了文字生活。世代把儒学作为统治基本的朝鲜统治阶级，直到19世纪末和20世纪初仍然崇尚汉文，认为正音粗俗。因此《训民正音》创制后汉字和汉文的地位仍没有实质的改变，朝鲜语的书写形式仍为汉文、吏读（吏札）、谚文这三种形式。

参考文献

安炳浩：《朝鲜语发达史》，辽宁人民出版社，1983年。
金光洙、姜美花主编：《朝鲜古文献选读》，延边大学出版社，2015年。
金光洙、姜美花编著：《朝鲜语发展历史》，延边大学出版社，2019年。
李得春主编：《中韩语言文字关系史研究》，延边教育出版社，2006年。
李得春、李承子、金光洙：《朝鲜语发达史》，延边大学出版社，2006年。
김영황 . 2009.『조선어사』，평양 : 김일성종합대학출판사 .
김종훈 . 1997.『한국어역사』，서울 : 대한교과서 .
김형수 . 1996.『한국어발달사』，서울 : 세종출판사 .
박병채 . 1989.『국어발달사』，서울 : 세영사 .
이기문 . 2003.『국어사개설』，파주 : 태학사 .
허동진 . 2003.『조선어학사』，서울 : 한문학회 .

The Impact of Chinese Characters on Korean Writing Prior to *Hunminjeongeum*

Jin Guangzhu　Zheng Yuanning

Abstract: Before the invention of *Hunminjeongeum*, Chinese characters and classical Chinese exerted a significant influence on Korean written language. By the 8th century, this influence extended to Korean toponymy, with place names often adopting the Chinese two-character style. The dominance of Chinese characters and classical Chinese persisted even after *Hunminjeongeum*'s creation, with Korean writing continuing in three forms: classical Chinese, idu (or ijapil), and vernacular Korean. This paper examines the diachronic process of utilizing Chinese characters to record Korean vocabulary and texts through phonetic and semantic borrowing during the ancient and medieval periods preceding the development of the Korean writing system.

Keywords: Korean writing practices; Chinese character notation; Korean-style notation

（通讯地址：133002 延吉 延边大学朝汉文学院）

蒙古语语音交替—脱落构词现象研究

图门吉日嘎拉　　阿　日　希

提要： 蒙古语语音交替现象研究成果比较丰富，而蒙古语语音交替—脱落构词现象研究成果不多，且缺乏系统性。蒙古语历史发展的不均衡性导致产生了一定数量的包含 x（<p~k）和 ø（<x~h<*q~k）、p~b~m 和 ø（<h~x<f<*ɸ<*p）、ǰ 和 ø（<h~x<f<*ɸ<*p）等语音对应关系的词。这种词最初以语音交替来区别词义，后来进而形成了以词首辅音的脱落与未脱落方式区别语义的新手段。

关键词： 蒙古语语音交替　语音脱落构词　同源词根词

蒙古语属于阿尔泰语系蒙古语族典型的黏着型语言，主要以附加词缀形式来构词或构形。但是任何一种语言不可能只有一个固定的单一的统一模型，即便是黏着语也可以包含屈折语的音变构词或构形特征和孤立语的词序方式。对此，г.д.桑席耶夫、Б.Я.弗拉基米尔佐夫、Т.А别尔塔嘎耶夫、博•仁亲、Б.и.清其乌斯、у-ж.ш.东都科夫等国外知名学者以及确精扎布、布和、新特克、陈乃雄、特格希都楞、斯钦朝克图、嘎日迪、高•照日格图、格•海日罕、图门吉日嘎拉等国内学者都有讨论。他们都认可包括蒙古语在内的阿尔泰语系语言中普遍存在通过词根、词缀的语音交替（元音、辅音）形式构词、构形的语法现象，即认同阿尔泰语系语言很早已出现过屈折语现象。如，蒙古语的第一人称代词“bi（我）、minu（我的）、namai（我[宾格形式]）、nada（我[变格词干]）”等都是以内部屈折形式构形；而蒙古语的“arǰaiqu（粗糙的）—erǰeikü（不光滑的）—irǰaiqu（密密麻麻）”“arxiraqu（咆哮）—irkirekü（嚎叫）—orqiraqu（叫嚣）”“barǰiγar（鸡皮疙瘩）—birǰiger（疙里疙瘩）—burǰaγar（参差不齐）”“bas（又）—biš（不、不是、非）—bus（并不是、也不是、以外、另外）”等词都以元音交替方式构词。

蒙古语音变有语音交替（语音屈折）、语音同化、语音脱落、语音异化、增音、语音换位等现象。其中，语音交替现象主要与蒙古语构词法密切相关。蒙古语通常通过词根、词缀的元音交替或辅音交替构词而丰富词汇系统，关于这一点的研究成果相当多。

而对蒙古语以“语音交替—脱落”方法构词的研究却相对不足，几乎是空白。所谓“语音交替—脱落构词”是蒙古语在元音交替或辅音交替的基础上词首的辅音进一步脱落再构新词的一种构词手段。多数学者认为，阿尔泰语系语言具有*p>*p^h>Φ~f>h>ø（零形式）、*q（k）>*q^h（k^h）>*χ>*x等音变规律，且h辅音只出现在词首。但，N.鲍培却提出“原始*p和*b在早期蒙古语口语中已出现融合现象。*p和*b位于短元音之前的强音位置都已变成*b；在长元音前的弱音位置都已变成擦音*w（β）。不久，又演变为非闭辅音，到蒙古书面语产生阶段已变成*γ。因此，在弱音位置，*p、*b已和g辅音相融”。（哈斯额尔敦 1990：2）N.鲍培进而指出“原始*p^h在变为两个元音中间的h之前，就已经变成了擦辅音γ”。（哈斯额尔敦 1990：2）。N.鲍培（1979：132）还列举了“共同蒙古语的*qɑβɑ-关（请参考突厥语的qɑpɑ-，其意义同上），蒙古书面语qɑγɑ-，中古蒙古语（秘史）里qɑ'ɑ-包围、围绕、关闭，qɑ'ɑlγɑ门，达斡尔语、蒙古尔语、鄂尔多斯语、喀尔喀语、布里亚特语、卡尔梅克语xā-关闭”等例子。那么，能否认为词首的h仅从*p演变而来？

阿尔泰语系部分语言词首的h辅音从q~k辅音演变而来。比如，“古代突厥语中以k-起首的词，在托法拉尔语中变为以喉塞音h-起首。如：hir<kir‘泥、污垢’、hol<køl‘湖、泊’”（李增祥 1992：246）。又如，东部裕固语词首的h并不是一种增音，而是在历史演变中由某些语音变化而来的音变形式。即，k在东部裕固语中无任何限定条件下均变成了h，而在蒙古语及其他语言中却有两种不同的发展过程：一种是，*k经过弱化过程并最终完全脱落，即k>h>ø；另一种是，*k或在书面语中被完整地保留下来或在口语中已经变成x（哈斯巴特尔 1995）。如，蒙古语的kökö、东乡语的kugiə、土族语的kugo、东部裕固语的hkø（蓝、蓝的）；蒙古语的kökön、东乡语的gogo、土族语的kugo、东部裕固语的hkøn（乳房）；蒙古书面语的eke、东部裕固语的hke（母亲）等。因此，中古蒙古语词首的h辅音，部分源自*p，部分则源于q~k，且该辅音在土族语中变成x、f、ʂ、ɕ、j、p、q，东乡语中变成h、x、f、ʂ、ɕ，保安语中变成x、f、ɕ，东部裕固语中变成h、x、p、q，达斡尔语中变成x、ɕ，蒙古语中变成ø（零形式）（姜根兄 2016：237—240）。由此可知，语言发展的不均衡性，导致现代蒙古语“语音交替—脱落”的构词现象。蒙古语的有些同源关系词就是“语音交替—脱落”的产物，它们往往经历了两个发展阶段，第一阶段用语音交替来区别词义，第二阶段用词首辅音的脱落与否来区别词义。

一　x（<q~k）和ø（<x~h<*q~k）的对应

观察现代蒙古语词首x辅音的语音变化规律，可知蒙古语族语言内部存在q（k）>

qʰ（kʰ）>χ>x的音变，且变化过程不均衡。在现代蒙古语或达斡尔语部分词语中的擦音x，对应东部裕固语、土族语、东乡语、保安语的q（k）、x、h、g、f等。

1. 干牛粪，蒙古语：arγal，土族语：xarɢal，东部裕固语：harɢal，达斡尔语：xarγəl，东乡语：haŋɢa，保安语：harɢal。羊粪，蒙古语：xorγul，土族语：xʊrɢʊːsə，东乡语：guguʂɯ，东部裕固语：xorgol。

以上所举两组词反映着蒙古语族语言a~o~u三个元音的交替关系。“qorγul”（又称qorγusu、qorγulsun）专指“骆驼、羊和兔子等动物的小球形粪便”，“arγal”（又称arγasu、arγalsun）专指“做柴火的干牛粪”。两者均可表达“用作燃料的牲畜干粪”或“风干晒干的东西”，是同源词的根词。蒙古语将事物晒干或凝固叫作“arγa-”，干燥或干涸叫作“aγara-”。比如英雄史诗《江格尔》中有“arγasu qorγusu tegügsen ail-yin xöbegüd”（捡牛粪、羊粪的村中孩童）的表述。斯钦朝克图（1988：55—59）在《蒙古语词根词典》中指出arγal（干牛粪）、qorγul（羊粪球）、arγasun（干牛粪）、qorγusun（羊粪块）、arγalsun（干牛粪）、qorγulsun（羊粪块）、aγ（紧瘦、收缩）、qaγ（干、凝）、aγuqu（渗）、qaγuqu（干涸、干裂）、qaγtaqu（发干）、qataqu（干）、arγaqu（吸湿）、qurud（奶豆腐）等词语是由含“粘连、干涸、凝结”之义的词根派生的同源词。《蒙古秘史》虽未出现arγal（干牛粪）、qorγul（羊粪球）两个词，但在人名中却有“harqasun（阿日哈孙）、qorqosun（好日浩孙）”等具有“羊粪块”之义的词语。突厥语族语言也有对应的词语，比如，柯尔克孜语qorʁol，西部裕固语ahrq，图瓦语arʁasɤn等词。“干透、干涸”之义，在维吾尔语、塔塔尔语、乌孜别克语里称作quru-，哈萨克语、柯尔克孜语里称作qurʁa-，图瓦语里称作kurʁa-，撒拉语里称作ɢurə-，西部裕固语里称作qurə-。

由此看来，蒙古语的“arγal、qorγul”，其原始义为“干透、干涸”，是由“a~o~u”元音的交替形成的“qar-（>har-~xar->ar-）~qor-~qur-”词根派生而来的同源词根词。比如，蒙古语的“arγal”是因“harɢal”一词词首的“h”辅音脱落而成的。

2. 蒙古语：urbaqu（叛变、翻），土族语：furaː-（叛变、翻），东部裕固语：Φorwa-（翻滚），达斡尔语：ubaːʃiːgu（叛变），东乡语：fura-（叛变）。蒙古语：xörbexü（翻滚），土族语：furuːlə-（弄翻），东部裕固语kørβe-（翻滚），达斡尔语xurbʲ（翻滚），东乡语ɢoʁori（打滚），保安语kolər-（翻滚）。

上述两组词所反映的是蒙古语族语言u~ö元音的交替。“urbaqu”一词具有（1）翻转；（2）卷起、折回；（3）背叛乡亲投靠敌方等含义。“xörbexü”一词具有（1）叛变、翻、滑落；（2）变心；（3）翻译等含义。即，它们是表示“转、叛变、翻滚”之义的同源词根词。斯钦朝克图在《蒙古语词根词典》中认为，egexü（返回、归、反复），

egerex（旋转、回、归），ergixü（循环、旋转），oriyaqu（缠、盘绕、围），urbaqu（叛变、翻），xeregelexü（轮班、轮番）等词源自含egexü（返回）、bučaqu（回返）、mataqu（折弯）、ergigulxü（拧转、旋转）之义的词根所派生的同源词（斯钦朝克图 1988：196—198）。“urba-（叛变）”一词，13—14世纪的《蒙古秘史》（§143）、《华夷译语》（上）、《卢龙塞略》和《敕阿札失里书》（1389年）等文献里皆记载为“hurba-”，而“xörbexü（翻滚）”一词在《蒙古秘史》里记载为“körbeǰü”（§254），在阿拉善方言称“kølbørk”，青海省都兰县方言称“kørbørek”，卫拉特和静县方言称“kølbørøk”，呼伦贝尔布里亚特方言称“xʉljbərx”。

由此可见，蒙古语“urbaqu、xörbexü”的原始义为“翻、叛、变、滚”，且是由u~ö元音交替形成的qur-(hur-~fur-)~kör-(~kør-)词根派生的同源词根词。蒙古语的“urbaqu”一词历经qurbɑ->hurbɑ-~furbɑ->urbɑ-的演变历程，由词首的q>h辅音脱落形成。不仅如此，还可推测出该词很可能与蒙古语表示（1）返回、回返；（2）斗转星移；（3）改变方向之义的ergixü一词具有同源关系。《蒙古秘史》（§143）中将“ergixü”一词记载为“hergi-”，土族语称xergə-，东部裕固语称heregdiː。

3. 剪裁、骟、阉割，蒙古语：əsəg-，土族语：dəge-，达斡尔语：xərkə-，东部裕固语：hədge-，东乡语：gɯɣa-，保安语：sɛgə-。分、段，蒙古语：xəsəg，土族语：kasaɢ，达斡尔语：kəsəg，东部裕固语：gəseg，东乡语：kiɕiə。

上述两组词语是由含“oγtulaqu（割）、xerčixü（切）”之义的词根所派生的词。对于蒙古语的“xeseg”（分、段）一词，学者们意见略有不同。Б.Я.弗拉基米尔佐夫、博•仁亲等多数学者认为，该词是古突厥语借词。理由是，该词的词根kes-在突厥语族语言中能独立运用。博•仁亲（1990：38）指出“хэсэг（分、段）一词的词根хэс-，在突厥语族语言里具有‘切’的语义……我们所说的хэрчихү（切）的词根хэр-与此хэс-有密切联系。名词kэрчикү的kэр-ти-kү结构，即源自古语的kэр-ти-kү”。与之相反，学者T.A.别尔塔嘎耶夫则认为xeseg是蒙古语和古突厥语的共同成分。他指出：“就是在蒙古语的基础上，此词也是完全可以解释的。应当指出的是，开首的词根成分在蒙古语中是以独立词形式存在的。诚然，它的组合性和使用程度有限；在旧蒙古书面语中，在科瓦列夫斯基和戈尔斯通斯基的词典中，xэс都被释以‘斫痕’、‘断面’、‘陡峭’（例如指岩石、山、峭壁），‘咔嚓一下’（即用快刀一割）之含义。”（陈伟 2011：205—206）。高•照日格图（2000：313）也持有此观点，他认为“蒙古语族语言的qasu-和突厥语族语言的kes-两个词都表示‘截断或分割、切块或弄小某一种东西’之义，所以在词义方面具有渊源。蒙古语族语言的qusu-一词有着‘刮、削或刨、挖东西’之义，因而它跟蒙古语族语言和突厥语族语言的qasu-、kes-两个词产生联系，又在‘烧心、想呕’之义上与突厥语族语言的kus-（呕吐）一词产生关系。因此，蒙古语族语言和突厥语族语言的这些词语在语义方面有着紧密关系，而且这些词可能来源于‘截断、分割’等的意义”。笔者认为，蒙古语的“esgexü”（剪裁、骟、阉割）一词也与之有关联。“esgexü”表示用开刃的刀具少许切割、裁衣、骟公畜等义。因此，斯钦朝克图的《蒙古语词根词典》中“əs-”词根收录了“esgexü（割、裁、剪裁）、xeseg（块、部、段、邦、群、一会儿、一阵儿）、xešig（轮班、缘分、宿卫、恩赐、块）、xeče（陡坡、悬崖、边）、xečelexü（顺山崖走）、xeǰigüü=xesgime（横路）、xeǰigür（横路）、xösgölexü（切成小块）”等词，认为均为同源词。“esge-”一词在《蒙古秘史》中记载为etkeǰü，《华夷译语》（上）中记载为etke-，《卢龙塞略》中记载为etke-；“xeseg”一词在《华夷译语》（上）和《卢龙塞略》中以kesek形式出现，在古突厥语中称为qɨsγa-（切段），土耳其语中为kısım，维吾尔语中为kesɛk，哈萨克语中为kesek，柯尔克孜语中为kese，乌孜别克语中为kesɛk，塔塔尔语中为kisɛk，撒拉语中为kezek，阿塞拜疆语中为gısım，巴什库尔特语中是kisa。

可见，蒙古语的“esgexü、xeseg”原义具有“割、切、铡”之义，是来源kes-词根的同源词根词。蒙古语“esgexü”一词的演变历程可认为是kesge->hedge-~hesge->esge-，因词首k>h的脱落而形成。

4．蒙古语：anisqa（眼睑），土族语：xanə-（闭、合、眯），东部裕固语：nudenxamgə-（闭眼），东乡语：xamiku-（闭眼），保安语：hani-（闭眼）。蒙古语：xömösge（眉），土族语：kumosgo（眉），东部裕固语：gerwəg（眉），保安语：hansəɢ（眉）。

上述两组词语，“anisqa”是指“位于眼球上下可以开或闭的薄皮”（《蒙古语辞典》编纂组 1999：11），“xömösge”是指“长在眼眶上边的毛”（《蒙古语辞典》编纂组 1999：147）。在13—14世纪的《华夷译语》（上）、《登坛必究》、《武备志》等文献资料中anisqa记载为“hanisqa”，而在《蒙古译语》中记为“hanis”。由此推测，蒙古语的“anisqa”历经了qanisqa>hanisqa>anisqa的演变过程，这是因词首辅音q>h的脱落形成的。并且该词最初表示“眉”之义，由于元音a~ö交替而产生了“kömöskö”一词，如此，“anisqa、xömösge”两个词之间发生了意义分岔，派生出新词。x（<q~k）和ø（<x~h<*q~k）这类语音对应的词，在蒙古语中除了上述所举词之外，还包括诸如“qangqulqu（香气扑鼻）—sangqulqu（散发出的味儿）—anggilqu（香气袭人）”“qaqir（硬棒）—aqiraxu（微干、发干）”“qadaqu（打钉子）—adaqu（狗等动物的牙齿缝里卡了东西拿不出来）—üdexü（把硬东西用线、筋、皮钉、钉子等穿连、缀钉）”“qabqariqu（哈哈大笑）—abqariqu（笑）”“qalisu（人和动物的骨肉或植物

外层包住的薄膜）—alisu（用于饲料的秸秆、干草）”“qayali（堂叔伯兄弟）—uyeli（堂兄弟姐妹）”“qangǰaraqu（东西的缝道或焊接处开线或裂开）—anggiǰiraqu（分开、分成两半）”“qarmaqu（搂、撇、采掘、抢光）—armaqu（搂、耙）”“qalin（子弹等物体擦过、翱翔）—elin（飞禽或飞机稳定飞走）”“xegseixü（狂妄、盛气凌人）—egseixü（耍脾气、往上顶）”“xelte~xelterexü（磕破、打出缺口）—elte~elterexü（打豁、打出豁口）”“xedüi（几、几个、多少）—edüi（这么多）”“xerxineg（蜂巢胃）—ergineg（碗架、碗柜、橱柜）”“xerü（大山阴面的森林）—aru（脸面或胸怀的反面）”“gisxi（踏、践、踩）—isgül（踢、踹、蹬）”“xira（棱、梁）—ir（刀刃）”“xirüge（锯）—araγa（臼齿、轮齿）”“xegür（坟墓）—egür（巢、穴）”“xeǰiye（几时、何时）—eǰiye（当今、现在）”“qongγor（淡黄色）—anggir（乳黄色）”“quǰuula（树墩、树根疙瘩）—uǰagur（早期的）—iǰaγur（根源、本源）—üǰügür（尖顶、梢头）”“qongxil（岩洞、树洞、走廊）—ongxil（凹的、洼的）”“qoruqai（虫子、昆虫）—iruqai（尺蠖、幼虫）”“qobusu（魔术、把戏）—obsu（诡计、智谋）”“qolxiqu（松动、晃荡）—olxiqu（闲游、闲逛）—ölxixü（挑拨、离间）”“qomuiqu（凹陷）—omoiqu（收缩）”“qomuul（干粪蛋）—omugul（瘪嘴的、窄口）”“qulan（野驴）—alan（野马）”“qurailaqu（呼来呼来，意为招福）—urailaqu（发出号令）”“xörösü（物体外表）—arasu（人和动物的皮）”“xöbči（整个大地）—öbči（全部）”“xögsexü（激动、兴奋、发情）—xögǰixü（发展、兴盛、兴旺）—ögsöxü（向上、升高）”“qaibalǰaqu（摇摇晃晃）—aibalǰaqu（摆荡）”“qarǰaγar（骨瘦如柴）—arǰaγar（粗糙）”“xerǰeger（粗糙成棱的）—erǰeger（密密麻麻的）”“qarqiraqu（吼叫）—arqiraqu（嗥叫、咆哮）”等好多词语可以列举，在此不一一赘述。

二　p~b~m 和 ø（<h~x<f *ɸ<*p）的对应

蒙古语还有不少词语存在p~b~m和ø（零形式）的对应。这种语音对应有两种情况。

一种诸如“alus（遥远）—bɔlus（远方）”“alui（偏心）—bului（偏爱）”“alaγ（斑驳）—bulaγ（杂色）”等。这些语音交替对应的一对词语中，前一个词可以独立使用，而后一个词不能，后者仅仅给前者增加语法功能，表示语义泛指。

另一种是，诸如“böxöxü（消亡）—möxöxü（灭亡）—üxüxü（死亡）”“barǰaγar（疙里疙瘩的）—arǰaγar（粗糙的）”“paγdaγar（矮胖的）—baγdaγar（矮胖的）—aγduγur（矮小的）”“porgiqu（冒出）—borgiqu（上涌）—orgiqu（涌出）”等的词

语。不难看出每一组词语的最后一个词是前一词词首辅音b~p~m脱落而形成的，能够表示稍有差异的词义。词首b~p~m辅音的脱落是蒙古语族语言普遍存在的现象，保安语、土族语、东乡语及蒙古语卫拉特方言中都能够找得到这种情况。例如，书面语bučaluγsan（烧开）—保安语ətɕəlsŋ；书面语bol-（是）—保安语əldʑə—东乡语olunə—土族语ulə-；书面语bököyine（弯腰）—卫拉特方言bøkæːnæː~økæːnæː等。

对此，沙·罗布桑旺丹（1988：229）提出"现代蒙古语的berxe（艰难）、erxe（权力）、bira（力气、体力）等词中的er-、ber-、bir-等，与ere一词具有同源关系。ere一词大概在过去的某一时段经过here-、fere-、pere-等的变化，逐步向per转化，发展成现代蒙古语berx一词中的ber-。ere（男人）、erxe（权力）、berxe（艰难）等词，都围绕着'大力气'这个基本语义。蒙古语常将ere和berxe二词连用作ere berxe。由此看来，蒙古语的erdem（才干、学问）一词由er-、de-（由名词构成动词词缀）、-m（由动词构成名词词缀）三个要素组成。例如，erĕ+de-=erdĕ、sur+dĕ-=surdĕ-、bar+da-=barda-、erdĕ+m=erdĕm、surdĕ+m=surdĕm、barda+m=bardam等等。这足以说明蒙古语中利用语音交替、语音变化、语音脱落形式派生近义词的这种构词法非常发达"。我们看看这个方面的几个实例。

1. 蒙古语中有一些表示"抹、摸、搽、涂抹"之义的词语，它们恰恰在形式上也存在有无词首b-辅音的对立。比如，"ilixü（摩，抚摩）—ilbixü（抚慰，安抚）—bilixü（抚摸、抹）""iligür（泥抹子、烙铁）—ilbigür（阿谀、奉承）—bilbigür（欺哄）—bilaγur（油嘴、嘴皮子）—bilegür（胙）""ilim-e（充满）—bilxam-a（满盈）"等词族就是这样。

关于这些词的来源及其关联，学者们观点不一。斯钦朝克图认为ili（摩）、iligür（泥抹子、烙铁）等词与enegšixü（亲昵）、egenegšixü（亲近）、elbegesün（慈悲）、elberinggüi（慈祥）、elberil（孝顺）、elseg（亲切）、eldü（吉祥的）、elči（使臣）、esenixü（诞生）、esereg（走运）、edegexü（治愈）、eregül（健康）等词具有同源关系。而新特克（1998）则认为"词根为ilbi、ili的词语与ilbigür（阿谀、恭维、奉承）、ilbigürdexü（阿谀、奉承）、ilbigürči（阿谀奉承的人、善于欺哄的人）、ilbes gixü（扭扭捏捏的）、ilbes delbes（唯唯诺诺地、躲躲闪闪地）、ilberixü（谄媚、恭维、献殷勤）、ilberigüü（好恭维、谄媚）~ilbergüü（好献殷勤）、ilbaiqu（发软、变黏软）、ilbang（烂眼圈的）、ilbaγar（软软颤颤的）、ilbalǰaqu（绵软物飘颤、卖弄风骚）、ilbalǰaγur（飘颤的）、bilbigür（阿谀、谄媚）、bilbigürdexü（阿谀、奉承、欺哄）、bilbigürči（好阿谀的人），还有bilaqu（涂抹）、bilaγaqu（流油、泛油）~bilqaqu（灌满）、bilaγur（油嘴、嘴皮子）、bilaγurdaqu（耍嘴皮子）、bilaγurči（油嘴滑舌的人）

等词语都具有关联的可能性”。

这些词在达斡尔语里是“bielgu（抚摩）、biəlgur（泥板）、billōgi/bildōgi（拍马屁、逢迎的）、bilt-（溢出）”；东部裕固语里是“elβe（抚摸）、hlʉːr（泥板）”；满语里是“bilun（抚摩）、bilumbi（抚摩着）、ilbakü（泥板）、ɪlbɑmbi（抚摩着）”；鄂温克语里是“ɪlbirəŋ（抚摩）、ilbisə（抚摩了）、bilkurəŋ（抚摩）”。《蒙古秘史》中有“sönid büri čeugen šira gü'ün ger-ün erüge totoqa-yin gege'er oroǰu ke'eli minu biliǰü gege'en inu ke'əlitür minu šinggexü büle'e.（每夜，有个明亮的黄色的神人，沿着天窗或门额透光而入，抚摩着我的腹部，使其光芒投入我的腹中）”（§21）和“Hö'elün_üǰin Örbei Soqatai ǰirin-e ügülerun ‘Yisügei_ba'atur-i ükübe ke'eǰü kö'üd-i minu yeke ülü bolkuya-ača yekes-ün kešig-eče bile'ür-eče sarqud-ača yakin qoǰida'ulumui ta.（诃额仑夫人对斡儿伯、莎合台二人说：‘难道因为也速该把阿秃儿死了，我的儿子们还没有长大吗？分领祭祖的恩赐、供酒时，为什么不等我到了分给我呢？’）”（§70）等记载。关于其中出现的biliǰü、bile'ür等词语，额尔登泰和阿尔达扎布（1986：36）认为“蒙古语的biliǰü与满语的bilümbi意义相同，具有疼爱抚摩小孩之意。在《二十一卷本辞典》的卷Ⅳ第60页中解释为‘爱抚、疼爱；安心、心眼；辩护、庇护、保护、袒护；爱护、喜爱’等，与达斡尔语的‘bilxüxü’也是同义词”。额尔登泰、阿尔达扎布（1986：137）又认为“bile`ür-eče的bilegür~ülegsen bilegür>bile`ür是有‘剩下的福胙’之义（佛教经书《阳光》、《月光》和《易学藏文宝典》），表示祭奠肉（祭祀肉）、剩下的祭祀肉、祭奠食物（《蒙古秘史》§70的旁译和总译），bile'ür-eče指‘祭祀肉’”。此观点极为合理，蒙古人自古便有崇拜祖先，向神祇供奉祭品，且祭祀结束后大家共同分享祭品的习俗。《蒙古秘史》“bile'ür-eče sarqud-ača yakin qoǰida'ulumui ta”（胙肉分了，为甚不与）所记述的这个风俗，被鄂尔多斯等地蒙古人沿用至今。

可以推论，“bil-、il-”两个词根，后者是因词首p~b辅音脱落而产生的新形式。这种变化增加了具有细微差别的新词。蒙古语“ilixü”一词所经过的pil->hil-~hel->il-的演变，正好反映了词首辅音p的脱落路径，即p~b>h>ø的过程及结果。

2. 蒙古语中有表示液体或气体往上喷涌之义，用词首有无p~b辅音来表示细微语义差异的词族。比如“orgiqu”（液体或气体往上涌出；身体感受到某种情况；发烧；夸张叙说某种事情）“borgiqu”（水、蒸汽或烟雾灰尘往上冒出）“porgiqu”（喷涌）等词。这些词在蒙古语族土族语为“puʥiraː—borgl-（喷）”，达斡尔语为“xorɣeːd—orgi-（气旋涡、翻腾）”，东部裕固语为“bɔrɢo—borgi-（飞扬）、hɔrɢə—orgi-（沸）”等形式。而在突厥语族的维吾尔语和乌孜别克语中有pyrkɛ-，柯尔克孜语和塔塔尔语中有pyrk-，哈萨克语中有pyrki-，图瓦语中有byrgy-，撒拉语中有puxur-，阿塞拜疆语中有pəgər-等形式。在《蒙古秘史》中也曾出现horgil（喷涌）一词。

据此可推测，“porgiqu（上涌）、borgiqu（飞扬）、orgiqu（喷涌）”三个词反映着一个前后有关联的发展变化。其中，“porgiqu”（上涌）一词中的p是原有词首辅音的基本形式，到了产生“borgiqu”（飞扬）一词的阶段，原有的词首p辅音转变为b辅音，而到了产生“orgiqu”（喷涌）一词的阶段，词首的p~b辅音完全脱落，产生了一个有细微词义差别的同源同根的新词。蒙古语“porgiqu”和“borgiqu”两个词所反映的是词首p~b辅音的交替，在这一阶段作为词首p~b辅音仍然被保留下来。而“orgiqu”一词所反映的是蒙古语词首辅音p~b>h>ø（零形式）逐步弱化、脱落的过程。“porgiqu（上涌）、borgiqu（飞扬）、orgiqu（喷涌）”三个词经历了porgi->borgi-~horgi->orgi-这样的逐步的语音演变过程构成了语义有别而相近的新词。

3. 蒙古语在表示实物消失或不见的时候，使用b~m辅音交替或者脱落的方式构词。比如，“üxüxü（动物的生命终结、理想和希望丧失、极度沉溺于某一种事情）—böxöxü（火或灯熄灭）—möxöxü（消灭、消失）—moxoxu（刀具的刃变钝、灰心沮丧）”等词。其中，蒙古语的“üxüxü”（死亡）一词，蒙古语族的土族语中是fugu-，达斡尔语中是ugu-（还有muku-（灭亡）一词），东部裕固语中是hgu-，东乡语中是fugu-，保安语中是fgu-；满—通古斯语族的满语中称作bucehe，鄂温克语中是budən，赫哲语中是budə-等。《蒙古秘史》中，以“büte'e-”（完备）为词干的词先后出现五次，皆表示“杀戮或使死”之义，而这与满—通古斯语族的“buce-、budə-”语义完全吻合。除此之外，《蒙古秘史》中还出现了“muqutqɑ-（穷绝）、mököri'ül-（斩）”等词语，极有可能与上述词语有密切关系。

据此，上述“böxöxü（熄灭）—möxöxü（灭亡）—moxoxu（变钝）—üxüxü（死）”四个词，原先为pökü-、hügü-、fügü-，进而演变成bökö-，再由b~m辅音交替，演化为mökö-~moku-，之后b~m辅音脱落成为ükü-。它们皆为词义差别细微的同源词根词。综上，蒙古语的“böxöxü（熄灭）、möxöxü（灭亡）、moxoxu（变钝）”三个词是由词首的p辅音变为b~m辅音后的形式，而“üxüxü（死）”一词是词首辅音历经p~b>h>ø（零形式）变化过程脱落的结果，pökü->hügü-~fügü->ükü->üxü-是其渐变过程。

蒙古语中，采取p~b~m和ø（<h~x<f<*ɸ<*p）对应方式构成的词语很多，比如可以列举“bilta（打烂）—ilta（擦破）”“bilǰaraqu（踩扁）—ilǰaraqu（炖烂）”“barǰaγar（粗糙）—arǰaγar（参差不齐的）”“biǰaraqu（粉碎）—iǰaraqu（蹭烂、崩开）”“pagdaγar（矮胖）—agduγur（蜷缩）”“püliyexü（吹、吹牛）—üliyexü（吹、

吹嘘）”“bongqun（冢）—ongγun（墓）”“bičiqan（幼小的）—öčüxen（渺小的）—čöxen（少）”“babaγai（妻子，卫拉特方言）—abaγai（妻子）”“baγaši（把戏）—aγaši（脾气）”“bübeilexü（哄婴儿）—abailaqu（哄孩子）—obailaqu（留神）”“miralǰaqu（潺湲）—iralǰaqu（涟漪）”“miliyaqu（涂抹）—ilixü（摩）”“butaraqu（分散）—udaraqu（拆开）”等诸多例子。

三 ǰ和ø（<h~x<f<*ɸ<*p）的对应

蒙古语中有一些语义相近或相关，且形式上ǰ和ø（零形式）对应的词语。比如“ǰailaqu（躲开）—eilxü（逃走、逃跑）”“ǰang（性格）—ang（品德）”“ǰagǰaγar（矮小的）—agǰaγar（矮个子）”“ǰiruγa（走马）—oruγa（好逃跑的）”“ǰomuγul（碎木片、刨屑）—omuɣul（嘴唇干裂皮）”“ǰula（佛灯）—ula（火绒草）”“ǰeremdeg（畸形）—eremdeg（残废）”“ǰitüge（嫉妒心）—ataɣa（妒忌心）”等词。下面分析对比“ǰula”（佛灯）“ula”（火绒草）两个词。

蒙古语：ula（火绒草），达斡尔语：xwa:l（火绒草），土族语：fula（火绒草）。蒙古语：ǰula（佛灯），巴尔虎方言：ʤʊl（佛灯），卫拉特方言：zʊl（佛灯），达斡尔语：ʤwal（佛灯），土族语：ʤila:（佛灯），东部裕固语：ʤula（佛灯），保安语：ʥila（佛灯），东乡语：ʥula（佛灯）。

上述两组词语，不仅在蒙古语，而且在整个蒙古语族语言中是ǰ~ø（零形式）<h~x<f<*ɸ<*p辅音相对应的极好的实例。两个词语有着词义上的密切的关联，“ǰula”指“供于佛前的灯火”，“ula”指“火镰的引燃物”，二者所包含的是“引火之物”的意义，是同源词根词。蒙古语有“陈旧事物为火绒草，新生事物为佛明灯”的俗语，表示陈旧的事物像火绒草那样虽然能引火但是刹那间就会熄灭，而新生事物像佛明灯那样照耀三界，永放光芒。甚者，该词根在蒙古语中有极大可能与“ulaγan（红）、ulaiqu（发红）、ulaγabur（略红）”等词的词根具有同源关系。“ulaγan”一词蒙古语族的达斡尔语是hula:n，土族语里是fula:n，东部裕固语里是ɬa:n，保安语里是fulaŋ，东乡语里是xulan，康家语里是fʉlɔ，均表示“红色”。由此看来，“ula、ulaγan”等词原本词首带有h~f辅音的语音交替是不容置疑的。那么，如何看ǰula与fula~hula的对应关系？词首的ǰ辅音与f~h辅音是如何对应的呢？经观察、比较，发现蒙古语族东部裕固语中有较好的答案。东部裕固语部分词语词首的h辅音能够与蒙古语的ǰ和t~d等对应。例如：hsa-（ǰasa-摆宴）、hta-（tata-拽）、htɔrɔ-（dotura里）、hturɢan-（tuturγan稻子）等。不仅如此，古蒙古语词首的h～f辅音与现代蒙古语y辅音交替或完全变为y

辅音。具体而言，将现代蒙古语的“iǰaγur（根源）、oǰoγur（根部）、üǰüγür（头部）、quǰuula（树墩、树根疙瘩）”等词与中古蒙古语和蒙古语族其他语言比较，可知这些词的词首都带有h~f辅音，且词首的h~f辅音明显与“yoǰoγur”（根、末端）一词的y辅音具有交替关系。再如，蒙古语“yexe”（大），在达斡尔语里是xiɣ~ʃiɣ，东乡语里是fugiə，土族语里是ʂgɛ，保安语里是ʂgə~xgə，东部裕固语里是ʃikə，这亦可证明该词词首原先就带有h~f辅音的说法。简言之，h~f辅音与ǰ、t~d、y等辅音相对应。即，在阿尔泰语系语言里ǰ与t~d、y辅音相互交替，因而有辅音ǰ和h具有相互交替的可能。

四　余论与结语

从以上分析，可以知道“语音交替—脱落”是蒙古语构成同源词根词的普遍手段，而且不限于词首的x、p、ǰ等辅音，n、t、d、s、š、č、γ、y等辅音也可以在词首位置发生变化和脱落（零形式化），以构成新词。

1. 辅音n和ø（零形式）的对应。在蒙古语中，“nilči”一词表示“炎、热气”，“ilči”一词表示“热气、热能、温暖”等词义。蒙古语的“ilči（热气）、nilči（炎）、qalaγun（烫、热）、xölčögüü（微醉、略有醉意）、γal（火）、dulaγan（暖）”等词语，可能是h~g~n~d辅音交替而形成的同源词根词。蒙古语还有qal qal（烫烫的）、il il（热乎乎的）、nil nil（暖烘烘的）等。辅音n和ø（零形式）对应的例子还有，“nilaqu（涂抹）—ilaqu（抹）”“niltalaqu（砸碎）—iltalaqu（碾碎）”“nigta（紧密）—igču（茂密）”“nairag（成分、韵文）—airag（酸奶）”“nutug（故地）—utug（疆域、临时扎营地方的窝棚或茅屋）”“nögeče（储备）—ögüče（冬贮春用的整畜肉、贮藏的）”等。

2. 辅音t和ø（零形式）的对应。有“talxiqu（鞣、压）—alxiqu（痛打、狠打）”“tesergü（相反、反面）—esergü（对立）”“doboiqu（鼓起）—oboiqu（突起）”“tontoiqu（鼓起）—andaiqu（变宽凸）—ondoiqu（起身）—öndeixü（昂首、抬头）”“tobo（土丘）—obo（土岗、狗或狐狸等动物后脑凸起来的部分）”等。

3. 辅音d和ø（零形式）的对应。有“daxiqu（迈进）—axiqu（进展、进步）”。

4. 辅音s和ø（零形式）的对应。有“sandurqu（忙乱）—amduriqu（惊慌）”“saltaγa（胯）—alčaγa（腿）”“södü（翰、翎）—ödü（羽毛）”“sunǰiraqu（拖延）—unǰiraqu（冗长）”。

5. 辅音š和ø（零形式）的对应。有“šumbaqu（潜水）—umbaqu（游泳）”“šolburaqu（瘫软）—yolburaqu（发软）—olburaqu（软化）”“šürgüxü（搓）—irɣuqu（蹭、眼睛磨痛）”。

6. 辅音č和ø（零形式）的对应。有“čangγaqu（干渴）—angγaqu（口渴）”“čubun（接踵行走）—ubun（一拱一拱地）”。

7. 辅音γ和ø（零形式）的对应。有“γarangγa（狗猫等的舌下乳头状瘤、马的白齿重生症）—arangγa（赘齿）、γodoiqu（竖起）—γoǰoiqu（竖起、勃起）—odoiqu（崛起、竖起）”。

8. 辅音y和ø（零形式）的对应。有“yoǰuγur（头儿、末端）—oǰuγur（尾部、根部）”等。

总之，蒙古语以及蒙古语族语言的一些词语是词义上具有共通性或有综合性和抽象性关联的同源词根词，并且形式上也有特殊的规则性特征。那些x（<q~k）和ø（<x~h<*q~k）、p~b~m和ø（<h~x<f<*ɸ<*p）、ǰ和ø（<h~x<f<*ɸ<*p）等的C+V结构（即辅音+元音……）和ø+V结构（即ø（零形式）辅音+元音……）之间的对应是符合公认的阿尔泰语系语言*p>*p^{h}>ɸ>f>h>ø（零形式）和*q(k)>*q^{h}(k^{h})>*χ>*x音变规律的。但还需要进行以下几点说明：1. 阿尔泰语系语言词首辅音脱落现象的公式化表述格式，与其写作*p>*p^{h}>ɸ>f>h>ø（零形式），更应该完善为*q(k)>*q^{h}(k^{h})>h>ø（零形式）；2. 阿尔泰语系语言词首的*p辅音，并非在所有词语中均脱落变成ø（零形式），而是在现代蒙古语部分词语中以p~b~m形式被保留下来，而且还有部分词首的b~p辅音与x辅音交替构成了例如“baraγan（乌黑）—qara（黑）”“barxiraqu（大喊）—qarxiraqu（吼叫）”“bog（垃圾）—qog（废物、垃圾）”“buluγu（中耳炎）—quluγu（耳屎）”“budang（云雾）—xüdeng（薄雾）”等的同源词根词；3. 蒙古语构词法问题不仅关系到蒙古语词法学、词源学，还与语音学、词义学、语言类型学等均有密切的联系。因此学界需进一步拓展探索与研究的广度和深度。

参考文献

安俊编著：《赫哲语简志》，民族出版社，1986年。

巴雅尔：《蒙古秘史》（上、中、下），内蒙古人民出版社，1980年。

保朝鲁等编：《东部裕固语词汇》，内蒙古人民出版社，1985年。

〔蒙古〕博・仁亲著，那顺乌日图转写，确精扎布校：《蒙古语书面语法》（第三册，形态学），内蒙古人民出版社，1990年。

布和等编：《东乡语词汇》，内蒙古人民出版社，1983年。

陈乃雄等编：《保安语词汇》，内蒙古人民出版社，1986年。

陈伟编：《阿尔泰语言学译文集》，社会科学文献出版社，2011年。

陈宗振等编著：《中国突厥语族语言词汇集》，民族出版社，1990年。

额尔登泰、阿尔达扎布还原注释：《蒙古密史还原注释》，内蒙古教育出版社，1986年。

恩和巴图等编：《达斡尔语词汇》，内蒙古人民出版社，1984年。

高・照日格图：《蒙古语族语与突厥语族语词汇比较研究》，内蒙古教育出版社，2000 年。

哈斯巴特尔：《蒙古语母亲、姐姐、妻子、女儿等称谓词探源》，《内蒙古大学学报》（哲学社会科学版）1995 年第 3 期。

哈斯巴特尔等编：《土族语词汇》，内蒙古人民出版社，1986 年。

哈斯额尔敦编：《内蒙古师范大学蒙古语言学专业研究生论文集下》，内蒙古人民出版社，1990 年。

贺兴格、其达拉图、阿拉塔编，诺尔布校订：《鄂温克语蒙汉对照词汇》，民族出版社，1983 年。

胡增益、朝克编著：《鄂温克语简志》，民族出版社，1986 年。

姜根兄：《蒙古语族语言的语音比较研究》，内蒙古人民出版社，2016 年。

李增祥编著：《突厥语概论》，中央民族学院出版社，1992 年。

刘厚生等：《简明满汉词典》，河南大学出版社，1988 年。

《蒙古语辞典》编纂组：《蒙古语辞典》，内蒙古人民出版社，1999 年。

N・鲍培著，卢弼译：《蒙古语比较研究绪论》，内蒙古大学蒙古语文研究室，1979 年。

沙・罗布桑旺丹著，胡格吉勒图、巴图乌力吉、宝力道转写：《蒙古语言学问题》（一），内蒙古人民出版社，1988 年。

斯钦朝克图编，仁亲戈瓦、苏越拉图校订：《蒙古语词根词典》，内蒙古人民出版社，1988 年。

孙竹主编：《蒙古语族语言词典》，青海人民出版社，1990 年。

乌・满都夫整理校注：《蒙古译语词典》，民族出版社，1995 年。

新特克：《追踪 ileür 一词的写法》，《蒙古语文》1998 年第 8 期。

〔日〕贾林均、呼日勒巴特尔编 . 2008.『「御製滿珠蒙古漢字三合切音清文鑑」滿洲語配列対照語彙』（東北アジア研究センター叢書　第 30 号），日本国仙台：東北大学東北アジア研究センター .

A Study on the Phenomenon of Phonological Alternation-Loss in Mongolian Word Formation

Tumenjirgal　Arsh

Abstract: Research on Mongolian phonological alternation is extensive, whereas studies specifically on alternation involving loss in word formation are relatively scarce and lack systematicity. The uneven historical development of the Mongolian language has resulted in a certain number of words containing sound correspondences such as x (<p~k) and ø (<x~h<*q~k), p~b~m and ø (<h~x<f<*ɸ<*p), ǰ and ø (<h~x<f<*ɸ<*p), and so on. Meanings of such words were initially distinguished by phonological alternation, which later led to the development of a new means of distinguishing word meanings by the manner in which word-initial consonants were lost or not.

Keywords: Mongolian phonological alternation; Phonological loss of word formation; Cognate root words

（通讯地址：010021 呼和浩特 内蒙古大学蒙古学学院
010021 呼和浩特 内蒙古大学文学与新闻传播学院）

蒙古语“qulang”一词考*

格根哈斯　波·索德

提要： 满蒙两种语言虽然同属一个语系，但它们在漫长的历史发展过程中，通过民族交往交流交融，发生语言接触，产生了诸多相互借用的词语。系统深入研究这些借词对满族和蒙古族历史文化关系及阿尔泰语系语言研究具有重要的学术价值。本文将对蒙古语专指“烟囱”的“qulang”一词的来源进行考证，证明其借自满语。

关键词： 蒙古语“qulang”　满—通古斯语　词源

一　关于蒙古语“qulang”一词

蒙古语“qulang”一词与居住文化有关，属于文化词，在蒙古语里指“烟囱、烟筒”。对此，内蒙古大学蒙古学研究院蒙古语文研究所编的《蒙汉词典》（增订本）（1999：679）里的解释是“烟囱，烟筒”。《蒙古语辞典》编纂组编的《蒙古语辞典》（2015：1396）中将该词解释为“用土、铁、砖等材料做的炉灶排烟管道”，而在《蒙古语详解大辞典》编委会主编的《蒙古语详解大辞典》（2024：1970）里称“炉灶排烟管道”。需要特别指出的是，在蒙古语各个地方的语言中表示烟囱的词有一些差异。例如，《蒙古语详解大辞典》（2024：2134）里huhe:一词同样表示“烟囱”和“烟筒”，在巴尔虎-布里亚特方言巴尔虎土语中“烟囱”由xɔ:lɔi一词来表示（武达等 1985：106），在内蒙古方言喀喇沁-土默特土语里，专指烟囱的是jɛndɤng，是汉语借词。

二　蒙古语“qulang”和满语“hulan”的关系

同属于阿尔泰语系的满语和蒙古语有很多共有词汇。一些专家学者认为，这两个语言共有词中的绝大多数是相互接触、相互影响、相互吸收的产物，属于相互借用的词

* 本文为内蒙古自治区高校人文社科重点项目“铸牢中华民族共同体意识视域下《御制五体清文鉴》满语词汇研究（NJSZ23043）”的阶段性成果。

语。也就是说，蒙古语在不同的历史时期，从满语吸收了有关政治、经济、定居文化以及日常生活等方面的词语。

满—通古斯语族大部分语言和蒙古语一样，把“烟囱”或“烟筒”称为“hulan”。例如，满语：hulan，锡伯语：hulan，鄂温克语：hula~holdi，鄂伦春语：kula~kuril，赫哲语：hulan。（朝克 2014：198—199）其中，鄂温克语的hulan和鄂伦春语的kulan还表示“炕”之意。满语固有词一般都以元音或辅音n、ng结尾，与之相比，蒙古语词一般以元音或辅音b、g、r、s、d、n、m、l、ng结尾。所有这些实例充分说明，该词是在满—通古斯语族语言中广泛使用的固有词。

蒙古语“qulang”一词很可能来自于满语。这可以从以下三方面得到论证。

首先，蒙古语“qulang”不是蒙古语族语言及其方言里普遍使用的词。据我们掌握的相关语料，在蒙古语族语言里，在蒙古语以外的其他语言里看不到“qulang”一词。例如，东部裕固语：htɑːɢɑrɢɑmɑ（保朝鲁等 1985：60），土族语：jæntɔːr（哈斯巴特尔等 1986：233），保安语：jentu（陈乃雄等 1986：217）。在蒙古语里，“qulang”一词同样也不是普遍使用的词。在中古蒙古语和蒙古语部分方言土语里找不到该词。例如，如上所述，《蒙古语详解大辞典》里用huheː一词表示“烟囱”、“烟筒”，巴尔虎土语中还有xɔːlɔi之说。

其次，在阿尔泰语系突厥语族各语言里，专指“烟筒”的词有morɑ、moru、mori、murʤa、xool和jenduŋ等。（陈宗振等 1990：134—135）其中，xool一词与巴尔虎土语的xɔːlɔi好像有一定联系。

再次，“qulang”一词应该是一种文化词，与定居生活方式及居住文化密切相关。通过不同民族间交往交流，文化词很容易相互借用。也就是说，满族先民在很早就开始了定居生活，住进了有土炕、有烟囱的土房，并有了定居文化和与之相适应的语言词汇系统。然而，蒙古族是以游牧生活为主的民族，与满族相比，较晚才开始定居生活，并住进有土炕、有烟囱的房子。因此，伴随定居生活的开始，蒙古语借入了不少与此相关的新词术语。从这个意义上讲，“qulang”一词很可能来自满语。

三 满语“hulan”与蒙古语“qoγulai”

笔者认为，满语的“hulan”一词很可能同蒙古语的“qoγulai”一词有同源关系，有可能是同一个词根演变而来的。语音对应规律是鉴别同源词与借词的唯一标准。我们运用历史比较方法对其语音对应关系进行解释。在蒙古语里，“qoγulai”包含“喉、管、筒、管道、炕洞”等意思，该词词根为*qoγu-。蒙古语中的qoγu-有“干、空”之意，与之具有共同词根的词还有qoγula（饭、餐、食、咽喉、嗓子）、qoγulai（喉咙、管、筒、峡）、qoγusun（空的、干的、孔脉）。毋庸置疑，四个词都表达“空”之意，所以能判断qoγu-是它们的共同词根。

从语音对应规律来看，满语中有些单元音对应蒙古书面语两个元音之间带有g、γ辅音的音节，并同蒙古标准语长元音相对应。比如：

蒙古语书面语	满语	汉语
čiγulγan	culgan	会盟、演习
baγatur	baturu	英雄
aduγun	adun	马群
aγulan	alin	山
toγan	ton	数
budaγa	buda	饭
haraγul	karun	哨

因此，我们可以构拟出满语“hulan”和蒙古语“qoγulai”在读音和词义方面均有对应关系，并且词根是相同的*hu-或*qoγu-。可以看出，满语hulan和蒙古语qoγulai>qoulai>qoolai>qoolɛ在读音和词义方面均保留了相当的一致性。

与此相关，蒙古语巴尔虎土语的xɔːlɔi指“烟筒”，与蒙古书面语的qoγulai是一个词。现在看满语hulan与蒙古语qoγulai在读音上有一定的差异，但这属于同一个语系的两种语言在各自漫长的发展演变过程中自然出现的语音变化。有趣的是，蒙古语族达斡尔语里xolj指“烟囱”，东乡语里的ɢoləi指“烟筒”，显然它们与蒙古语书面语qoγulai是一个词。更值得注意的是，满—通古斯语族杜拉尔鄂温克语的holdi~holli、黑龙江鄂温克语的hool、hollo、kollə等词均为专指“烟筒”的词。这些词在读音上也比较接近蒙古语书面语qoɣulai的口语读音。这就是说，达斡尔语的xolj、杜拉尔鄂温克语的xoldi~xolli以及黑龙江鄂温克语的kollə>hollo>hool，包括蒙古语巴尔虎土语的xɔːlɔi、蒙古语标准音的xɔːlɔi等说法在发音上相当接近。另外，特别需要指出的是，突厥语族图瓦语的xool也表示“烟囱”。

那么，蒙古语书面语“qoγulai”与满语“hulan”的词义差异应如何解释呢？

如上所述，蒙古书面语中的“qoγulai”有“管、管道、筒、洞”等意思。也就是说，蒙古书面语中的“qoγulai”在蒙古语部分方言土语中从“管道、洞”等意思慢慢引申出了“炕洞”之意。排烟是“炕洞”的主要作用，烟囱也是土房的排烟系统。因此，“烟囱”是在“炕洞”的基础上创新和改进后的产物，即“烟囱”是“炕洞”的延伸。我们推测，这种创新和改进很可能是在先进入定居生活的满族先民那里完成的。后来，与满族交往密切的蒙古族从满语借用专指烟囱的“hulan”一词。我们需要指出的是，在蒙古语内蒙古方言喀喇沁-土默特土语里ʤɔːxɤnɛː xœːlœː是指“炉灶和炕的连接处”。这个例子与“qoγulai”一词的“喉咙”之义有关。“炉灶和炕的连接处”也属于排烟系统。

最后，我们对蒙古书面语“qoγulai”与满语“hulan”两个词中的-lai和-lan词末i和n的对应规律做一些解释。

众所周知，在蒙古语及其方言中，词末i原来是辅音j、j（i）和n交替存在。

γerγen（中古蒙古语）　　γerγei（现代蒙古语）　　妻子

berγen（蒙古书面语）　　berγei（科尔沁土语）　　嫂子

综上所述，蒙古语专指“烟囱”的“qulang”一词来自满语。但满语的hulan“烟囱”与蒙古书面语qoγulai“喉、管、筒、管道、炕洞”以及突厥语族语言hool一词均有同源关系。在蒙古语中，qoγulai一词最初的词义是“喉”，“管、筒、管道、炕洞”等意思均为延伸出来的词义。满语hulan一词原来也表示“炕洞”，后来又延伸出了“烟囱”这一概念。原来在表示“炕洞”这一词义上，满语hulan和蒙古语qoγulai两个词是完全对应关系。后来，满语的hulan变成专指“烟囱”的词，并经过语言接触借入蒙古语，丰富了蒙古语词汇。

我们通过深入研究满蒙两种语言在历史上的接触和相互影响情况，可以进一步了解民族语言词汇不断丰富和发展的过程。

参考文献

保朝鲁等编：《东部裕固语词汇》，内蒙古人民出版社，1985年。
朝克：《满通古斯语族语言词汇比较》，中国社会科学出版社，2014年。
陈乃雄等编：《保安语词汇》，内蒙古人民出版社，1986年。
陈宗振等编著：《中国突厥语族语言词汇集》，民族出版社，1990年。
哈斯巴特尔等编：《土族语词汇》，内蒙古人民出版社，1986年。
《蒙古语辞典》编纂组编：《蒙古语辞典》，内蒙古人民出版社，2015年。
《蒙古语详解大辞典》编委会主编：《蒙古语详解大辞典》，内蒙古人民出版社，2024年。
内蒙古大学蒙古学研究院蒙古语文研究所编：《蒙汉词典》（增订本），内蒙古大学出版社，1999年。
武达等编：《巴尔虎土语词汇》，内蒙古人民出版社，1985年。

The Etymological Research on the Word "qulang" in Mongolian Language

Gegenhasi Bo Suode

Abstract: Although the Manchu language and Mongolian language belong to the same language family, in the long process of historical development, through the communication and integration of ethnic groups, language contact consistently occurred, and many words have been borrowed from each other. A systematic and insightful study of these loanwords is of great academic value to the historical and cultural relations between Manchu language and Mongolian as well as to the study of Altaic languages. This paper will study the origin of the Mongolian word "qulang", which specifically refers to "chimney", and prove that it is borrowed from Manchu.

Keywords: Mongolian word "qulang"; Manchu-Tungusic languages; etymology

（通讯地址：010051 呼和浩特 呼和浩特民族学院）

清代满语文对蒙古族语言教育的影响

长　　山

提要：清代满语文对蒙古人的语言教育产生过深刻影响，而学校是清廷对蒙古子弟进行“国语”教育的主场所。清统治者建立的学校既有京师和驻防之分，又有官学、义学、学堂、私塾之别。清前期学校主要为官学和义学，后期则是各类学堂和私塾。满语文的“国文”地位，有力扩大了满语文在蒙古文人中的使用范围。

关键词：清代　蒙古族　满语文

一　引言

有清一代，满文和满语有着特殊地位，满文被尊为“国书”，满语被尊为“国语”。入关后，满族统治者为保持其民族特色，巩固其统治，全面推行“国语骑射”教育。清廷设立的各类学校除了教骑马射箭之外，还重点教习满语、满文。如“满洲旗分幼童，教习满书满语；蒙古旗分幼童，教习满洲蒙古书、满洲蒙古语；汉军幼童，教习满书满语，并教习马步箭”（马齐等 1985：667）。在清代，八旗蒙古子弟主动学习满语文，并通过满蒙翻译科考，获取功名利禄，跻身统治阶层。清朝及民国年间，涌现出众多精通满蒙语言文字的蒙古族学者，对蒙古语文的发展及其研究做出了卓越贡献。

学校是清廷对蒙古子弟进行“国语”教育的主场所，清统治者建立的学校既有京师和驻防之分，又有官学、义学、学堂、私塾之别。清前期学校主要为官学和义学，后期则是各类学堂和私塾。通过梳理清代八旗蒙古的各类学校及其课程设置，可以窥视清代蒙古人的语言教育情况以及接受满语文教育的轮廓，从而揭示满语文对蒙古人语言文字教育的影响。

二　八旗蒙古官学、义学及其满语文教学

在清代，官学隶属国子监，分八旗官学及地方官学，而义学是地方政府或个人创办

的教育机构。清前期，官学和义学是清廷对八旗子弟进行教育的教学机构，其中蒙古官学、蒙古义学则是专门为八旗蒙古开办或以招收八旗蒙古子弟为主的学校。与其他教学机构开设的课程不同，蒙古官学、蒙古义学主要教习满文、蒙古文、藏文及其翻译，兼学骑射等军事技能。对清代蒙古人满语文教育影响较大的蒙古官学和蒙古义学的满文教学及其相关情况见表1。

表 1 清代蒙古官学、蒙古义学及其满语文教学情况表

官学名称	设立时间	语文教学	备考
蒙古义学	康熙三十年（1691 年）	满文、蒙古文	在八旗蒙古佐领各设一所，为八旗蒙古子弟教授满蒙语言文字及骑射等军事技能。《钦定八旗通志》载，除了京师八旗子弟读汉书者之外，“其余幼童十岁以上者，本佐领各选一人教习。满洲旗分教满书、满语；蒙古旗分教满洲、蒙古书语；汉军旗分教满书、满语并教马步箭”（李洵等 2002：1580）。
蒙古清文学	雍正七年（1729 年）	满文	在八旗蒙古参领各设一所，“于每旗前锋护军、领催、马甲内挑老成通晓清文能教训者二人，令为师长。除大臣子弟愿入官学、义学读汉书及在家学习外，其十二岁以上余丁，俱令教清文清语”（李洵等 2002：1574）。蒙古义学和蒙古清文学的学员不受出身和额度限制，普通八旗蒙古子弟容易就读，为普通平民子弟提供接受教育的机会，在蒙古族教育史上具有重大的意义。（张永江 1990）
绥远城蒙古官学	乾隆八年（1743 年）	满文、蒙古文翻译	乾隆六年（1741 年），绥远城将军补熙等奏请“绥远城地方，凡咨报、移行、审理偷盗案件，均用满蒙语言文字。现若不教习，则通晓满蒙文者难以为继。请于绥远城两翼各设满蒙学馆一所，以教育兵丁子弟”（郭美兰 2012）。乾隆八年（1743 年），清廷设绥远城蒙古官学，为当地八旗蒙古子弟教授蒙古文翻译。乾隆十年（1745 年），蒙古官学各设满教习一人，掌教满文，增设了满语、满文课程。（郭美兰 2012）
吉林蒙古官学	乾隆六年（1741 年）	满文、满文翻译	乾隆六年（1741 年），清廷设吉林蒙古官学，为吉林地区八旗蒙古子弟教授满文、蒙古文和骑射。“吉林本满洲故里，蒙古、汉军错屯而居，亦皆习为国语（即满语）”（萨英额 1986：35），吉林八旗官学“生徒俱于二月上学，习清文、骑射”，到道光年间才“添习清文翻译”（萨英额 1986：85）。
科布多蒙古官学	乾隆二十三年（1758 年）	满文、蒙古文	该官学从科布多、杜尔伯特、土尔扈特等地招收学生，“在学馆学习满文和蒙文，而且总是先识满文，然后才开始学蒙文。学会读满、蒙文之后就背诵辞典和《恩杜林格-塔其里彦》（译者：满语，《圣谕广训》）《三字经》等书的译文，读满文的《四书》以及专门有关刑事方面的律例”（阿•马•波兹德涅耶夫 1989：333）。乾隆四十一年（1776 年）至乾隆四十六年（1781 年），土谢图汗部所属各旗均建学校，并要求年幼学生必须学满文，寺院驻地的内外勤务人员，每年集中学习三月满文。（沙•毕拉 1996）

续表

官学名称	设立时间	语文教学	备考
伊犁惠远城蒙古官学	乾隆三十四年（1769 年）	满文、蒙古文	因国语、蒙古语、汉语有益于办公应事，新疆驻防将军永贵向朝廷请奏，于乾隆三十四年（1769 年），在惠远城附近设满、蒙、汉官学一所。其中蒙古官学生主要学习满文、蒙古文和骑射。（格琫额 1990）
热河蒙古官学	道光八年（1828 年）	满蒙翻译	建于道光八年（1828 年），为八旗蒙古子弟教授满蒙翻译。官学将蒙古文译为满文者优先选补马甲，已选马甲若能将蒙古地区来文或控告呈词译为满文，则可补位额外笔帖式，以资鼓励。（巴根 2004）

以上蒙古官学或蒙古义学是为八旗蒙古“国语骑射”教育而设立的基础性教学机构，在语文教育方面具有以教授满文和蒙古文为主的特点。此外，国子监八旗官学蒙古馆（设立于顺治元年，1644年）、八旗蒙古官学（设立于雍正元年，1723年）、咸安宫蒙古官学（设立于乾隆十三年，1748年）、托忒学（设立时间不详）等几所学校在教习学员选拔、机构设置等方面均高于以上官学和义学，在语文教育方面学员则主要学习蒙古文，兼习满文及满文翻译。

蒙古官学和蒙古义学设立于八旗蒙古集中居住的地域或其附近，目的在于培养精通蒙古语文的人才，治理蒙古地区。雍正九年（1731年）上谕载：“近见蒙古旗分能蒙古语言翻译者甚少，沿习日久，则蒙古语言文字必渐至废弃。应照考试清文翻译例，考试蒙古文翻译。取中生员、举人、进士以备理藩院之用。”（张永江 1990）但在“国语”教育的推崇之下，满语文教育在清代蒙古人的语言教育中占据首要位置，所有蒙古官学的八旗蒙古子弟既学习蒙古文，又学习满语文。清代蒙古地区官员科考也重点视察考生的满蒙翻译能力，熟练掌握满蒙语言文字是考取官员的必要条件。如，清代蒙古文翻译科设立于雍正九年（1731年），只准八旗蒙古参加，仅考蒙古文翻译满文的能力。

在清代“国语”政策的推动下，八旗蒙古一般都会满文和蒙古文，可以直接为清政府服务。按清朝规定，理藩院任职要求精通满文和蒙古文，理藩院设兼做满蒙翻译工作的“笔帖式”官缺，额定满洲笔帖式三十四缺，蒙古笔帖式五十五缺，八旗蒙古贴写笔帖式十六缺。除了京城衙门之外，蒙古地区任职的官吏是否兼通满蒙语言文字，亦成其能否胜任的主要标准。据《清实录》载，道光十年（1830年）二月，“察哈尔镶白旗总管常德不识满洲、蒙古文字，於（于）公事未能明断，不胜总管之任，著饬令仍回本营当差……各该处总管有统辖一旗之责，似此不识满洲、蒙古文字者，安能办理公事？嗣后各该旗营保送总管及拣选之王大臣，务须认真考察，毋得以不识满洲、蒙古文字之员滥竽充数”（邢亦尘 1993：164）。

三 学堂教育及其满语文教学

从20世纪初期开始，在西方教育思想的影响之下，清朝教育制度发生了极大的变化。光绪二十八年（1902年），清廷颁布“壬寅学制”，提出“中学为体，西学为用”的教育方针。翌年，清政府制定《奏定学堂章程》。实行“癸卯学制”之后，全国各地纷纷开设学堂。光绪二十八年（1902年），喀喇沁右翼札萨克贡桑诺尔布创办崇正学堂，开创了蒙古人学堂教育的先河。在清末民初的满蒙学堂教育中，多数学堂仍然非常重视满语文教育，使满文教学在清代末期至民国时期的蒙古人语言教育中得以传承。

表 2 清代以来的学堂教育及其满语文教学

学堂名称	设立时间	语文教学	备考
北京满蒙文高等学堂	光绪三十四年（1908 年）	满文、蒙古文	光绪三十三年（1907 年），清政府学部奏：为造就满蒙文通才，以保国粹，设立八旗教务处，加拨教育经费。翌年在北京设立满蒙文高等学堂，“使满蒙文字源流以及山川疆域风俗土宜讲习越精，探讨靡遗，庶考古者得实事求是之资，临政者收经世致用效”（杨晓、曲铁华 1989）。满蒙文高等学堂学习课程有“满蒙文、蒙语、满蒙地理、满蒙近史”等。
绥远地区满蒙学堂	光绪三十三年（1907 年）	满文、蒙古文、汉文、满蒙翻译	光绪三十三年（1907 年），清廷在绥远创办满蒙学堂和蒙养学堂。其中满蒙学堂分四斋，学徒学习用满文和蒙古文翻译的四书；蒙养学堂学徒则学习满语和汉语。宣统三年（1911 年），归化城副都统麟寿奏请清廷，在土默特所属高等小学堂开设满文、蒙古文小分科，培养满蒙汉翻译人才，以保护国粹（宝玉柱 2003：248—249）。
漠北地区满蒙学堂	光绪三十四年（1908 年）宣统二年（1910 年）	满文、蒙古文、汉文	光绪三十四年（1908 年）库伦办事大臣奏请设蒙养学堂，“用 3 至 5 年的时间，教习满洲、汉和蒙古语文，校方还为主要课程编制了有 4 种文字对照的词典”（沙·毕拉 1996：141）。宣统二年（1910 年），在乌里雅苏台创建初级师范学堂，为所属蒙古族子弟教习满文和蒙古文，兼习汉语文。（宝玉柱 2003：251）清代在漠北地区建立的各类学堂以满蒙汉语言文字教育为主，旨在为漠北境内的清朝政权机构培养精通满蒙汉翻译的文吏官员。
黑龙江满蒙师范学堂	光绪三十四年（1908 年）	满文、汉文、满汉翻译	光绪三十四年（1908 年），清政府在黑龙江省城“俄文学校舍址创办满、蒙师范学堂，调西北各城及西南各蒙旗子弟入校肄业。校内附设小学一班，译满、蒙、汉合璧教科书，以资教授。学额百人，由布（特哈）、黑（河）、瑷（珲）、呼（兰）各城，扎（赉特）、杜（尔伯特）、郭（尔罗斯）三旗平均招集曾习满、蒙文及汉文通顺者入堂肄业”。该班“仿照初等小学课程，酌加满、汉翻译；读经时用满汉合璧。诵习乡土志等课，兼习满、汉语言，限四年毕业”（张伯英 1992：1100）。

续表

学堂名称	设立时间	语文教学	备考
吉林满文高等小学堂	光绪三十四年（1908年）	满文、蒙古文、汉文	光绪三十四年（1908年），吉林蒙古官学与吉林清文官学合并为吉林满文高等小学堂，教学满文、蒙古文、汉文、经学等科目（吉林省地方志编纂委员会 1992：396）。
呼伦贝尔地区学堂	宣统二年（1910年）	满文、蒙古文、汉文	宣统二年（1910年），索伦旗莫和尔图村建立新式小学堂，开设满文、汉文等课程。翌年，陈巴尔虎旗副总管讷兴格兴办河北小学堂，教授满文、蒙古文、汉文和算盘。清末，呼伦贝尔地区的蒙古族子弟多数学习蒙古、满、汉等语言文字，达斡尔、鄂温克等少数民族子弟则多学习满、汉等语言文字（宝玉柱 2003：256）。

在清末，随着满族政治地位及文化影响的削弱，满文渐趋失去“国书”地位，而汉文影响逐步扩大，在学堂教育中亦呈汉文教育取代满文教育的趋势。但是，清政府不提倡八旗子弟学习汉语文，甚至禁止部分驻防八旗设立新式学堂和书院。如，道光二年（1822年）蒙古大臣富俊请旨设立吉林白山书院时，上谕申饬“乃论课生徒学习文艺，必致清语日益生疏，渐形软弱……”；是年，西安将军上奏“西安驻防八旗各佐领下生员及已冠童生必须设立书院，以资训导”，受到道光皇帝严辞驳斥“满洲风俗以清语骑射为重。其有志读书上进者原可自行筹师，……该将军奏请拨款，设立书院，于造就人材（才）终无俾益，著不准行”。（张永江 1995）晚清政府一贯推行的“国语”教育政策，使满文教学在清代末期的蒙古族地区学堂教育中仍占据重要地位。除了以上学堂之外，锡林郭勒、乌兰察布、伊克昭等蒙古族集居地区教育的主要形式为旗府官吏教育、寺院宗教教育和家族私塾教育，其核心课程多为蒙古语、蒙古文和满语、满文，在语文教育中呈现“满文—蒙古文—汉文”或“满文—蒙古文—藏文”等以满文为中心的教育模式（宝玉柱 2003：265—266）。

四　其他教育机构及其满文教学

除了蒙古官学、蒙古义学及满蒙学堂等专门为八旗蒙古设立的专门学校之外，清代蒙古子弟还就读于满蒙汉人一体招生的教育机构，与其他旗人一同学习满语文等语言文字。据《论清代八旗蒙古子弟的普通学校教育》一文统计，有清一代，以下教育机构（见表3）亦招收数量不等的蒙古子弟，教授满语文及其他语言文字的课程（张永江 1995）。

表 3 清代以来其他教育机构及其满文教学

设立地点	机构名称	设立时间	语文教学
北京	八旗教场官学	雍正元年（1723 年）	满文
	礼部义学	雍正二年（1724 年）	满文、汉文
	景山官学	康熙二十四年（1685 年）	满文、汉文
	世职官学	乾隆十七年（1752 年）	满文
	外火器营义学	乾隆三十八年（1773 年）	满文
	健锐营官学	乾隆四十年（1775 年）	满文
杭州	驻防八旗官学	顺治初期	满文
成都	八旗义学	乾隆初期	满文、汉文
	八旗官学	乾隆十六年（1751 年）	满文、汉文
荆州	牛录官学	乾隆初期	满文、汉文
	八旗两翼清汉义学	乾隆四十五年（1780 年）	满汉翻译
	八旗翻译总义学	光绪二年（1876 年）	满汉翻译
绥远城	满汉翻译官学	乾隆五十年（1785 年）	满汉翻译
盛京	盛京官学	康熙三十年（1691 年）	满文、汉文
	盛京义学	时间不详	满文、蒙古文
吉林	吉林清文官学	康熙三十四年（1695 年）	满文
	吉林翻译官学	光绪九年（1883 年）	满汉翻译
伯都纳	伯都纳左右翼官学	雍正四年（1726 年）	满文、汉文
伊犁	惠远城清书学	乾隆三十一年（1766 年）	满文
	惠远城义学	乾隆三十四年（1769 年）	满文、托忒蒙文、汉文
	敬业官学	嘉庆七年（1802 年）	满文、汉文
	惠宁城清书学	乾隆中期	满文

与蒙古官学和蒙古义学不同，除了八旗蒙古子弟以外，以上官学和义学还是八旗满洲、八旗汉军子弟入学就读的教学机构。因此，其教学为满蒙汉语言文化熔于一炉的混合式教育，具有以满文、汉文和满汉翻译为主，忽略蒙古文、满蒙翻译教学的特点。

清代"国语"教育，培养了众多精通满文和蒙古文的蒙古文人，推动了清代满蒙合璧书籍的编纂和满蒙语言文字研究的发展。春花统计研究的一百八十七部清代多种文字合璧辞书中，满蒙合璧二体辞书有九部，满蒙与其他文字合璧的三体辞书有二十九部、四体辞书有三部、五体辞书有六部之多（春花 2008：4）。值得一提的是，清代满蒙书籍编纂者往往将学习蒙古文的必要性归结于满文和蒙古文的翻译，一般不会直接抛开满文而单独突出蒙古文的重要性，从清入关到乾隆年间尤为如此。清末刊行的《蒙文总汇》校勘者蒙古人李鋐在序中首先强调学习蒙古文是为学习满文做准备，"窃以为国语译自蒙文，蒙文不通，即无由通国语"；1912年，北京正蒙书局重新刊印《蒙文总汇》时，作序者认为，在满文的影响之下，蒙古文在清代蒙古人当中已失去应有的地位，在序文中，以蒙古人的身份强调了学习蒙古文的重要性，该书序载："窃维全球万国环立，人文蔚起，皆以本国文字为冠，他国语言次之。惟我蒙族，前沿清朝宝制，公牍尽用满文，以致精蒙古文者寥寥无几。今既改革国体，凡我蒙古文最关紧要，尤不得不专心肄业”，并且为蒙古人学习蒙古文，“不惜重赀，石印两千部”。（关笑晶 2011）

清代“国语”教育政策，不仅对清代蒙古人的语言教育产生深刻影响，而且培养了众多精通满蒙语言文字的人才，推动了满族和蒙古族的语言接触与文化交流。尤其是满文的“国文”地位，有力扩大了满语文在蒙古文人中的使用范围。

参考文献

〔俄〕阿·马·波兹德涅耶夫著，刘汉明等译：《蒙古及蒙古人》（第一卷），内蒙古人民出版社，1989年。
巴根：《清代满蒙翻译考略》，《满语研究》2004年第1期。
宝玉柱：《清代蒙古族社会转型及语言教育》，民族出版社，2003年。
春花：《清代满蒙文词典研究》，辽宁民族出版社，2008年。
格琫额纂，吴丰培整理：《伊江汇览：学校》，载中国社会科学院中国边疆史地研究中心主编《清代新疆稀见史料汇辑》，全国图书馆文献缩微复制中心，1990年。
关笑晶：《清代满蒙辞书“序”研究》，《满语研究》2011年第1期。
郭美兰：《乾隆朝绥远城设立八旗官学满文档案》，《历史档案》2012年第2期。
吉林省地方志编纂委员会编纂：《吉林省志》，吉林人民出版社，1992年。
李洵等校点：《钦定八旗通志》（第三册），吉林文史出版社，2002年。
马齐等：《清圣祖实录》，中华书局，1985年。
[清] 萨英额等撰，史吉祥等点校：《吉林外纪吉林志略》，吉林文史出版社，1986年。
〔蒙古国〕沙·毕拉著，王光译：《满洲文化与蒙古教育》，载阎崇年主编《满学研究》（第三辑），民族出版社，1996年。
邢亦尘：《清季蒙古实录》，内蒙古社会科学院蒙古史研究所，1993年。
杨晓、曲铁华：《清代的八旗官学》，《民族教育研究》1989年第1期。
张伯英总纂：《黑龙江志稿》（中），黑龙江人民出版社，1992年。
张永江：《清代八旗蒙古官学》，《民族研究》1990年第6期。
张永江：《论清代八旗蒙古子弟的普通学校教育》，《烟台师范学院学报》1995年第3期。

The Influence of Manchu Language on Mongolian Language Education in the Qing Dynasty

Chang Shan

Abstract: The Manchu language had a profound impact on the language education of the Mongolians in the Qing Dynasty, and schools were the main place for the Qing court to provide “national language” education for Mongolian children. The schools established by the Qing rulers were divided into the capital and garrison schools, as well as official schools, charity schools, academies and private schools. In the

early Qing Dynasty, schools were mainly official schools and charity schools, while in the late Qing Dynasty, they were various academies and private schools. The "national language" status of the Manchu language has effectively promoted the use of the Manchu language among Mongolian literati.
Keywords: Qing dynasty; Mongolian; Manchu language

（通讯地址：150080 哈尔滨 黑龙江大学满学研究院）

蒙古语族语言中的多语种词汇特点探索 *

金双龙　佟桂芬

提要： 本文是对多语言接触背景下的中国蒙古语族语言的词汇研究，这是揭示语言接触规律的一个重要研究领域。蒙古语族语言的词汇接触具有借词多，参与的语种多，混合词结构复杂，多语言融合性接触等特点。蒙古语族语言中存在多语种词汇，是历史上多民族交往交流交融的有力见证。

关键词： 蒙古语族语言　多语种词汇　混合词

一　蒙古语族语言中的借词

蒙古语族语言中的词汇包括固有词汇和借词。

蒙古语族语言中的固有词汇，指的是蒙古语族语言当中保留下来的古蒙古语词汇。蒙古语族语言人群或当地其他民族称之为“thu huɑ”（土话）。我们今天从语言学的角度去分析的数目繁多的蒙古语族语言的固有词汇，应该是蒙古语族语言当中保留下来的古蒙古语词汇。借词就是一些外来词。就外来词的定义，学界有不同的表述。叶蜚声等（1997：198）的观点是“借词也叫外来词，它指的是音和义都借自外语的词”，符淮青（2004：35）的观点是“从外国语言和本国其他民族语言中连音带义吸收来的词叫外来词”，德国语言学家哈杜默德·布斯曼（2003：162）指出“外来词这一概念大约自17世纪中叶起便已存在，是指从外语中接纳进本族语的语言表达（大部分情况下也同时接纳了这一语言表达所表示的事物）”。总之，借词是一种民族语言从其他民族语言中连音带义吸收的词语。

借词有音译词、半音半意词和意译词。在蒙古语族诸语言中借词比较多，这是由于各民族长期的文化交流、移民杂居、商业往来、宗教信仰等促进了语言接触。这是语言随着社会的发展而产生的一种现象。在蒙古语族诸语言中，借词的语种比较多。下面对

---

* 本文为国家社科基金西部项目“类型学视角下东乡语形态句法研究（24XYY012）”的阶段性成果。

东乡语、达斡尔语、保安语、土族语、东部裕固语中的借词分别加以简单介绍。以下数据来自前人的研究成果及本人多次实地调研。

东乡语：我们搜集的东乡语词汇（包括词组）共10891个词条。在10891个词条中借词共有4513个，占总词条的41.44%。从这个数据来看，东乡语中借词比较多。东乡语的借词来自以下五种语言：汉语、阿拉伯语、维吾尔语、波斯语和藏语。其中，汉语所占的比例比较大。东乡语中的一部分词跟突厥语族语言相近或相同，所以东乡语中保留着古代的突厥语借词。这是东乡语和蒙古语族其他语言的不同之处。东乡语词汇中的混合词比较多。

在我们搜集的4513个东乡语借词中，各语言借词数量及所占的百分比见表1。

表1　东乡语借词分布表

	汉语	阿拉伯语	维吾尔语	波斯语	藏语	混合词
数量	1784	266	27	36	14	2386
百分比	39.53	5.89	0.60	0.80	0.31	52.87

达斡尔语：我们搜集的达斡尔语词汇（包括词组）共7813个词条。在7813个词条中借词共有1415个，占总词条的18.11%。达斡尔语的借词来自以下五种语言：汉语、满语、鄂温克语、鄂伦春语和俄语。其中，满语所占的比例比较大。达斡尔语的借词分布统计见表2。

表2　达斡尔语借词分布表

	汉语	满语	鄂温克语	鄂伦春语	俄语
数量	521	868	10	8	8
百分比	36.82	61.34	0.71	0.57	0.57

保安语：我们搜集的保安语词汇（包括词组）共5076个词条。在5076个词条中借词共有2591个，占总词条的51.04%。从这个数据来看，保安语中借词比较多。保安语的借词来自以下三种语言：汉语、藏语、维吾尔语。我们搜集的保安语以青海省黄南藏族自治州同仁市为主要调查点，所以藏语所占的比例比较大。在保安语词汇中有混合词。保安语借词分布统计见表3。

表3　保安语借词分布表

	汉语	藏语	维吾尔语	混合词
数量	340	2161	18	72
百分比	13.12	83.40	0.69	2.78

土族语：我们搜集的土族语词汇（包括词组）共6006个词条。在6006个词条中借词共有1223个，占总词条的20.36%。土族语的借词来自以下四种语言：汉语、藏语、维吾尔语和满语。其中，汉语所占的比例比较大。土族语借词分布统计见表4。

表4 土族语借词分布表

	汉语	藏语	维吾尔语	满语
数量	888	311	11	13
百分比	72.61	25.43	0.90	1.06

东部裕固语：我们搜集的东部裕固语词汇（包括词组）共4298个词条。在4298个词条中借词共有446个，占总词条的10.38%。东部裕固语的借词来自以下三种语言：汉语、藏语和维吾尔语。其中，汉语所占的比例比较大。东部裕固语借词分布统计见表5。

表5 东部裕固语借词分布表

	汉语	藏语	维吾尔语
数量	274	64	108
百分比	61.43	14.35	24.22

蒙古语族语言中借词的语种比较多，但每个语言借词的语种是不同的，我们的分析归纳如表6所示。

表6 蒙古语族诸语言借词分布表

词源	东乡语	达斡尔语	保安语	土族语	东部裕固语
汉语	+	+	+	+	+
藏语	+	−	+	+	+
满语	−	+	−	+	−
维吾尔语	+	−	+	+	+
波斯语	+	−	−	−	−
阿拉伯语	+	−	−	−	−
鄂温克语	−	+	−	−	−
鄂伦春语	−	+	−	−	−
俄语	−	+	−	−	−

语言中的借词其实就是“语言接触”的一种情形。语言接触有不同的类型，其中最常见的是词的借用，就是一种或多种语言的使用者，接触熟悉另外一种或多种语言的词汇。语言接触首先通过借用的词语导致语音渐变、语法复制等演变的发生。这可以证明语言中的借词成分本身不是演变，但是这种借用能够导致借用它的语言的结构重构，甚至成为几种语言融合的催化剂。

二 蒙古语族语言中的混合词

蒙古语族语言属阿尔泰语系语言的一支。蒙古语族语言的词汇大量地保存了13世纪蒙古语的特点。余志鸿（1994）指出“东乡族的语言与十三世纪的《蒙古秘史》中使用的古代蒙古语比较，在语音形式和语法功能上十分相似”。

以往学者们把蒙古语族语言的词汇分为固有词和借词。除固有词和借词以外，蒙古语族语言中还存在混合词。迄今为止，学者们对固有词和借词的研究比较多，混合词的研究则比较少。但在蒙古语族语言的词汇中混合词随处可见，因此，笔者认为有必要对混合词进行系统的探讨。

蒙古语族语言的混合词是由不同语种的构词要素组成的词语。它有两种来源：一种是外来成分和本民族固有的成分组成的词；另一种是一种外来成分和另一种外来成分组成的词。混合词是由源自不同语种的语言要素混合而成的复合性词语。混合词和借词各自表示不同的概念。国内外不少语言学家早已论述过各民族语言里的混合词现象。哈杜默德·布斯曼（2003：210）的观点是“单个组成部分来源于不同语言的复合词”。但我们认为“混合词”不仅包括单个组成部分来源于不同语言的复合词，还应该包括两个或几个组成部分来源于其他民族语言的复合词。

简而言之，混合词包含两个内容：一是由外来语素和本族语语素混合而成的复合词，二是两个不同外来词素构成的词。在国内也有“混种词”的表述。在杨信彰（2006：204）编译的《牛津英汉双解语言学词典》中把英语原语“hybrid word”注释为“混合词”和“混种词”两种。

（一）蒙古语族语言混合词的结构特点

蒙古语族语言词汇中有不少汉语、维吾尔语、藏语、满语、阿拉伯语、波斯语词汇，学者们一致认为都是借用成分。徐丹、文少卿、谢小冬（2012）认为“东乡语是不同语言、不同文化接触后先混合后融合的结果”。这种现象体现在整个蒙古语族语言的借词和混合词上。它们是由两种甚至三种语言的成分形成的。

通过整理我们田野调查资料所做的语料库发现，蒙古语族语言的混合词的结构包括：（1）借词+蒙古语族语言语素，（2）蒙古语族语言语素+借词，（3）借词1+借词2，（4）借词+“r”。

蒙古语族语言混合词的特点表现为：（1）参与的语言多，有蒙古语族语言、阿拉伯语、维吾尔语、汉语、波斯语、藏语、满语、鄂伦春语、鄂温克语等；（2）混合结构复杂，既有蒙古语族语言的语素和外来语素混合，也有外来的两个语素混合；（3）数目多。

（二）蒙古语族语言混合词的构成方法

蒙古语族语言词汇主要用复合法和黏着法构成。复合法主要是用两个及以上的词根语素复合而形成新词。例如：东乡语的'ɚma morəi（公马）、amaŋ 'kotsi（嘴角）。黏着法是指蒙古语族语言的能产型后缀，缀加在其他语言的语素后面派生而形成新词。如：taŋla（当），汉语语素“taŋ”上缀加了东乡语动词构形附加成分“-la”，便形成了混合词taŋla-（当）；khərakiə（憎恶，厌恶），由阿拉伯语语素“khəra”加东乡语后缀“kiə”构成。

1. 借词+蒙古语族语言语素

由借词和蒙古语族语言语素构成的混合词的第一种结构是借词加蒙古语族语言语素。在这个结构的混合词中动词占大多数。如：

pai汉语“摆、置”+la动词后缀 → paila东乡语“摆、放置、布置”

paŋpaŋ汉语“棍棒”+ta动词后缀 → paŋpaŋta东乡语“用棍棒打”

faŋɕiaŋ汉语“方向”+ʂi动词后缀 → faŋɕiaŋʂi东乡语“变得有方向”

pa:汉语“拍”+la动词后缀 → pa:la保安语“拍”

be:汉语“背”+lə动词后缀 → be:lə保安语“背、接受”

ndʑa:藏语“交”+gə动词后缀 → ndʑa:gə保安语“交”

boɢʊn土族语“低、矮”+də动词后缀 → boɢʊndə土族语“变低、变矮”

baja:n土族语“富人、富的”+də动词后缀 → baja:ndə土族语“变富”

padə土族语“结实、巩固”+də动词后缀 → padədə土族语“变结实”

在构成混合动词方面，除了蒙古语族语言的原始构词成分“-la、-ta、-ʂi、-thu”缀加在借词词根上以外，原始蒙古语的实际动词“ki”（做、干）也变成了混合动词词缀。比如：东乡语的khərakiə（憎恶，厌恶），由阿拉伯语的“khəra”（憎）和蒙古语族语言的“kiə”（干、做）构成；保安语的ndʑargə-（粘）由藏语的“ndʑar”（贴、粘）和蒙古语族语言的“gə”（干、做）构成。东乡语的“kiə”、保安语的“gə”均来自原始蒙古语的实际动词“ki”（做、干）。

由借词和蒙古语族语言语素构成名词的方式有复合法和黏着法两种。运用黏着法构成的混合词，例如原始蒙古语中表示“爱好或从事某种活动的人的-tʃi、-tʃin”缀加到借词上构成的词：

'latɕiau汉语“辣椒”+tʂhi东乡语“爱好或从事某种活动的人”→ 'latɕiautʂhi东乡语“爱吃辣椒的人”

tɕikər波斯语“晡礼”+tʂhi东乡语“爱好或从事某种活动的人”→ tɕikərtʂhi东乡语

“参加晡礼的人”

rdaɢ藏语“猎物”+tɕi保安语“爱好或从事某种活动的人”→ rdaɢtɕi保安语“猎人”

utʃlə:满语“乌春”+tʃin达斡尔语“爱好或从事某种活动的人”→ utʃlə:tʃin达斡尔语“诵乌春者，诵叙事体诗诗人”

运用合成法构成的混合名词，主要由借用名词加蒙古语族语言的原名词构成，例如：

imaŋ阿拉伯语“遇到、表率”+quruŋ东乡语“手指”→ imaŋquruŋ东乡语“食指”

fudzɿ汉语“蒿草”+ebsəŋ保安语“草”→ fudzɿebsəŋ保安语“蒿草”

dəllə:满语“鸡冠”+ilɣa:达斡尔语“花”→ dəllə:ilɣa:达斡尔语“鸡冠花”

a:gu:汉语河湟方言“姑娘”+ima:土族语“山羊”→ a:gu:ima:土族语“母山羊”

由借词和蒙古语族语言语素构成形容词的方式也有复合法和黏着法两种。黏着法缀加蒙古语族诸语言共同的形容词后缀“-tu、-thu、-tai”。“-tu、-thu”在有的语言中元音“[u]”脱落变成“-t、-th”，“-tai”在有的语言中变成“-ti”，例如：

'hali阿拉伯语“能力、本领”+tu形容词后缀 → 'halitu东乡语“有能力的，有本领的”

aiʃi满语“有用”+th形容词后缀 → aiʃith达斡尔语“有用的”

goʃɣun满语“悲伤”+ti形容词后缀 → goʃɣunti达斡尔语“悲伤的”

此外，土族语后缀“dʑen、dʐa、di:、du”经常缀加在其他借词后，形成土族语混合形容词。

ndəɢ藏语“颜色、色泽”+dʑen形容词后缀 → ndəɢdʑen土族语“鲜艳的”

ndʐan藏语“公平”+dʐa形容词后缀 → ndʐandʐa土族语“公平的”

ŋar藏语“能干”+dʑen形容词后缀 → ŋardʑen土族语“能干的、厉害的、强的”

laɢsal藏语“技术”+dʑen形容词后缀 → laɢsaldʑen土族语“有技术的”

运用合成法也可以构成混合形容词。借用形容词加蒙古语族语言的原形容词构成的混合形容词，例如：

gutu藏语“粗鲁”+muŋ保安语“坏”→ gutumuŋ保安语“粗鲁”

2. 蒙古语族语言语素+借词

由蒙古语族语言语素和借词构成的混合词有名词、动词和形容词，其中名词所占比重大一些。例如：

baitəlɣu达斡尔语“使用”+dʒak满语“物品”→ baitəlɣudʒak达斡尔语“工具”

amithu东乡语“活着的”+ʂaithaŋ阿拉伯语“鬼”→ amithu ʂaithaŋ东乡语“活鬼，指挑拨离间者”

niə东乡语“满，整个”+asimaŋ维吾尔语“天空”→ niəasimaŋ东乡语“满天”

əntəʁɔi东乡语“禽蛋”+thaʂi维吾尔语“石头”→ əntəʁəithaʂi东乡语“鹅卵石”

tʂiqaŋ东乡语“白色的”+kiənaŋ波斯语“馕”→ tʂiqaŋkiənaŋ东乡语“白馍馍”

fukiə东乡语“大”+a'tɕiəsi波斯语“净礼”→ fukiəa'tɕiəsi东乡语“大净，伊斯兰教净礼之一”

ħɵːtaŋ保安语“星星”+taɕi维吾尔语“石头”→ ħɵːtaŋtaɕi保安语“陨石”

ɢʊrdun土族语“快”+nar藏语“急病”→ ɢʊrdunnar土族语“急病”

xuŋgəːn达斡尔语“轻浮”+banin满语“轻率、轻浮”→ xuŋgəːnbanin达斡尔语“轻率、轻浮”

naraŋ保安语“太阳”+waɢta藏语“升出”→ naraŋwaɢta保安语“日出”

xaluːn达斡尔语“热”+dosɣun满语“亲近”→ xaluːndosɣun达斡尔语“亲热的”

3. 借词1+借词2

在语言接触比较复杂的甘肃、青海的东乡语、保安语、土族语中，两个不同来源的借词可以构成新的混合词来使用。这种现象在东乡语中最为普遍。

（1）由汉语和阿拉伯语构成的东乡语混合词如下：

tsuŋ汉语“总”+tuwa阿拉伯语“祈祷词”→ tsuŋtuwa东乡语“总祈祷词”

xuitsui汉语“悔罪”+towo阿拉伯语“悔过、忏悔”→ xuitsuitowo东乡语“忏悔词”

fɯnjən汉语“坟墓”+tuwa阿拉伯语“祈祷词”→ fɯnjəntuwa东乡语“上坟时念的祈祷词”

（2）由阿拉伯语和汉语构成的东乡语混合词如下：

moŋlo阿拉伯语“满拉，有知识者”+rin汉语“人”→ moŋlorin东乡语“有知识的人”

（3）由藏语和汉语构成的保安语混合词如下：

tɕi藏语“水”+χi汉语“靴”→ tɕiχi保安语“水靴”

wɵː藏语“火”+pu汉语“炮”→ wɵːpu保安语“火炮”

（4）由汉语和藏语构成的保安语混合词如下：

ʂantʂa汉语“山楂”+medɵɢ藏语“花”→ ʂantʂamedɵɢ保安语“山楂花”

dɵŋɕaŋ汉语“东乡”+mərəg藏语“民族”→ dɵŋɕaŋmərəg保安语“东乡族”

（5）由汉语和藏语构成的土族语混合词如下：

aːguː汉语“姑娘”+kɣdam藏语“狼”→ aːguːkɣdam土族语“母狼”

aːguː汉语“姑娘”+lama藏语“喇嘛”→ aːguːlama土族语“姑娘”

（6）由汉语和维吾尔语构成的东乡语混合词如下：

ana汉语“母亲”+awi维吾尔语“父亲”→ anaawi东乡语“父母亲、双亲”

ana汉语“母亲”+thu维吾尔语形容词后缀 → anathu东乡语“有母亲的”

（7）由波斯语和维吾尔语构成的东乡语混合词如下：

'tosi波斯语“朋友”+ata维吾尔语“爸、爹”→ 'tosiata东乡语“干爹”

'tosi波斯语“朋友”+ana维吾尔语“妈”→ 'tosiana东乡语“干妈”

（8）由波斯语和汉语构成的东乡语混合词如下：

paŋta波斯语“邦达，即晨礼”+ʂitɕiə汉语“时间”→ paŋtaʂitɕiə东乡语“晨礼时间（天亮前）”

maitsa波斯语“坟墓”+kutui汉语“鼓堆”→ maitsakutui东乡语“坟堆、坟头、坟上的土包”

（9）在东乡语中有由两个借词加东乡语后缀构成东乡语的混合词现象。

thauɚ汉语“逃”+pəi汉语“背”+liə东乡语动词后缀 → thauɚpəiliə东乡语“逃跑”

təʂi'piha阿拉伯语“赞珠”+tɕhia汉语“查”+ji东乡语动词后缀 → təʂi'piha tɕhiaji东乡语“用赞珠计数赞念”

suŋnə阿拉伯语“圣行”+tʂuŋ汉语“遵守”+tɕi东乡语动词后缀 → suŋnətʂuŋtɕi东乡语“遵圣行”

4. 借词+“r”

汉语语素加原始蒙古语的“r”能构成混合词。有学者认为这是增音现象，属于语音学问题。笔者认为这个“r”音的增加不只是语音学的问题，“r”可看作借词构词成分，与借词构成混合词。比如：汉语的“猫、瓦、桃、花”等词借到蒙古语中变成“mɔːr、waːr、tɔːr、xuaːr”。同样的现象在蒙古语族其他语言中都存在。例如：

iŋtau汉语“樱桃”+r → iŋtaur土族语“樱桃”

fa汉语“方法”+r → faːr土族语“方法”

ko汉语“颗”+r → koːr土族语“粒子”

ganga汉语“秆”+r → gangaːr土族语“麦秆”

xua汉语“画”+r → xuaːr保安语“画”

xʊ汉语“胡琴”+r → xʊːr保安语“胡琴”

maːneː汉语河湟方言“麻眼”+r → maːneːr土族语“盲人”

soː汉语“锁头”+r → soːr土族语“项圈”

（三）构成混合词的主要词性

蒙古语族语言混合词主要有名词、动词和形容词。

名词的形成规律是参与构成的几个语素都是名词的时候，其中有一个语素是能产语素，这个语素可以在前，也可以在后。比如：thaʂi是维吾尔语借词，把它接在汉语的

pauşi“宝石”后就变成pauşi thaşi意为“宝石”；位于汉语的xoşi“火石”后就变成xoşi thaşi，意思也是“火石”。这就可以证明汉语的“宝石、火石”等词借入蒙古语族东乡语的时间肯定比维吾尔语借词thaşi“石头”要晚。维吾尔语借词thaşi“石头”可以接在其他语素上专指某种石头，如“asimaŋ tɕiərətu thaşi”意思是“天上的石头专指陨石”，asimaŋ是波斯语词“天”，tɕiərətu是东乡语固有词“上”，thaşi是维吾尔语词。又如：'tos“朋友”是波斯语词，与维吾尔语词的ata“爸爸”、ana“妈妈”、kaji“哥哥”复合成'tosi ata“干爹”、'tosi ana“干妈”、'tosi kaji“结拜哥哥”等混合词。这时'tosi是能产性语素，分布在其他语素之前。

形容词和名词复合成一个混合词时，形容词总是分布在前面。如a'tɕiəsi是波斯语词“伊斯兰教净礼之一”，如果在它的前面加形容词fukiə、mila，就会产生fukiə a'tɕiəsi“大净”、mila a'tɕiəsi“小净”两个词。

名词缀加蒙古语族语言的词缀也能产生混合词，这时蒙古语族语言的词缀是能产语素。如东乡语名词性后缀“tşi、tşhi”能产生混合词。

paŋta波斯语“晨礼”+tşi东乡语名词性后缀 → paŋtatşi“做晨礼的人”

'moşi汉语“磨石”+tşhi东乡语名词性后缀 → 'moşitşhi“生产经营磨刀石的人”

xəifaŋ汉语“夜宵”+tşhi东乡语名词性后缀 → xəifaŋtşhi“吃夜宵的人”

混合词中动词的数目最多。蒙古语族语言的动词构词附加成分la、ta、rə、şi、də缀加在名词性借词、形容词性借词后构成表示与该事物有关的混合动词。fukiə“大”+şi → fukiəşi“变大”；pəitsi“杯子”+ta → pəitsita“用杯子喝”；taŋ“担”+la → taŋla“担、挑”。

三　结语

混合词是因语言接触不同语种的构词要素混合而成的复合词。从蒙古语族语言的角度去分析它绝非只是语言的简单接触。使用这些语言的人们大多分布在中国境内的甘肃省、青海省和内蒙古自治区。他们居住在丝绸之路沿线文化的交汇点上，形成了丝绸之路语言景观。他们也处于历史与现实的交汇点上。历史上，这些地区民族迁徙、融合以及民族文化整合、交融等都很频繁，汉族与少数民族、少数民族与少数民族之间双语族群甚至多语族群交往。蒙古语族语言中的多语言词汇体现了这些民族的多文化融合现象。就中国境内的东乡族、达斡尔族、保安族、土族、东部裕固族等民族的发展来看，中华民族文化的交融始终贯穿其中。蒙古语族语言的多语言词汇研究，是“一带一路”沿线民族研究及语言研究工作的重要课题之一，这一研究有助于这些少数民族语言的保护、传承与发展。

参考文献

保朝鲁等编：《东部裕固语词汇》，内蒙古人民出版社，1985 年。
布和等编：《东乡语词汇》，内蒙古人民出版社，1983 年。
陈乃雄等编：《保安语词汇》，内蒙古人民出版社，1986 年。
恩和巴图等编：《达斡尔语词汇》，内蒙古人民出版社，1984 年。
符淮青：《现代汉语词汇》（第二版），北京大学出版社，2004 年。
〔德〕哈杜默德·布斯曼著，陈慧瑛等编译：《语言学词典》，商务印书馆，2003 年。
哈斯巴特尔等编：《土族语词汇》，内蒙古人民出版社，1986 年。
徐丹、文少卿、谢小冬：《东乡语和东乡人》，《民族语文》2012 年第 3 期。
杨信彰编译：《牛津英汉双解语言学词典》，上海外语教育出版社，2006 年。
叶蜚声、徐通锵：《语言学纲要》第三版，北京大学出版社，1997 年。
余志鸿：《从〈蒙古秘史〉语言看东乡语》，《民族语文》1994 年第 1 期。
〔苏〕托达叶娃：《东乡语》，莫斯科：莫斯科出版，1961 年。

Exploration of Multilingual Vocabulary Characteristics in Mongolic Languages

Jin Shuanglong　Tong Guifen

Abstract: This article explores the vocabulary of the Mongolic languages in China under the background of multilingual contact and this exploration is an important research field for revealing the rules of language contact. The vocabulary contact of Mongolic languages has the characteristics of multiple loanwords, multiple languages involved, complex mixed word structures, and multilingual fusion contact. The existence of multilingual vocabulary in the Mongolic languages family is a powerful witness to the historical exchange, communication, and integration of multiple ethnic groups.

Keywords: Mongolic languages; Multilingual vocabulary; Mixed words

（通讯地址：014030 包头 包头师范学院文学院）

新中国阿尔泰语系语言辞书70年

哈斯其木格

提要：本文对阿尔泰语系语言辞书出版规模、分类、编纂特点等做了阐述。根据我们不完全统计，新中国成立以来编纂出版的阿尔泰语系语言辞书近1100种，包括词典、字典、百科全书、词汇集、术语解释、术语对照等多种形式。其中汉–民或民–汉对照的双语辞书占绝大多数，单一民族语言的辞书较少，但其涵盖的条目更多，信息更丰富。除此之外也有一定规模的民族语言、汉语和外国语之间的对照辞书。我们根据阿尔泰语系语言辞书整体特点，采用多层次划分方式，首先将其划分为新编辞书和再版辞书，然后根据收词范围、服务对象、收词对象等不同，在不同层次上将新编辞书进行了更细的分类。阿尔泰语系语言辞书编纂和出版已经达到了一定规模，尤其是蒙古语、维吾尔语、哈萨克语辞书编纂达到了较高水准，词典学研究也有了进一步的发展，为少数民族同胞学习国家通用语言文字和外国语，以及科学保护各民族语言文字，打下了坚实的基础。

关键词：阿尔泰语系语言　辞书词典　分类

一　引言

阿尔泰语系约20种语言分布在中国北方新疆、青海、甘肃、内蒙古、黑龙江、吉林、辽宁等省和自治区（本文不讨论朝鲜语辞书）。蒙古语、维吾尔语、满语等有传统文字的语言，具有悠久的辞书编纂传统。突厥语族语言历史上出现过《突厥语大辞典》等比较有影响力的古老词典。蒙古语辞书编纂始于13、14世纪，历史上传承下来的古老词汇集有《至元译语》《华夷译语》《北虏译语》等，记录了中古蒙古语词语。后期随着蒙藏文化交流，也出现了蒙古语和藏语之间的互译词典（内蒙古大学蒙古学学院蒙古语文研究所 2005）。到了清代，辞书编纂以多语对照为主要形式，出现了《御制四体清文鉴》《五体清文鉴》等，在满、蒙、藏、汉、维等语言之间进行互译和对照。这些辞书为语言的传承和保存起到了关键作用。

阿尔泰语系语言编纂辞书历史虽长，但现代词典学研究相对滞后。虽然已有不少论著涉及个别辞书的介绍和评价，尤其对古代、近代辞书的介绍、评价、研究较多，但对辞书的综合性评价较少，对词典学的理论和方法论研究更少。20世纪50—60年代蒙古语学界就开始关注词典研究和词典学。新特格、纳•官其格苏荣、仁赛玛、达•巴特尔等学者前后撰写30余篇论文专题讨论蒙古语词典种类、词典编纂史以及词典学相关问题。达•巴特尔（2003）梳理词典的命名以及发展史，对词典（toli）、词典学等概念做出了较为清楚的解释，并介绍了蒙古语词典和词典学研究概况，指出蒙古语学界在词典学研究概念和范围方面存在的片面以及模糊现象。根据他的搜集，到21世纪初为止，国内发表的有关蒙古语词典的介绍、评价以及研究的论文已有120余篇。根据萨日娜（2022）统计，从13世纪至今，包含蒙古语的各类辞书有千余部。那顺乌日图（2022）提出他们所建的“达尔罕辞典云平台”共收录蒙古语275部辞书，覆盖从13世纪到21世纪为止800多年间在中国、蒙古国、匈牙利等8个国家出版的以蒙、汉、德、日、俄等11种语言文字写成的辞书，涉及语言学、文学、历史、法律等37个学科分支，可划分为百科全书、专科词典、解释词典、翻译词典等四种类型。

铁来提•易卜拉欣（2002）介绍了维吾尔语历史上的辞书以及20世纪的词典出版情况。根据他的介绍，中华人民共和国建立以来，除了鲍尔汉编纂的《维汉俄词典》（1953）以外，20世纪50年代末至70年代末出版的汉维对照小词典、专业词典、常用汉维词典全部加起来不到15种。80年代至21世纪初，翻译、编纂、出版的各种双语词典、详解辞典、专业术语辞典、同义词词典、人名地名辞典、正字辞典、三种语对照辞典和成语、熟语词典等近150种。胡增益（1997）详细阐述了历史上国内出现过的5种满—通古斯语族语言各类译语、辞书、词汇集以及现代出版的词典，并对从最早的《女真译语》到20世纪90年代为止的20多种辞书进行介绍和评价。

本文主要介绍中华人民共和国成立以来70多年内正式印刷出版的阿尔泰语系语言辞书，并阐述中华人民共和国成立以来阿尔泰语系诸语言编纂辞书的特点以及发展状况。为了全面反映阿尔泰语系语言词典编纂工作的发展脉络和基础，本文不仅包括词典、辞典、字典、百科全书，也包括词汇集、术语对照等。词典一般指具有查检功能的工具书。词汇集、术语对照等一般不具备查检功能，但具有一定的排序规律，也能够当作简单的对照词典来用。而且，词汇集和术语对照等往往是编纂词典或辞典的基础，是一个语言辞书发展历史上不可或缺的一部分。

本文将研究对象限定为纸质版辞书。主要有两个方面的原因：一是阿尔泰语系有文字的语言虽以“语法信息词典”和“语义信息词典”为主，研发了几部电子词典，应用在自然语言处理领域，但鲜有针对普通用户开发的数字化词典，数字化词典应用尚未普及；[①]二是到目前为止，词典学的主要研究对象以及研究范式均以纸质版辞书为对象。不管是内涵还是功用，数字化词典和纸质词典都有较大差异。显然，套用目前的词典学理论和方法分析研究数字化词典，有一定的力不从心之处。在此基础上，需要更多的探索和发展，才能包含数字化词典的内容。

阿尔泰语系诸语并无“词典”、“辞典”或“字典”的区分，这一点不同于汉语。在蒙古语中一般意义上的辞书统称为toli或toli bičig，toli原义为“镜子”，bičig为“文”。在维吾尔语中同样不区分词典、辞典和字典，统称为lughet，该词语来自阿拉伯语，本义为舌、话语、词等，也有词典、词汇、方言、语言、成语等语义。另外一个词Sözlüki也可用来命名词典，本义为词汇集，如吾拉木·吾甫尔编的《简明维吾尔语方言词典》（民族出版社，1986年）的维吾尔文原名即《Uyghur Shiwiliri Sözlüki》。但Sözlüki这个词使用率较低。在哈萨克语里，词典、辞典和字典也统称为一个词sözdik或sözdigi（sözdik的第三人称）。满语也一样，只有一个名称，叫作bulehu bithe，其意义相当于蒙古语的toli bičig。[②]在阿尔泰语系语言各类辞书题名的汉译上，对应于toli、lughet、sözdik、bulehu bithe等词语，常用的是“词典”一词，偶尔会根据辞书内容称作“辞典”。汉语字典的民语翻译，比如《新华字典》，其汉名为“字典”，但民语名称还是用toli、lughet等词。鉴于此，本文并未区分词典、辞典和字典。本文对辞书进行分类和介绍时，根据实际情况，一般都用“词典”这一词。

二　阿尔泰语系语言辞书编纂和出版规模

我们基于国家图书馆馆藏目录、“读秀”学术搜索平台[③]、民族出版社出版目录[④]以及《新疆通志·语言文字志》（第76卷）、《新疆通志·著书出版志》（第80卷）、《内蒙古自治区志·蒙古语言文字志（上、下）》、《蒙古文辞书综览》、《民族语文辞书历史与现状论文集》等平台和著作，查询中华人民共和国成立以来涉及阿尔泰语系语言的各类辞书，共搜集到1094种辞书的信息。下面从出版量、编纂规模、年度分布特点等几个角

① 在蒙古语、维吾尔语等语言信息处理能力达到相当规模的语言中，将已有纸质词典数字化，增加检索、查找功能，免费供普通用户使用的数字化词典不在少数，但要真正达到电子词典的层次，除了查询功能外还需要具备学习、电子记事、计算、参考资料以及数据传输等多种交互功能。目前阿尔泰语系语言数字化词典（辞典）尚未达到这个要求。

② “词典”“辞典”“字典”等词在各语言里的对应名称，阿米娜木、乌日格喜乐图等同仁提供了专业帮助，特此感谢。

③ https://www.duxiu.com

④ http://www.mzpub.com

度介绍阿尔泰语系语言辞书。

（一）出版量

阿尔泰语系各语言辞书出版量（包括一种辞书多个版本）非常不平衡，有现行文字的语言辞书较多，无现行文字的语言辞书很少，濒危少数民族语言的辞书屈指可数，见表1。

表1 新中国成立以来阿尔泰语系各语言相关辞书出版量

蒙古语族	数量	突厥语族	数量	满—通古斯语族	数量
蒙古语	473	维吾尔语	368	满语	29
达斡尔语	14	哈萨克语	161	锡伯语	12
土族语	5	柯尔克孜语	29	鄂温克语	10
东部裕固语	3	乌孜别克语	4	鄂伦春语	4
保安语	3	西部裕固语	2	赫哲语	2
东乡语	2	撒拉语	2		
总计	500	总计	566	总计	57

注：计算每种语言辞书时，将包含2种或以上语言，比如包含满、蒙或满、蒙、维的辞书计算为2种或3种，因此表1所列辞书数目相加后多于1094。

在蒙古语族语言中，光从数目看，除了蒙古语以外，达斡尔语的辞书最多，从最早出版的开英编的《达斡尔、哈萨克、汉语对照词典》（1982年，新疆人民出版社）到2021年出版的阿荔惠主编的《达斡尔语常用语发音词典》（中央民族大学出版社）共有14种。突厥语族语言辞书主要集中在维吾尔语和哈萨克语上，除此之外柯尔克孜语的辞书出现29种，乌孜别克语辞书有4种，主要服务于对外汉语教学和翻译工作。满—通古斯语族语言辞书以满语的最多，锡伯语的有10多种。鄂温克语相关辞书收集到10种，其中杜·道尔基编著的《鄂汉词典》（内蒙古文化出版社，1998年）和《鄂蒙词典》（民族出版社，2014年）是较为正式的词典，其他均为词汇集。

（二）编纂规模

从辞书编纂规模来看，若以收词10万以上的词典为大型、4—10万算中型、4万以下属小型、1万以内的为微型的标准来衡量，中华人民共和国成立以来出版的阿尔泰语系语言辞书以中型、小型、微型为主。以涵盖的条目个数、页码、开本等为准进行粗略划分后发现，我们统计到的1000多种辞书中，微型和小型词典占多数，再加上词汇集、术语解释等，约占90%，其余10%左右才是规模较大（涵盖的条目4万以上或页数1400页以上）的中型或大型辞书。

在中型或大型辞书中，语文辞书约占60%，专业辞书约占30%。具有代表性的中型辞书有：《维吾尔语详解词典》（阿布利孜·牙库甫等人编，民族出版社，1994年），共6册，5416页，收词近6万条，包括单词、复合词、科技术语、行业语、成语性固定词组和某些方言词、小儿词语、仅用于口语或书面语的词语以及某些当代仍可使用的古词语、历史词语等；《汉维词典》（彭宗禄、依不拉音·阿合买提主编，新疆人民出版社，1989年）收汉语单字9500多个、词7万余条；《哈萨克语详解词典》（5卷本）（尼合买德·蒙加尼主编，新疆人民出版社，1992年）收词6万多条；《汉哈辞典》（那依满等编著，新疆人民出版社，1979年）收汉字7800个左右，收词、词组和成语6.5万余条；《哈汉辞典》（努尔别克·阿布肯主编，民族出版社，2005年）收词约7.7万条；《柯尔克孜语正字法词典》（马克来克·玉买尔拜等编著，新疆人民出版社，1989年）收词5.7万余条；《蒙古语辞典》（《蒙古语辞典》编纂组，内蒙古人民出版社，2015年）共2988页，收7万多词条；《汉蒙词典（第四版）》（达·巴特尔主编，民族出版社，2020年）共2700页，收汉语单字13000多个，复合词22万多条；《蒙汉词典（增订本）》（内蒙古大学蒙古学研究院蒙古语文研究所编，内蒙古大学出版社，1999年）收词近5万条；《新编汉英维科技大词典》（刘青、玉山江·艾斯卡尔主编，新疆人民出版社，2014年）收集电子工业、信息技术、数理化、工业制造、医学、电力、石油等55个学科的科技名词，约25万个词条，2565页。

（三）年度分布

阿尔泰语系各语言辞书主要涌现在20世纪80年代之后，辞书出版年度分布呈现出越往后越多，逐步壮大，蓬勃发展的趋势，详见表2。除了蒙古语、维吾尔语、哈萨克语等具有传统文字，民族语言教育和研究事业有一定基础，中华人民共和国成立后发展较好的语言，在20世纪50年代到70年代编纂出版了部分辞书外，其他语言基本都是到了20世纪80年代才有了词典或词汇集。

表2　阿尔泰语系各语言辞书出版年代分布特点

	蒙古语族		突厥语族			满—通古斯语族	
	蒙古语	其他	维吾尔语	哈萨克语	其他	满语	其他
1949—1959	12		6	1		1	
1960—1969	18		7				
1970—1979	34		11	4			
1980—1989	86	11	64	43	8	4	4
1990—1999	96		80	25	14	6	7
2000—2009	119	5	142	47	5	4	2
2010—2022	108	11	56	41	16	14	14

蒙古语、维吾尔语和哈萨克语的辞书较多，但20世纪50年代到70年代间出版的辞书量还是很少，辞书规模也不大，种类单一，规范化的中型或大型词典更少，多数以词汇集或对照词汇列表形式编写，用于语言学习和翻译工作。1964年由内蒙古语言文学研究所编写，内蒙古人民出版社出版的《汉蒙辞典》属于初期出版的规模较大的规范性对照词典，收汉语单字6686个、词语63000多条。但相比2020年出版的第四版《汉蒙词典》（13000多个单字，22万多条复合词），规模就小很多。《维汉俄辞典》（鲍尔汉编著，民族出版社，1953年）是中华人民共和国成立后出版的第一部规模较大的维吾尔语词典，在维吾尔语学习和研究中地位较高，但也只涵盖了1.2万词条。初期词典出版量虽少，规模也不大，但对于建国初期各民族语言的学习、研究和健康发展以及少数民族同胞学习和使用国家通用语言文字起到了不可替代的作用，大力推动了民族语言和国家通用语言文字的各项事业，为后期辞书事业的发展以及词典学研究培养了专业团队，奠定了坚实的基础。

在辞书较少的语言中，达斡尔语、东乡语、保安语、土族语、东部裕固语等蒙古语族语言有27种词典或词汇集，1980—1989年间出版11种，2000—2009年间有5种，2010年后出版了11种。1980年代，除由内蒙古大学蒙古语文研究所整理出版的5部词汇集（如《达斡尔语词汇》《保安语词汇》等）外，出现少数几种词典。经过二十年的语料收集和编纂，2010年开始出现了较多的词典。满—通古斯语族5种语言的辞书出版年度分布也有相似特点。1980—1999年共有21种，涉及除赫哲语以外的4种语言。进入21世纪后，2000年到2010年间，出版的辞书较少，只有6种。2010年以后出现了28种。除了维吾尔语和哈萨克语以外的突厥语族其他语言（涉及柯尔克孜语、乌孜别克语、西部裕固语和撒拉语，没有塔塔尔语和图瓦语的词典）的辞书非常少，辞书出版年度分布特点也跟上述语言相同。

三 阿尔泰语系语言辞书涉及的语言

1000多种阿尔泰语系语言辞书中，单语辞书较少，涉及蒙古语、维吾尔语、哈萨克语、柯尔克孜语和满语。单语辞书虽少，但一般为语文解释词典，所含内容丰富，在语言学习、教学和研究中不可或缺。上述《维吾尔语详解词典》、《哈萨克语详解词典》（5卷本）、《蒙古语辞典》均为规模较大的单语辞书。这些单语辞书收录的词条较为全面，具有规范性，包含语音、语法、语义和语用等各方面的详细信息。

在中华人民共和国成立以来编纂出版的阿尔泰语系诸语辞书中，双语或多语辞书占多数。根据粗略统计，我们找到了813种涉及双语或多语的辞书，占1094种辞书的74%。[①]

（一）双语辞书

双语辞书共收集到653种，其中611种为汉语和民族语言之间的对照词典或词汇集，如汉-蒙或蒙-汉对照辞书有205种，汉-维或维-汉对照辞书有219种，汉-哈或哈-汉对照辞书有108种。可见，中华人民共和国成立后编纂出版的双语辞书绝大多数为汉语和民族语言之间的对照辞书。也有少数涉及外语和民族语言之间对照的辞书。

在汉语和民族语言对照的辞书中，2/3以上（446种）为汉-民对照，其余为民-汉对照。汉-民对照辞书主要是汉语和哈萨克语、蒙古语、维吾尔语、柯尔克孜语之间的翻译或对照词典。民-汉对照辞书除了包括这些有传统文字的语言之外，也包括其他无文字语言。无文字语言的辞书主要是民-汉对照，很少有汉-民对照的。

还有40多部双语辞书不涉及汉语，主要有维吾尔语、哈萨克语等突厥语族语言和俄语、英语、阿拉伯语等外语之间的对照词典，蒙古语和日语、英语等外语之间的对照词典以及蒙古语和藏语、满语等国内其他民族语言之间的对照词典。其中维英对照、维阿对照、蒙日对照、蒙藏对照词典都较多，比如《英维词典》（安尼瓦尔·排祖拉编，新疆人民出版社，1988年）、《阿维大词典》（买买提·赛来编，新疆人民出版社，2002年）、《阿拉伯语维吾尔语分类词典》（阿不力克木·努尔买买提阿吉编著，新疆人民卫生出版社，2007年）、《新编日蒙词典》（白金刚等编，内蒙古文化出版社，1997年）、《日本地名蒙语译音手册》（文都苏编，内蒙古教育出版社，1997年）、《日蒙对照谚语词典》（赛音朝克图编，内蒙古人民出版社，2002年）、《藏蒙医学词典》（齐·嘎拉森编，内蒙古人民出版社，1982年）、《藏蒙名词白话词典》（格·旦增等编，内蒙古人民出版社，2020年）等。

（二）多语辞书

阿尔泰语系语言多语（3种或更多）辞书出现了160种。其中以三语为主，有134种。这些三语对照辞书基本涉及汉语和某个民族语言，并增加另一种外语或国内民族语言，如汉、蒙、英之间的对照，汉、维、英或俄之间的对照，汉、哈、英或俄之间的对照，汉、蒙、藏或汉、蒙、满之间的对照等。蒙古语与满语、藏语之间的对照辞书有十几到二十几种，而维吾尔语、哈萨克语与国内其他民族语言之间的对照辞书非常少。

---

① 因未能查阅到实体书本，也没有搜集到相关介绍，在其余 26% 的辞书当中少数几部辞书的语言情况无法确定是单语还是双语或多语。

四语对照辞书有16种，主要涉及汉、蒙、满、藏或汉、蒙、英、日以及汉、维、英、俄等。涉及五语或更多语言的辞书，除了《五体清文鉴》《突厥语大辞典》等再版辞书外，还有几部中华人民共和国成立后编纂的辞书。涉及语言最多的是1981年由内蒙古人民出版社出版的《外科常用词汇》，包含汉、蒙、英、俄、日、德、拉丁、希腊、法等9种语言。1964年由太平洋西部渔业研究委员会常设秘书处编纂的《拉俄中朝越蒙日英太平洋西部经济鱼类名称对照手册》涉及8种语言。1999年由内蒙古科学技术出版社出版的《蒙汉英日俄医学名词词典》涉及5种语言。1990年由民族出版社出版的《中国突厥语族语言词汇集》包含8种突厥语族语言和汉语。1990年由青海人民出版社出版的《蒙古语族语言词典》包括蒙古语族6种语言3000多条对应词汇，蒙古语部分列出了察哈尔、鄂尔多斯等多个方言的词语，还包括汉语和英语对照词语。

阿尔泰语系语言辞书所涉及的外语较为多样化，出现最多的是英语，在我们收集到的辞书内包含英语的有100种，包含俄语的有26种，包含日语的有13种，包含阿拉伯语的有15种，包含拉丁语的有11种。除此之外，阿尔泰语系语言辞书还包含梵语、法语、土耳其语、德语、波斯语、乌尔都语、希腊语等外语。

（三）阿尔泰语系诸语之间的对照辞书

阿尔泰语系三个语族之间的对照或者同语族内部语言之间的对照辞书非常少。中华人民共和国成立后编纂的辞书中没有涵盖三个语族语言的辞书，我们收集到的只有再版辞书《五体清文鉴》，包括蒙古语、满语和维吾尔语。在国外，俄罗斯科学院语言研究所S. A. Starostin等几位学者编纂的《阿尔泰语言词源学词典》（*An Etymological Dictionary of the Altaic Languages*，EDAL）于2003年由荷兰的布里尔出版社（Brill）出版。该词典包括3卷，2096页，涵盖2800多条同源词。

涵盖蒙古语族和突厥语族语言的辞书除了《五体清文鉴》外，还有《穆卡迪玛特·阿勒—阿达布蒙古语词典》（也是再版辞书）和《达斡尔、哈萨克、汉语对照词典》（开英编，新疆人民出版社，1982年）。涵盖蒙古语族和满—通古斯语族的辞书相对多，我们一共找到10种，如那顺达来等编著的《汉达词典》（内蒙古大学出版社，2001年）包括达斡尔语、蒙古语和满语的对照词语。还有《满蒙汉词典》（敖拉·毕力格、乌兰托亚主编，民族出版社，2013年）、《蒙汉满词典》（敖拉·毕力格编，内蒙古科学技术出版社，2016年）和《鄂蒙词典》（杜·道尔基编，民族出版社，2014年）等都包含满—通古斯语族和蒙古语族的语言。

在蒙古语族内部，除了孙竹主编的《蒙古语族语言词典》外，还有一些以蒙古语作解释语或对照语的词典和词汇集，如《达斡尔语词汇》《东部裕固语词汇》等专著都列出了具有对应关系的蒙古语词汇。在满—通古斯语族内部，有满语和锡伯语的对照词汇集或词典，如《满语、锡伯语对偶词（双部词）汇集》（郭秀昌编，新疆美术摄影出版社，2014年）、《满语锡伯语同义词近义词词典》（郭秀昌主编，辽宁民族出版社，2019年）和《锡伯（满）语词典》（佟玉泉等整理，新疆人民出版社，1987年）等。朝克在他的《满通古斯语族语言词汇比较》（中国社会科学出版社，2014年）等专著中也列举了部分满—通古斯语族语言对照词语。涉及多个突厥语族语言的辞书不到10种，除了《中国突厥语族语言词汇集》外，还有《汉英维哈地震学词典》（吐尼亚孜·沙吾提、伊里奇·萨依然编著，新疆人民出版社，2005年）、《汉柯维对照词典》（阿曼吐尔·阿布德拉苏尔、吾守尔·玛木别提编著，克孜勒苏柯尔克孜文出版社，1996年）、《撒维汉词典》（韩建业、马成俊编著，民族出版社，2010年）及对照汉语、土耳其语和维吾尔语的《汉土维分类词典》（毛明·阿布都拉编，新疆人民出版社，2002年）。

这些涵盖多个阿尔泰语系语言的辞书多数以词汇集形式编纂，收录的词条较少，一般都属于微型辞书。

四　阿尔泰语系语言辞书分类

有关词典的分类，国内外有几种不同的方法，因其着重点不同，最终的划分结果也不同。王德春（1980）从不同角度对词典进行分类提出二十多种不同的划分意见。章宜华和雍和明（2007）提出词典的交际分类法。蒙古语词典编纂和研究中经常把辞书划分为语文词典、翻译词典、专业词典和百科全书等几种。正如汪耀楠（1985）所述，词典的分类绝无绝对的分界线。

本文从两个角度对阿尔泰语系语言辞书进行划分。首先，如上所介绍，从其涉及的语言多寡角度可分为单语辞书、双语辞书和多语辞书。其次，采取多层级划分方式。第一步根据辞书初次出现的年代，划分为新编和再版两种。新编辞书指的是中华人民共和国成立后编纂（编写）出版的辞书，再版辞书指中华人民共和国成立前已成书，后来重新整理出版的一些辞书。第二步，对新编辞书进行更细致的分类。根据收词范围划分为语文辞书和专门辞书。下一步，根据服务对象将语文辞书划分为通用辞书和教学辞书，根据收词对象将专门辞书划分为专业词典、熟语词典、语言研究词典等等。详细划分原则和结果如图1所示。

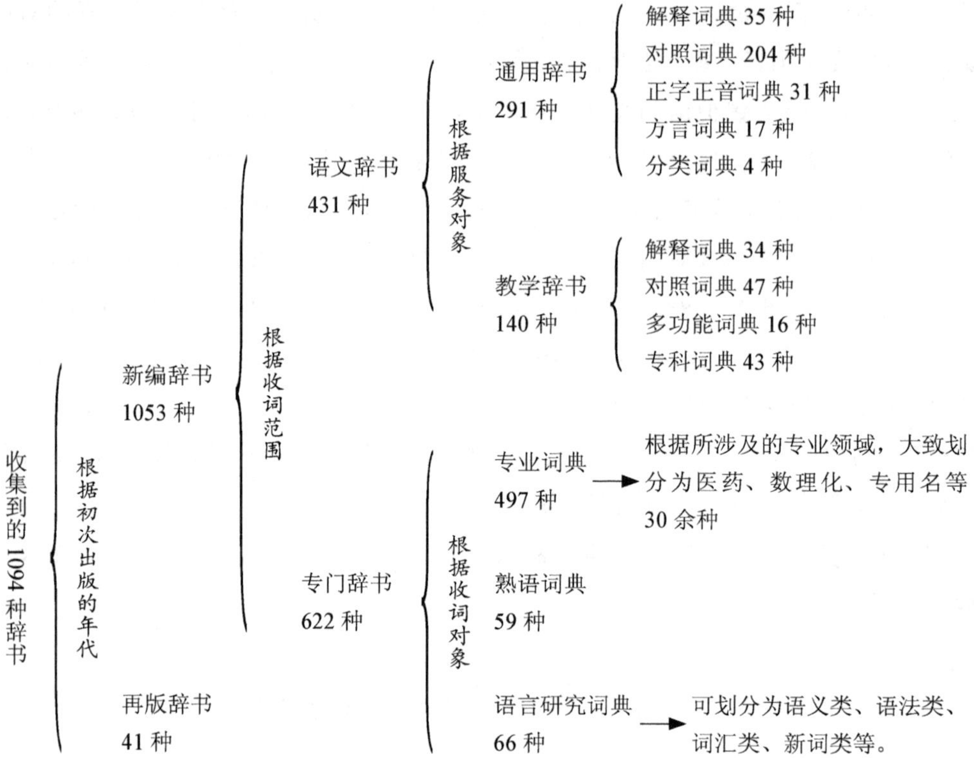

图1　阿尔泰语系语言辞书分类图

（一）语文辞书

根据中华人民共和国成立后编纂出版的阿尔泰语系语言各类辞书收词范围，我们将辞书划分为语文辞书和专门辞书。语文辞书收词范围广，致力于收齐一种语言或方言的全部词语，收词尽量全面，并且对词语的普通语义以及用法进行详细解释，举例说明。专门辞书仅在某个领域范围内收集词语，解释这些词语作为专业术语时的意义和用法，或专门针对某个主题进行编纂，比如熟语词典、近义词词典等。语文辞书也是一种语言或方言基础性的综合辞书，服务于该语言（方言）最基本的词语查询、学习和翻译工作。专门辞书更具专业性，有其特定内容和特定服务对象。进一步，我们从服务对象角度将语文辞书划分为通用辞书和教学辞书。

1. 通用辞书

通用辞书指的是没有特定服务对象、收词范围广泛、尽可能穷尽某种语言或方言内的所有词语、可用于查询某种语言或方言所有词语的通用词典、词汇集等。

不管是教学辞书还是通用辞书，均有解释和对照词之别。解释词典一般都是单语词典，详细解释词语的读音、含义和语法属性的同时举例说明其使用方法。如，1989年由新疆人民出版社出版的《哈萨克语详解词典》（伊斯卡克奥夫主编，新疆人民出版社哈萨克文编辑部转写）包括哈萨克语现有规范的语汇、语音、语义、语法（词法、句法）知识及哈萨克语各种文体的修辞知识，词条按哈萨克文字母表顺序排列，并注明了每个词条的词根、词源以及使用范围。诺尔金等人编纂的《蒙古语辞典》也是单语词典，包含常用蒙古语词语54000多条、自然科学名词术语11000多条、社会科学名词术语5000多条。该词典历经近20年的编纂、修正和校对后，1999年初次出版，2015年由内蒙古人民出版社再版。其词条以蒙古语字母表顺序排列，以"有无词汇意义为准"在每个词根后列出具有词汇意义的派生词，并在单词条目后列出了具有固定习惯用法的主要词组条目，对其意义进行了详细解释。词根和词干标出书面语拉丁转写，以便规范处理一词多形的情况。为了国外蒙古语使用者查阅方便，单词条目下也标注了基里尔文写法。为每个词标出词性，用蒙古语逐一解释所有义项，并举例说明用法。

与之相比，对照词典主要目标是两种或三种语言之间的对照翻译，往往简化词义解释，一般不会标示读音、词性等信息。在我们收集到的阿尔泰语系语言辞书中，不管是语文辞书还是专门辞书，对照词典均占多数。目前收集到的语文辞书中，多数解释词典为单语词典，也有双语或三语的解释词典和少数图解词典。对照词典在语文辞书中占2/3左右。

除了解释词典和对照词典外，通用辞书中比较常见的还有方言词典、正字正音词典和分类词典。我们这次收集的方言词典均为微型方言词汇集或词典，主要涉及蒙古语和维吾尔语的若干方言土语。正字正音词典涉及蒙古语、维吾尔语、哈萨克语、柯尔克孜语等语言，是为语言文字书写和发音的规范化服务的。这类词典也会尽量全面地收集词语，并列出文字的拉丁转写或标准音发音音标，对多音词和多形词进行标记。分类词典较少，包括一些再版辞书，我们共找到9个，有《汉土维分类词典》（毛明·阿不都拉编，新疆人民出版社，2002年）、《达斡尔语分类词汇集》（刚苏和著，内蒙古文化出版社，2011年）和《蒙文分类辞典》（特莫格图编，1926年初版，1978年由民族出版社再版）等。分类词典是以天文、地理、自然、人文、动植物等概念分类树为分类依据，从语义角度排列词语，并对其进行解释或标注对照语的一类辞书。这类辞书对一种语言的词汇构成研究以及知识谱图的构建非常重要。比如《达斡尔语分类词汇集》首先从词性角度将达斡尔语词语划分为名词、数词、形容词、动词等13类后，根据词语涉及的语义范围，将名词再划分为农业类、畜牧业类、工商业类等16次种，并在每一个次种类中，进一步划分为细类，其他词性的词语也做了同样的多层次细致分类。

2. 教学辞书

教学辞书的服务对象是在校学生以及老师。教学辞书以语言的学习和教学为目的而编纂，根据所针对对象的不同（小学生、中学生或大学生）收集常用词、基本词或疑难词等不同范围的词语，条目量也根据服务对象的不同而不同。阿尔泰语系语言的教学辞书也可分为解释词典、对照词典、多功能词典和专科词典等，其中对照词典和专科词典较多。对照词典的主要目的是为广大学生和老师学习或教学第二或第三语言提供参考。我们收集到的阿尔泰语系语言40多种教学对照词典主要为民族语言和汉语之间的对照词典，也有少数民族语言、汉语与英语、日语之间的对照词典，如《英汉哈常用词典》（史铸美编著，民族出版社，2018年）、《学生英蒙汉词典》（斯庆图等编，内蒙古大学出版社，2000年）、《新编学生日蒙汉词典》（张宏伟编，辽宁民族出版社，2006年）等。用于教学的专科词典涵盖中小学阶段某一科目的术语、概念，比如《新编初中生数学词典》（蒙古语，郝•阿木尔宝音、巴•查干胡很编著，内蒙古人民出版社，1999年）、《汉哈双语名词术语对照手册（初中版下册）》（地理、信息技术，吐尼亚孜•伊力亚斯主编，新疆教育出版社，2011年）；或与解释词典相同为学习语言服务，但所收集的词汇限制在某一个特定范围内，如《汉维虚词词典》（玉山江•艾斯卡尔主编，新疆人民出版社，2009年）、《汉维同义词词典》（玉山江•艾斯卡尔主编，新疆人民出版社，2009年）、《学生蒙古语熟语小字典》（策•布和德力格尔主编，内蒙古人民出版社，1999年）等。阿尔泰语系语言教学辞书里还有一类是学生多功能词典，我们共收集到16种。

（二）专门辞书

不同于语文辞书，专门辞书的收词范围不是语言或方言的全部词语，而是某一个领域内的词语。中华人民共和国成立以来编纂出版的阿尔泰语系语言专门辞书明显多于语文辞书，主要原因是专门辞书涉及的领域广，分类众多。阿尔泰语系语言专门辞书可以分为专业词典、熟语词典和语言研究词典等三类。

1. 专业词典

专业词典指的是对某个领域内的名词、熟语等进行解释和对照的词典。我们共收集到496种专业词典，多数（95%左右）为小型、微型词典或者词汇集、词语解释等，中型或大型词典非常少。虽然多数为小型或微型词典，但所涵盖的领域很广，可将其划分为科技、医药、专用名等38类。其中具有3种或更多辞书的专业领域有26个，如表3所示。涉及的辞书只有1种或2种的有11个，如保险、档案、交通、通信、统计等各有1种，图书馆、外交、文献、行政、修辞学、自然科学等各有2种。

表 3　阿尔泰语系语言专业词典所涵盖的大致专业领域

数理化	科技	医药	专用名	名词术语	政治 & 经济	农牧林渔	公检法	文学
46	43	43	42	39	25	24	21	21
财政和金融	生物	哲学	历史	宗教	动植物	人文	教育学 & 心理学	工业
17	16	15	13	13	12	12	11	11
军事	体育	自然	地理	工程	商业	艺术	新闻出版	
9	9	9	8	7	6	6	3	

从表3看，涉及数理化、科技、医药、专用名（地名、人名、机构名等）、名词术语、政治和经济、农牧林渔等领域的专业词典较多。我们收集到的497部专业词典基本只涉及维吾尔语、蒙古语、哈萨克语三种语言。

2. 熟语词典

我们一共收集到59个熟语相关辞书，包括熟语、成语、谚语、俗语、惯用语等方面的专门词典或词语集。其中涉及哈萨克语的有9种，如《哈汉谚语词典》（美拉提汉、金炳喆编，新疆人民出版社，1986年）和《汉哈成语词典》（那衣满编，伊犁人民出版社，2000年）等。涉及维吾尔语的有23种，规模较大的有《汉英维成语词典》（哈德尔·哈吾孜编，新疆人民出版社，1990年），一共1131页，包含1.06万词条；《维吾尔语成语详解词典》（阿不都沙拉木·阿巴斯编纂，新疆青少年出版社，1991年）共有1252页，包含6000多个词条。涉及蒙古语的熟语词典有26种，规模较大的有布林特古斯编的《蒙古语熟语大辞典》。这是一部单语词典，共1373页，2001年由内蒙古教育出版社出版。额德虎日亚奇和乌日娜编的《汉蒙熟语词典》2015年由辽宁民族出版社出版，虽然是一部小型辞书，但在同类词典中也属于规模较大的词典。

3. 语言研究词典

本文所称“语言研究词典”指的是近义词词典、新词词典、语法词典等收词和编排时根据语言学领域进行分类的词典。涉及阿尔泰语系诸语的语言研究词典共收集到68部，可大致划分为从词汇角度编纂的、收集新词的、从语法角度编纂的、从语义角度分类编纂的4个类别。所涵盖的语言有蒙古语（33种）、维吾尔语（14种）、哈萨克语（11种）、柯尔克孜语（3种）、满语（2种）、锡伯语（2种）、达斡尔语（2种）和赫哲语（1种），如表4所示。

表 4　阿尔泰语系语言语言学类词典出版情况

	词汇	新词	语法	语义
蒙古语	9	7	8	9
维吾尔语	4	5	2	3
哈萨克语	3	4	3	1

续表

	词汇	新词	语法	语义
柯尔克孜语		1		2
满语				2
锡伯语				2
达斡尔语	2			
赫哲语			1	

收集某一领域词汇的词典有16种。如《蒙达汉亲属称谓词词典》（拿木四来编著，内蒙人民出版社，1988年），共有2618页，以蒙古语为主排列了亲属称谓词语，并进行详细的解释，后列出达斡尔语和汉语对应词。该词典以亲属关系为准进行分类编排，主要分为父系亲属、母系亲属、姻亲、表亲、其他等多种。这类词典还有《蒙汉缩略语词典》（嘎尔迪主编，民族出版社，2003年）、《汉哈歇后语词典》（阿里木塞提等编，新疆青少年出版社，2012年）、《维吾尔语外来词详解词典》（海木都拉•阿布都热合曼等编，新疆人民出版社，2001年）。

在阿尔泰语系诸语辞书中，收集新词，服务于翻译工作的新词词典也不少，我们共收集到17种。这类词典主要为汉-民对照词典，以便民族语言吸收新出现的词语，也为广大翻译工作者服务。规模较大的有：《汉维新词语词典》（图鲁甫•巴拉提主编，民族出版社2008年出版，共有1919页，是一部汉-维对照词典，收集1949年以来的新词语，以社科类词语为主，兼收使用频率较高的科技词汇，也包括一部分旧词新释的条目）和《汉蒙新词语诠释词典》（松布尔巴图等主编，民族出版社2018年出版，是一部汉-蒙对照新词词典，在2007年版的基础上，从934页扩充到1396页，增加了新出现的词语）。除此之外，还有中国民族语文翻译局编著，由民族出版社出版的《汉哈新词语词典》（2016年）和《汉蒙新词语词典》（2008年）等规模也都比较可观。

以语法研究为基础分类编纂的词典共找到14种，有达•巴特尔编著的《蒙古语派生词倒序词典》（内蒙古教育出版社，1988年）、斯钦朝克图编的《蒙古语词根词典》（内蒙古人民出版社，1988年）、B•旺其格著的《蒙古语虚词辞典》（内蒙古教育出版社，1990年）、张明德等编著的《汉维倒序词典》（喀什维吾尔文出版社，2002年）、玉山江•艾斯卡尔和米尔阿地力•阿布都吉力主编的《汉维形容词词典》（新疆人民出版社，2012年）、阿里木斯特编的《现代哈萨克语语法实用词典》（新疆青少年出版社，2011年）及董兴业和董晓佳主编的《赫哲语语法功能词典》（黑龙江人民出版社，2018年）等。

从语义角度将词语分类进行编排的词典共搜集到17种，主要为近义词、同义词、反义词、同音词的词典，比如《蒙古语同义词近义词反义词词典》（乌仁必力格等人编著，辽宁民族出版社，2016年）、《蒙古语类语辞典》（达·巴特尔主编，1989年初版，2016年再版，内蒙古人民出版社）、《维吾尔语同义词词典》（阿不都沙拉木·阿巴斯编著，民族出版社，1993年）、《维吾尔语同音词词典》（阿不都沙拉木·阿巴斯编著，民族出版社，1996年）、《维吾尔语反义词词典》（阿不都沙拉木·阿巴斯编著，新疆科技卫生出版社，1997年）和《满语锡伯语同义词近义词词典》（郭秀昌主编，辽宁民族出版社，2019年）等。

（三）再版辞书

本文所称再版辞书指的是中华人民共和国成立之前已成书出版，但成立后又重新再版的古代或近代词汇集、词典、辞典等。再版时有些以影印形式出版，有些重新编辑排版，有些增加了注释或汉语对照。这些再版辞书均为较有影响力的辞书，我们一共找到41种，主要涉及蒙古语、满语和维吾尔语。

涉及蒙古语的有：《二十一卷本辞典》，1977年和2013年由内蒙古人民出版社两次再版；《二十八卷本辞典》，由那木吉拉玛整理，1994年和2014年由内蒙古人民出版社两次再版；土默特人嘎拉桑著的《蒙文诠释》，由内蒙古人民出版社在1979年和2014年前后两次再版。除此之外还有《蒙文分类辞典》《智慧之鉴》《明慧宝镜》《诗镜》《华夷译语》等的再版版本也较为重要。

涉及蒙古语和满语的有《五体清文鉴》《三合便览》《蒙汉满藏合璧御制四体清文鉴》等。故宫博物院藏的《五体清文鉴》为满、蒙、藏、维、汉语对照词汇集，1957年由民族出版社再版，1998年再次印刷。《三合便览》2012年由国家图书馆出版社以影印形式再版。《蒙汉满藏四体合璧〈御制增订清文鉴〉》2016年由远方出版社再版。

涉及维吾尔语的有《突厥语大词典》《高昌馆杂字》等。麻赫穆德·喀什噶里于宋熙宁九年（1076）完成了《突厥语大词典》。该辞典内容丰富，共3卷，收7500余条词语，242首民歌、诗，290条谚语。1979年起，由新疆社科院牵头翻译出版维吾尔文版和汉文版《突厥语大词典》，1981年9月，新疆人民出版社出版了这部词典维吾尔文版的第一部，1984年3月和5月分别出版了第二部和第三部。2008年至2015年间，新疆人民出版社再次出版《突厥语大词典》的维吾尔文版、缩小版、手抄本影印本、维吾尔文全译本等。《高昌馆杂字》是明代四夷馆中的高昌馆所编汉文与回鹘文对照的分类词汇集，包括天文、地理、时令、花木、鸟兽、人物、身体、宫室、器用、衣服、珍宝、饮食、文史、方隅、声色、数目、人事兼通用、续增等18门，共计1002条最常用的词语，每一词条均有汉文、回鹘文以及回鹘文的汉字注音。胡振华和黄润华从70年代起研究《高昌馆杂字》，1984

年出版了根据北京图书馆明代抄本《华夷译语·高昌馆杂字》和中央民族大学图书馆东洋文库本《高昌馆杂字》整理的、以维吾尔语拉丁音标标音的《高昌馆杂字》。

涉及维吾尔语和蒙古语的有《穆卡迪玛特·阿勒-阿达布蒙古语词典》。该词典是一部蒙古语、阿拉伯语、维吾尔语和汉语对照的工具书，由12世纪的阿勒-扎玛赫沙里编纂。刚开始，是一部阿拉伯-波斯语词典，后增加了维吾尔语，蒙古语部分在何时由何人加入，尚无定论。保朝鲁根据鲍培所编《穆卡迪玛特·阿勒-阿达布蒙古语词典》（1938年）俄译本编写了汉译简编本，2002年由内蒙古大学出版社出版。2020年由哈斯额尔敦再次整理，由辽宁民族出版社再版，其中包括蒙古语、阿拉伯语、维吾尔语和汉语。

五 结语

中华人民共和国成立以来，阿尔泰语系语言辞书编纂和出版蓬勃发展，出版量较大，涵盖面较广，类型较丰富。阿尔泰语系各语言辞书不仅有单语辞书，也有双语和多语辞书；不仅包括汉语和民语之间的对照辞书，还有民语、汉语和多种外国语之间的对照辞书。

阿尔泰语系语言辞书类型较为丰富，有解释词典，也有对照词典；有收词较为全面的语文辞书，也有针对某一领域的专业辞书；以通用辞书为主，用于教学的学生词典也较多。

从阿尔泰语系语言辞书整体分布来看，对照辞书占绝大多数，其目的可归纳为：学习国家通用语言文字；在通用语言文字和民语之间进行翻译；以汉语为媒介，学习和吸收新概念、专业词语，以便丰富民族语言。对照词典的主要用途为语言学习和翻译，因此以两种或多种语言的精准对照为主，适当简化语义和语用的解释。单语辞书虽少，但对于语言学习、研究和保存不可或缺。单语辞书多数为解释词典，编排时以民族语言字母顺序排列，在选词、标音、语法标注、语义解释等方面充分体现了阿尔泰语系语言黏着语特点。阿尔泰语系语言解释词典和对照词典具有较好的互补性。

虽然阿尔泰语系语言辞书事业发展良好，但也存在一定的问题。有现行文字的语言和无现行文字的语言之间，辞书的编纂和出版规模差异非常悬殊。蒙古语、维吾尔语、哈萨克语等有现行文字的语言辞书发展非常好，出版量大，类型丰富。其他语言的辞书非常少，类型也比较单一，以民-汉对照词典为主，很少有解释词典，专业词典也非常少。另外，以下几个问题也值得关注。第一，单语词典偏少，解释词典偏少，中型和大型辞书偏少。第二，编纂辞书的语料主要来自长期积累，较少利用语料库。第三，辞书主要以纸质为主，几乎没有成规模的数字化词典。第四，阿尔泰语系语言和汉语之间，阿尔泰语系语言和英语、俄语、日语等常用外国语之间的对照辞书较多，但阿尔泰语系诸语内部互相对照的词典或词汇集都非常少。第五，虽然已有不少论文专题讨论或介绍过某一个词典，但从词典学角度对阿尔泰语系语言辞书类型和编纂特点进行研究的论著较少，对阿尔泰语系语言辞书进行划分和详细比较的著作几乎没有。

针对这些情况，我们应该采取更科学的方式进行辞书编纂，满足群众需求，适应时代发展，推动语言的学习和研究。首先，可利用语料库，并大力推动数字化词典的研发和应用。其次，抢救性收集濒危民族语言词汇，编纂解释词典，达到保护和保留濒危民族语言的目的。第三，编纂阿尔泰语系诸语之间互相对照的词典，促进阿尔泰语系语言比较研究。第四，跟进汉语、英语等语言的发展，不断收集新词语，编纂新词词典和更广范围的专业词典，为民族语言词汇的健康发展输入新鲜血液。最后，鼓励开展围绕阿尔泰语系语言辞书的词典学研究，为阿尔泰语系语言辞书事业的健康发展提供理论保障和方法论依据。

总之，阿尔泰语系语言辞书事业发展尚可，虽存在一定问题，但未来发展空间较大，前景较好。每一个从事辞书编纂、出版和研究工作的人，应该在已有成就的基础上，进一步发展辞书编纂和出版事业，为国家语言文字事业贡献一份力量。

参考文献

达・巴特尔：《词典与词典学》，《内蒙古大学学报》（蒙古文版）2003 年第 5 期 .

葛根塔娜编著：《蒙古文辞书综览》，内蒙古文化出版社，2013 年。

胡增益：《满—通古斯语辞书概说》，《辞书研究》1997 年第 4 期。

那顺乌日图、丽丽：《蒙古语词典之集大成与应用平台的开发》，载《中国蒙古语文学会 2022 年度年会暨“蒙古语文工作新展望”全国学术研讨会论文集》，中国蒙古语文学会主办，2022 年。

内蒙古大学蒙古学学院蒙古语文研究所编：《现代蒙古语》，内蒙古人民出版社，2005 年。

萨日娜：《蒙古语辞书发展史分期》，载《中国民族语言学会第十二届会员代表大会暨第 15 次全国学术讨论会论文集》，2022 年。

铁来提・易卜拉欣：《试论新疆维吾尔语词典编写史上的三个发展阶段》，《新疆社科论坛》2002 年第 2 期。

图门吉日嘎拉编：《内蒙古自治区志・蒙古语言文字志（上、下）》，内蒙古文化出版社，2020 年。

汪耀楠：《论词典分类》，《辞书研究》1985 年第 4 期。

王德春：《论词典的类型》，《辞书研究》1980 年第 1 期。

乌仁高娃编：《民族语文辞书历史与现状论文集》，内蒙古科学技术出版社，2016 年。

新疆维吾尔自治区地方志编纂委员会，《新疆通志・著述出版志》编纂委员会编：《新疆通志・著述出版志》，新疆科学技术出版社，2006 年。

新疆维吾尔自治区民族语言文字工作委员会，《新疆通志・语言文字志》编委会编：《新疆通志：语言文字志》，新疆人民出版社，2000 年。

章宜华、雍和明：《当代词典学》，商务印书馆，2007 年。

Starostin, S. A. &Dybo, A. V. &Mudrak, O. A. 2003. *An Etymological Dictionary of the Altaic Languages*. Leiden&Boston: Brill.

The Development of Altaic Language Dictionaries over the Past 70 Years

Haschimeg

Abstract: This paper introduces the scale of publication, classification, and compilation characteristics of Altaic language dictionaries. According to our incomplete statistics, nearly 1100 Altaic language dictionaries have been compiled and published since 1949, including dictionaries, lexicons, encyclopedias, vocabulary collections, terminology explanations, and terminology comparisons. Among them, bilingual dictionaries like Chinese-minority or minority-Chinese account for the vast majority, while dictionaries with a single minority language are relatively rare. Although there are few dictionaries in a single minority language, they cover more items and provide richer information. In addition, there are also multilingual comparative dictionaries between minority languages, Chinese, and foreign languages. Based on the overall characteristics of Altaic language dictionaries, we adopt a multi-level classification method, first dividing them into newly compiled dictionaries and reprinted dictionaries. According to the scope of vocabulary collection and target audience, the newly compiled dictionary has been further classified at different levels. The compilation and publication of Altaic language dictionaries have reached a certain scale, especially the compilation of Mongolian, Uighur, and Kazak dictionaries has reached a high level. Lexicographical research on those languages has also made further progress. These works have laid a solid foundation for Ethnic minorities to learn the Standard Chinese and foreign languages, as well as to scientifically protect the languages and scripts of various minorities.

Keywords: Altaic languages; Dictionary; Classification

（通信地址：100081 北京 中国社会科学院民族学与人类学研究所）

喀什噶尔阿奇木伯克鄂斯璊之察合台文呈文研究*

米热古丽·黑力力

提要：中国第一历史档案馆藏有大量的察合台文文书，其中一篇是1786年喀什噶尔阿奇木伯克鄂斯璊的呈文。作为原始资料，该呈文对研究回疆地方官员与中央朝廷之间的信息往来与交流而言具有较高的价值。本文对呈文进行转写和翻译，并对其中的一些语文学问题做了较为详细的注释。

关键词：鄂斯璊　喀什噶尔阿奇木伯克　察合台文

一　引言

随着中国第一历史档案馆馆藏文献的逐步开放，一批用察合台文写的18世纪维吾尔语语料得以发现，其中个别文献已被研究者作为史料纳入历史学及历史语言学研究之中。中国第一历史档案馆信息管理平台上的《军机处满文录副奏折》档案中，有具奏时间为乾隆五十一年（1786年）十二月二十六日，档案号为03-0192-3149-001的一组文档"喀什噶尔办事大臣保成查奏阿奇木伯克鄂斯璊占据英吉沙尔土地回子片"，其中前面的是保成的满文档案，后面附上了鄂斯璊的察合台文呈文。本文以该呈文为线索，对其进行释读和语文学注释。

二　鄂斯璊的察合台文呈文

察合台文文本转写

a

[1] ḥakim bäg ʿosman iʿzazlap [2] yarlïγ bilä ibärgän ambanlarγa tutqan

* 本文系故宫博物院2021年开放课题"故宫博物院藏《御制五体清文鉴》察合台文部分研究"的成果，本项目得到"中国青基会梅赛德斯-奔驰星愿基金""北京故宫文物保护基金会"的公益资助。

ẖeti [3] kägänläri särẖesab barïp šidkäšni tiläyduryan učur ḥeli [4] ambanlar maŋa tapšuryanlarïda yeŋi šähärnïŋ fa ambannïŋ alïp kelgän ẖetidä molla rizanïŋ bolap [5] čïqaryan gadaymät, 'osman biz ikki kišini yeŋi šähärgä tabï' yiŋčikä qatarlïq altä käntnïŋ alban [6] tapšuraduryan yerlikläriniŋ ičidin bir yüz yetmiš altä öylükni igäläp aldï, teẖi yänä beš yüz [7] altmïš patmanlïq yerni igäläp aldï, degänidä meni arïylap istäp sorap bilindürüŋlär dep [8] tapšuryannï eräšip osman män baldïr istäp sorap bilindürüp idim. yalyuz 'osman [9] heli maŋa bergän yanči yer degänni äsla meniŋ boyum kašqärγä yetip kelipla bergän ämäs bolsamu, [10] yänä äsla gadaymättin büyzi bašlap bergän emäs, hämmäsi qalmaqnïŋ waqtïda qoyγan kašqärγä [11] ḥakim bäg bolγan toqanïŋ babasï töläk, 'osman meniŋ babam polat, toqanïŋ dadasï baba, yarkändlik [12] abduraman, mömin, ẖotänlik ẖuškepäklärmu šulzaman ḥeli yizda bar, yanči yerlikniŋ babasï dadasïnï [13] yanči qïlïp öz öziniŋ käntidin üläštürüp bergän yerni tarïtïp ẖizmätkä salγan ikän. [14] keyin burhanïdïn kašqärγä yetïp kelip börkniŋ dadasï quwatni kašqärγä ḥakim bäg qoyupdur. [15] keyin šuni eräškän yerlik muhämmädiminni ḥakim bäg qoyγan waqïtta yänä bu qïsmïlïq yanči yerlikni

b

[16] ẖizmätkä salïp ikän, burhanïdïn yaγï bolγandïn keyin [17] uluγ ejin kešik yetküzüp imin ẖojaniŋ oγlï mosanï kašqärγä ḥakim bäglikkä öräläŋ qoyγan waqïtta [18] yänä bu qatarlïq yanči yerlikni ẖizmätkä salïpdur. yalγuz ilgäri qalmaqnïŋ waqtïda äsla ḥesab [19] toẖtatmaγan üčün yegirmä bäšinči yilida [20] šu aliẖada qalmaqnïŋ räsmini tola az qïlsa yaẖšï ämäs däp [21] uluγ ejingä aylatqan kašqärnïŋ hämmä bäglärigä ... dürdüγanniŋ ḥesabïnï yanči [22] yerlikniŋ ḥesabïnï toẖtatqanniŋ büyzi gadaymät, satïbaldï, 'osman biz üč kišiniŋ boyïγa [23] yetküčä yänä hämmämiz bu qatarlïq köhnä yanči yerlikni ẖizmätkä salïp keldük. ḥeli bar yanči yerlikniŋ [24] boyïγa yetküčä hämmä näččä näččä ärniŋ 'ömri ötüptur. heli yeŋi šähärgä tabï' yiŋčikä qatarlïq beš käntdä bar [25] yanči yerlikniŋ ičidin yetmiš säksän yašar kiši ḥeli näččäsi bar, bulardïn sorasalar [26] bilmäk turγay köhnä daŋzaγa hämmä bitip qoyγan yeri bar. kašqärnïŋ hämmä qeri bäg yerlikläri [27] äsla munïŋ täkini bilmäyduryanï yoq. yeŋi šähärniŋ ḥakim bäg molla riza degän bu yil yetmiščä yašqa [28] kirdi. ilgärtin kašqärlïq kiši. bäglikdä yegirmä yil turdï. ḥeli bar bu qatarlïq

yer yančïnïŋ täkini [29] keyin toẖtatip kašqärnïŋ yeŋi šähärgä tabï‘ hämmä čoŋ kičik bäglärigä bergän yer yančïnïŋ täkini ḥesabini [30] molla riza ḥämmä biläduryan bolsamu molla riza ämdi yeŋi šähärgä yetip barïp šulzaman gadaymät

c

[31] ‘osman biz ikki kišini yeŋi šähärgä tabï‘ yiŋčikä qatarlïq altä käntniŋ alban tapšuraduryan [32] yerliki bir yüz yetmiš altä öylük beš yüz altmïš patmanlïq yerni igäläp alyanïmïznï istäp čïqarïp [33] fa ambanya bolap čïqaryannï ‘osman män äsla uqalmadïm. nemä degüdäk bolsa gadaymätdin keyin [34] satïbaldï bar, satïbaldïnïŋ käynidin ‘osman män yetip keldim. molla riza nemä üčünidin satïbaldï [35] nïŋ atïnï čiqarmay qayday bolup, gadaymät, ‘osman biz ikki kišini ziyadä igäläp aldï dep [36] fa ambanya bolaydur, bu učurya ‘osman män tola guman qïlïp turup idim, köŋülgä yetmäy molla riza [37] yiŋčikäläp maŋa ibärgän ẖetidä heli miŋbegi salih, ḥesamidin, ḥijabidin, ilyarlar hämmä yüzbašï [38] larni alïp ‘osman meni yeŋi šähärgä tabï‘ yiŋčikä qatarlïq altä käntniŋ yer yanči yerlikini igäläp [39] alyan učurïdïn bir parčä yükünäduryan ẖät bitip ilgäri fa ambanya bilindürgändä [40] fa amban tamyanïŋ yerigä tapšurup qoyup ... čïqarïp andïn keyin [41] yerlikčä köčürüp čïqarïp muŋa tapšurup berip möhür basturušta munïŋ möhür [42] basmayan učurïnï fa amban bilip munï qïčqïrtïp alïp barïp aytqanïda bu iš bolsa [43] äsla seniŋ boyuŋ yetip kelip istäp čïqaryan ämäs, hämmä miŋbegi, yüzbašïlar baldïr [44] istäp čïqarïp maŋa bilindürüp idi, sän yalyuz seniŋ möhürüŋni basïp bilindürgin, [45] dep šulzaman salihlarni munïŋ öyigä ibärip körüp turup möhür basturušta

d

[46] bu ‘ilaji yoq möhür basïp fa ambannïŋ yamunïya alïp barïp bu išni munïŋ özini istäp [47] čïqaryan qïlïp fa amban därḥal kašqärγä alïp ketti. bu äsla maŋa mamutï bolmadïm, dep šärt [48] qïlïp maŋa ẖät ibärtiptur. osman män [49] uluy ejinniŋ [50] asman yergä oẖšaš [51] egiz qalïn kešiklärini kötärip alyanïm nahayiti ayïr, čoŋqur. ta tirikturmän, göšt ustẖanïm sïzyunčä [52] qatïrqanïp ẖizmät qïlsammu yänä härqayday dep qïrosïnï qïlalmayduryan učurïdïn [53] hämmä waqït ẖijalätimni tügätälmäganimdä ‘osman män teẖi yänä özümčä köŋül qoyup ändoh yeŋi šähärniŋ [54] alban yer yerlikini igälägän bahanada [55] uluy ejinniŋ räsmi yasunïdïn čïqïp yürsäm [56] uluy ejinniŋ kešiklärini unutqandïn

keyin [57] yuqqarï ẖudayita‘ala meni mäγpirät qïlurmikin, ‘osman män šulzaman öläy degän bilän yänä ärwahimni turγuz- [58] -γalï yer tapalmasmän, heli molla rizanïŋ maŋa bergän ẖetidä bu išni yeŋi šähärniŋ miŋ begisi salih, [59] ḥesamidin, ḥijabidin, ilyar hämmä yüzbašïlarni alïp ändoh söz päyda qïlïp maŋa mamutï [60] bolay degäni yänä bir täräpniŋ sözi išängäli bolmayduryan bolsamu yalγuz

e

[61] fa amban ḥeli ‘osman meni yeŋi šähärgä tabï‘ sähra käntniŋ yer yančïlarnï igäläp alγan ḥesabni [62] ẖät bitip [63] ambanlarγa beripdur. [64] ambanlar maŋa tapšurup berip ‘osman män yänä erïγlap istäp sorap bilindürüp [65] idim, ‘osman meniŋ yeŋi šähärgä tabï‘ yiŋčikä, terim, qarayar, burya, bayrin qatarlïq beš käntdä [66] qädïm bar yanči yerlik yegirmä beš öylükniŋ ičidä hämmäsi bolup bir yüz on toqquz kiši, yetmiš patmanlïq [67] yerniŋ tašïda teẖi yänä ziyadä igäläp aldï degän bir išniŋ täkiniŋ rastï γälätini [68] ambanlar täḥqïqläp istäturlarmikin. mubada ‘osman meniŋ bir öylük yanči yerlik, bir patmanlïq yer [69] ziyadä igäläp alγanïmnï istäp čïqarγandïn keyin meni aγïr gunahlïq qïlïšnïŋ tašïda [70] rast yoq iš bolsa ‘osman meniŋ ḥeli bar hämmä yančimni män yänä özümčä almay. [71] ambanlar yeŋi bašdin toẖtatïp qïlγandïn keyin ‘osman män yänä eräšip yürsäm yalγuz ḥeli ändoh [72] söz päyda qïlïp maŋa mamutï bolγan kišini mubada erïγlap istäp qïlmasalar mundïn keyin [73] kašqär yeŋi šähärniŋ yerlikläri hämmäsi meni közigä ilmay, päslik bilä körsä ‘osman män qaydaγ qïlïp [74] ḥakim bägliktä olturay. rastiki, yüzümdä nahayiti uyatamän. ‘osman män rastiki siŋürüp [75] bolmayduryan üčün ämdi meniŋ nahayiti qattïγ köŋüllük küčümni čïqarïp

f

[76] ambanlarγa bilindürdüm. mürgüp tiläymän [77] ambanlarnïŋ kegäni bilip toẖtaturlarmikin muniŋ üčün i‘zazlap [78] ambanlarγa körkätip bilindürdüm.

翻译

a（1—3）阿奇木伯克鄂斯璊奏，仰祈圣鉴办事大臣们转交给我的，（4—5）英吉沙尔的法大臣带来的信中称：（5—7）“莫洛尔扎举报噶岱默特、鄂斯璊二人在英吉沙尔的英其开等六村侵占了纳贡回子一百七十六户，以及五百六十帕特曼耕地。”（7—8）我按大臣的要求，对此进行了调查并做了报告。（8—10）我属下的燕齐和耕地不是我就任喀什噶尔阿奇木伯克之后赐封给我的，此事也不是从原阿奇木伯克噶岱默特那时开始的，而是从准噶尔人统治时期就已存在。（11—13）从曾（准噶尔汗国时）担任喀什噶尔阿奇木伯克一职的托喀之爷图拉克、我的爷爷颇拉特、托喀之父巴巴、叶尔羌人阿卜杜拉曼、穆明、和阗人和什克派克等人的时代起，燕齐回子作为每任阿奇木伯克承袭的财产，一直在阿奇木伯克自己村落中获得的耕地上劳作。（14—15）波罗尼都到达喀什噶尔后，任命伯尔克之父库瓦特为喀什噶尔阿奇木伯克，之后又任命其（波罗尼都）手下墨墨氏敏为阿奇木伯克。他们名下也有燕齐。

b（16—18）波罗尼都叛变后，大皇帝暂时将额敏和卓之子茂萨任命为喀什噶尔的阿奇木伯克，并赐了燕齐。（18—22）之前，由于准噶尔人未明确规定伯克名下燕齐人数，舒（赫德）尚书上奏朝廷，规定了喀什噶尔诸伯克名下燕齐人数。（22—23）此后，噶岱默特、色提卜阿勒氐、鄂斯璊我们三个人一直保留着从前赐给喀什噶尔阿奇木伯克的燕齐。（23—24）这批燕齐繁衍生息，过了好几代。（24—25）英吉沙尔的英其开村里仍有几位七八旬的老燕齐，他们非常熟悉这批燕齐的历史。（26）除此之外，燕齐的事情曾记在档册上。（26—27）喀什噶尔的诸位老伯克对此事了也如指掌。（27—28）英吉沙尔阿奇木伯克莫洛尔扎今年七十岁，是喀什噶尔人，当伯克已二十余年。（28—30）在英吉沙尔的村庄里赐给喀什噶尔阿奇木伯克的燕齐和耕地的相关情况他也很清楚。但现在，他刚到英吉沙尔，却给法大臣写信举报噶岱默特

c（31—32）和鄂斯璊我们两个人侵吞了英吉沙尔英其开等六个村庄里的纳贡回子一百七十六户以及五百六十帕特曼耕地。（33）我对此百思不得其解。（33—34）因为，噶岱默特卸任后接任喀什噶尔阿奇木伯克一职的是色提卜阿勒氐。（34）色提卜阿勒氐卸任后我才接管了他的职务。（34—36）莫洛尔扎为何只举报我和噶岱默特，而不提色提卜阿勒氐呢？（36）我对此一直心存怀疑。（36—37）中间，莫洛尔扎给我写信将此事解释了一番。（37—39）他称，明伯克萨力、额萨木敦、阿扎布敦、伊力亚尔等人率领所有玉孜巴什一起，撰举报信，指控我在英吉沙尔的英其开等六个村庄中侵占了燕齐和土地，并交给了法大臣。（40—44）法大臣看到莫洛尔扎还未盖其印章，对他说，此事在你到任英吉沙尔之前就已调查清楚，各位明伯克和玉孜巴什都给我上报了此事，接下来你盖你的印章上呈给上级吧。（45）并且，他还让萨力等人“陪”莫洛尔扎回家盖章。

d（46）被逼无奈的莫洛尔扎只好盖了印章。（46—47）就这样，法大臣将此以莫洛尔扎的名义撰写的举报信上交到了喀什噶尔办事大臣手中。（47—48）莫洛尔扎在此信中发誓称，他无意诬陷我。（48—51）我鄂斯璊，荣获了皇上至高无上的恩惠。（51—53）只要还有一口气，我必将舍命为皇上鞠躬尽瘁，此生无法还清圣上的大恩大德。

（53—57）我这如此卑微如尘的奴才何德何能侵占英吉沙尔的纳贡回子，违反圣上的规定呢？若我做出忘恩负义之举，天上的胡达会饶过我吗？（57—59）我鄂斯璊已是半截入土之人，若背叛圣上，死后做鬼也不得安宁。（59—62）据莫洛尔扎写给我的那封信，此事实属英吉沙尔明伯克萨力、额萨木敦、阿扎布敦、伊力亚尔等蛊惑属下所有玉孜巴什散布谣言，诽谤我。当然，不能仅靠他的说法做出判断。

e（63—66）法大人现在给（诸大人）传送我鄂斯璊侵占英吉沙尔燕齐回子的呈文，诸大臣将此事交给我，（我）对此进行了调查并上报了。（67—70）大臣们能否对法大臣上报的“鄂斯璊除其在英吉沙尔的英其开、特热木、喀拉亚尔、博尔亚、巴仁等五个村中的二十五户燕齐共一百一十九人，以及七十帕特曼耕地等财产外，还侵吞了额外的燕齐和耕地”这一指控进行调查核实？（70—72）若他们发现我额外侵吞了一户燕齐或一帕特曼耕地，我宁可负重罪，并放弃手中所有的燕齐。（73—76）若诽谤我、诬陷我者不能被质询的话，以后喀什噶尔、英吉沙尔等地的回子看不起我，我又怎么能继续当阿奇木伯克呢？我对此羞愧难当。（76—77）由于我无法咽下这些指控才上报给了大臣们。

f（77—78）希望他们能调查核实后做出判断。为此我向大臣们跪奏。

三　注释

1. **i‘zazlap**“跪奏”：这动词借自波斯语i‘zaz kerden“崇敬、珍惜”（北京大学东方语言文学系波斯语教研室 1981：133）。

2. **učur**“信息”：源于蒙古语učir，表示“原因，理由”（Lessing 2003：1324）。但是učur的词义在维吾尔语和柯尔克孜语中没有保留下来，在柯尔克孜语中učur表示“时间，时刻，机会”（Yudahin 1998：780），在维吾尔语中表示“新闻，信息”。

3. **yeŋi šähär**“英吉沙尔”：在从察合台文翻译成满文的档案文书中，此地名一致被写成iŋgišar。但在布鲁特散失大臣阿其睦、鄂斯璊、阿依达尔等喀什噶尔伯克，以及逊都拉和卓、呼图鲁克多斯、萨毕和卓、托喀等人的察合台文呈文中被写成yeŋiḥeṣar（ينكحصار），在阿里木和鄂斯璊这篇呈文中则被写成yeŋi šähär（ينكى شهر）。地名Yeŋiḥeṣar见于16世纪初成书的《赖世德史》中。但该地在其他文书中还未曾被称为yeŋi šähär。《钦定西域同文志》卷三《天山南路地名二》中满文对应的是inggasar“英噶萨尔，回语。英噶，谓新；萨尔，谓城”（乌云毕力格、张闶 2022：31）。英吉（满文iŋgi）即为维吾尔语yeŋi之音译，意为“新”；“萨尔”、“沙尔”（满文sar或šar）为Hisar的简译。Hisar原为阿拉伯语，表示“城堡”，后借入维吾尔语简写为sar，与其相对应的就是汉文文献中的“萨尔”和“沙尔”。Yeŋi Hisar合译为“新建城堡”。1828年喀什噶尔回城东南哈剌哈依兴建新城，今天维吾尔语中被称为Yeŋi Šähär（汉名“疏勒”）的指的正是这座“新城”。也就是说，今疏勒县中心的老城墙内的古城，在1828年之前，被称为哈剌哈依。可见，18世纪末被当地维吾尔人称为Yeŋi Šähär的地方与之不是同一个地方。总之，18世纪末英吉沙尔的维吾尔语称法有两种Yeŋiḥeṣar与Yeŋi Šähär，因二者字义相近，有时也混用，当今维吾尔语所称Yeŋiḥesar指“英吉沙尔”，Yeŋi Šähär则指“疏勒”。

4. **molla riza**“莫洛尔扎”：色提卜阿勒氏、苏勒坦和卓、阿里木等人分别于1759—1760年、1760—1780年、1780—1784年担任英吉沙尔阿奇木伯克。1784年4月，阿里木因诬告鄂斯璊不成被押送北京，之后伊犁的伊什罕伯克巴拉提被任命为英吉沙尔的阿奇木伯克。莫洛尔扎于1784年担任喀什噶尔噶兹南齐伯克，1786年9月被任命为英吉沙尔的阿奇木伯克。如上所述，鄂斯璊在其奏折中载，“莫洛尔扎今年七十岁，是喀什噶尔人，当伯克已二十余年。在英吉沙尔的村庄里赐给喀什噶尔阿奇木伯克的燕齐和耕地的相关情况他也很清楚。但现在，他刚到英吉沙尔……”从这段记载可得，自从清军平定大小和卓叛乱以来，莫洛尔扎一直在担任各种伯克职务。他被任命为英吉沙尔的阿奇木伯克之际诬告鄂斯璊一案已在酝酿。此案后，他于1787年3月被罢免。1784年1月，发生了大和卓波罗尼都之子、逃逸撒马尔罕的萨木萨克通信喀什噶尔阿奇木阿里木等伯克一案。1784年3月初，阿里木为脱罪责，与布鲁特散失大臣阿齐睦等人合谋，诬控鄂斯璊亦曾受过萨木萨克书札。4月初诬告失败后，阿里木等人由喀什噶尔办事大臣保成缉拿，押送北京。1784年，阿里木、阿齐睦等人诬告鄂斯璊一案中，联名写信为鄂斯璊澄清的55位伯克中，莫洛尔扎的名字紧跟在伊什罕伯克阿依达尔之后出现。也就是说，莫洛尔扎原属鄂斯璊阵营，故他不可能自发控告鄂斯璊。英吉沙尔的诸伯克熟知这一点，因此他们未将举报信交给英吉沙尔阿奇木伯克莫洛尔扎，而越级交给了英吉沙尔的领队大臣法灵阿。法灵阿看完此信后，逼迫莫洛尔扎在信上盖章。就这样莫洛尔扎被迫成为整个案件的带头人物。

5. **gadaymät**“噶岱默特”：1756年归顺，1759年统兵尾击霍集占，封公品级。1760—1775年间任喀什噶尔阿奇木伯克，封拜城回部辅国公。

6. **yiŋčikä**“英其开”：是今英吉沙县色提力乡英其开艾日克（yinčikä eriq）村。新疆的部分地名后面缀加“艾日克”eriq一词，意为“水渠”。

7. **yanči**“燕齐”：燕齐是一种特殊类型的农民，他们虽然不承担国家的赋税徭役，却在法律上，没有拒绝为其所隶属的官员劳动的权利。拨给伯克们的种地人是被称为燕齐的具有特殊身份的农民。《西域闻见录》卷7上写道：“凡伯克皆有小回子为其家服役，如奴仆，自百户至二、三户不等，谓之烟齐”。此外，《新疆识略》卷6，“回屯”条写道，“彦齐者随伯克品级，给与服役之回子”。《高宗实录》卷746写道：“伯克所用亲随，谓之颜齐，向有定额。”《回疆则例》卷5的原例上记载有：“乾隆三十三年，军机处议复奏定，嗣后准给乌什之五品阿奇木伯克屯田燕齐二十户，六品哈资伯克六户，七品明伯克、巴济格尔伯克各五户，乌什伯克等既俱办给燕齐。”燕齐亦被称为延齐回子。此外，《回疆则例》卷7，续纂上写道：“回疆各城阿奇木及伊什罕以下伯克等，应设燕齐，均按照乾隆年间定额办给，不得逾额私役。”燕齐还被称为“种地人”和“供役之人”。燕齐在满文文献中写作yaŋči hoise，对应于察合台文文本中的yanči yärlik。有关yanči的记载有两个。（1）《塔兰奇史》：“替阿奇木伯克种田和干杂役的燕齐（Yanchi）有100人，伊沙噶伯克有50个燕齐，噶杂纳齐伯克和乡伯克有25个燕齐，玉孜巴什有3个燕齐，燕齐的地位和奴隶差不多。”（苗普生 2013：561）（2）《伊米德史》：“从前，ẖaqan-i čin统治七城时，作为俸禄，给阿克苏的阿奇木、išik aγa为首46名伯克，分别赐封了燕齐和耕地，而非金银钱币。给官大的赐多点，给官小的赐少点。譬如，给阿克苏阿奇木伯克赐封了燕齐一百户，给išik aγa赐封了燕齐六十户，官小的赐封了四户燕齐和耕地，命令他们为这些官员耕作，并将其定为世袭。这一规定一直流行于全17城各地。这些燕齐的主人视他们为其买过来的财产，或者花钱买下来的奴隶或家族世系奴隶，他们从燕齐身上任意捞取钱财、木材，并让他们为其耕作和赋税，他们认为此事对他们来讲合情合理。这些燕齐不与平民交往，再花多少钱都无法当哪怕是十户长、宣礼员、jarup等职务。民间污蔑称其为‘屁股上有印章的燕齐’，看不起他们。”（苗普生主编 2006：198—199）《伊米德史》所载的阿克苏有46名伯克和拨给阿奇木伯克、伊什罕伯克燕齐的数量的信息，和清朝史料几乎是一致的。佐口透（1993：154）根据吉洪诺夫的著作，将此蔑称qoŋur tamγalïq yanči译作“棕色印章的燕齐”。但笔者认为他的译法有误。因为《伊米德史》一书的中国社会科学院民族学与人类学研究所藏本和隆德（Lund）大学图书馆藏本中明言此蔑称为qoŋï tamγalïq yanči“屁股上有印章的燕齐”。喀山本《安宁史》中不见此句，有印刷时被删之嫌。因此，可以断定，此“有印章的燕齐”或“屁股上有印章的燕齐”，实为民间对这批燕齐的蔑称。佐口透（1993：154）还认为，这个词虽然在清朝史料上找不到，但可能是在当地实际使用的。这种被紧缚着的农民，在法律上没有拒绝为所隶属的官员劳动的权利。但这种农奴本身具有独立性，出卖他们是不行的。他们拥有财产和土地，独立地经营农业。佐口透说“和卓时代关于这种燕齐的存在却没有任何记载”，现在根据本文所介绍的鄂斯璊的呈文，可以推翻此说。

8. toqanïŋ babasï töläk“托喀的爷爷图拉克”：在准噶尔汗国时期曾担任喀什噶

尔的阿奇木伯克。后来，他被波罗尼都之祖父雅雅即汗和卓免职，没收财产后流放，死在克什米尔。《喀什噶尔史》和《赖世德史·附》中记载了一位名叫米尔咱·图拉克伯克的人物。1680年，准噶尔统治者噶尔丹侵入南疆，俘获叶尔羌汗国末代君主伊思玛业勒汗。噶尔丹将其与家人掳掠至伊犁一带，并拥立阿卜都里什特汗为傀儡汗。1682年，阿卜都里什特汗败于阿帕克和卓。阿帕克和卓先后任命颇拉特·库孜伯克和米尔咱·图拉克伯克为喀什噶尔阿奇木伯克（阿吉·努尔阿吉 1985：175，河原弥生、澤田稔、新免康 2008：116）。本稿认为，鄂斯璊的奏折中提到的图拉克伯克与《喀什噶尔史》和《赖世德史·附》中被载的米尔咱·图拉克伯克实为一人。

9. **'osman meniŋ babam polat**“鄂斯璊的爷爷名叫颇拉特”：1700年，叶尔羌汗国君主马哈麻特木明被柯尔克孜人俘虏。此时，叶尔羌的伯克们向准噶尔汗国统治者策妄阿拉布坦求助。策妄阿拉布坦再次出兵南疆，并直接统治了此地区。在此背景下，颇拉特伯克被任命为喀什噶尔的阿奇木伯克。

10. **toqanïŋ dadasï baba**“托喀之父巴巴”：托喀在其呈文中称：bizniŋ bobamiz yolda käšmirgä yetip barip aγrïp ölgän, meniŋ dadam šolzaman šunda näččä yil turup keyin sodagär ẖälqlär bilän mušu yandin ilaγa barip ẖoŋtajini eräšip yürgänikän. ẖoja jan aniŋ bobasi ölgändä ẖoŋtaji muniŋ dadasini ilaγa alïp kätkändin keyin meniŋ dadamni kašγärgä hakim qilγan.“我祖到中途之克什米尔（kešimir）病亡。于是我父在彼处居住数年，随后与商人一道去往伊犁，曾跟随洪台吉（hūngtaji）行走。后来，霍集占之祖亡，洪台吉将我父携至伊犁，才将我父任命为喀什噶尔阿奇木伯克。”（《军机处满文录副奏折》，档案号：03-0190-3019-039）如上所述，托喀的父亲名叫巴巴。巴巴之父图拉克伯克在克什米尔殁后，他跟随商队北上伊犁。1713年，策妄阿拉布坦再次出兵喀什噶尔，并俘获波罗尼都之父玛罕穆特和卓之时，托喀的父亲巴巴被策妄阿拉布坦任命为喀什噶尔的阿奇木伯克。

11. **yarkändlik abduraman, mömin**“叶尔羌人阿卜杜拉曼、穆明”：这二人不见于其他察合台文文献中。

12. **ẖuškepäk**“和什克派克”：他是波罗尼都在清军的扶植下入主喀什噶尔之前，被准噶尔人任命为喀什噶尔的阿奇木伯克。

13. **quwat**“库瓦特”：鄂斯璊载，库瓦特是1783年率领500人逃到边境的，布鲁特胡什齐部落首领伯尔克之父。《和卓传》（现藏于俄罗斯科学院圣彼得堡东方文献研究所的《和卓传》抄本，编号D127）载，布鲁特库瓦特·米尔咱在波罗尼都刚入住喀什噶尔之际就臣服于他的统治，波罗尼都许诺给他喀什噶尔的阿奇木伯克。库瓦特率领波罗尼都组织的联合军队攻入叶尔羌。波罗尼都任命他为喀什噶尔阿奇木伯克。之后，他被浩罕汗国君主额尔德尼所杀。

14. **muhämmädimin**“墨墨氏敏”：清军平定大小和卓叛乱之际的喀什噶尔阿奇木伯克，后与和卓们一起逃亡巴达克山。根据鄂斯璘的记载，清军平定大小和卓叛乱之后的首位喀什噶尔阿奇木伯克茂萨伊始，赐封阿奇木伯克燕齐和耕地的惯例就已开始。他又载，准噶尔未明确规定燕齐户数。后来舒赫德等人为此做出了明确规定，规范了这一制度。原定喀什噶尔阿奇木伯克之分内应得一百五十帕特曼土地，其中在喀什噶尔所属地方各村庄内有八十帕特曼土地，在英吉沙尔所属之英其开、特立玛、卡拉亚尔等村内有六十帕特曼土地。八十燕齐回子之中，在喀什噶尔各村有五十五户，在英吉沙尔各村有二十五户。此皆前任诸大臣奏定所赏，历任阿奇木伯克等相互交接相沿。

15. **mosa**“茂萨”：额敏和卓的第三子。大小和卓叛乱后，茂萨被任命为喀什噶尔的阿奇木伯克，于1759—1760年在任。他是过渡时期的阿奇木伯克，因此，被称为oralaŋ。该词在《五体清文鉴》中载，维：oralaŋ，满：daiselambi，蒙：qamiyarɣamui，汉：署理。该词在今维吾尔语的伊犁土语中仍存在，意为附庸，指君主或伯克的附庸（故宫博物院 1957：497）。

16. **aylatqan**“奏”：在清朝时期的维吾尔族官方文件中多次出现，来自蒙古语。ayladha-“恭敬地说话，向上级或汗王报告，做陈述”（Lessing 2003：33）。在《五体清文鉴》（1957：472）中，维吾尔语的bilindürädu对应于汉语的奏和蒙古语的aylatqamuy。

17. **satïbaldï**“色提卜阿勒氏”：乌什人，1755年，清兵平定伊犁，色提卜阿勒氏向定北将军班第投诚。阿睦尔撒纳叛乱、大小和卓叛乱时，色提卜阿勒氏奔赴清军大营，在军中效力。南疆地区局势稳定后，前后任英吉沙尔（1759—1760）、阿克苏（1761—1775）、喀什噶尔（1775—1778）、叶尔羌（1778—1788）的阿奇木伯克，乌什回部贝子品级辅国公。

18. **terim**“特热木”：虽在察合台文奏折中被写成tarim（تارىم），但在满文档案中被写成terim。也就是说，此地名早在18世纪时，就已出现了元音高化现象。此村应该是今岳普湖县铁热木（Terim）镇。

19. **qarayar**“喀拉亚尔”：应是今疏勒县英阿瓦提乡喀拉亚（qarayar）村。

20. **borya**“博尔亚”：在《五体清文鉴》中出现，意为“芦席”。其在满文档案中写成borya。维吾尔语中词中辅音的换位现象是比较常见的。譬如Uyğur/Urğuy、ayğir/arğiy。这种变化在满文档案中有所体现，可能是由满文档案的口述者的口音习惯所致。该词在今维吾尔语中的形式为bora。此村应该是今疏勒县罕南力克镇博热其（Boriči）村。村名的后缀-çi可能暗示该地多出织席工人。

21. **barin**“巴仁”：在察哈台文呈文中写成bayrin，而满文当中则被写作barin。维吾尔语中有音节末的辅音y脱落现象，譬如märyäm→mäyräm→märäm，bahana→bayna→bana等。可见，该地名在18世纪就已开始出现这种语音现象，发音为barin。该处的barin村应是今阿克陶县巴仁乡。

22. **mürgüp**“叩头”：源于蒙古语mörgü-“叩头”（Lessing 2003: 857）。在《五体清文鉴》（1957: 614）中，蒙古语词mörgümüi对应的汉语为叩头，维吾尔语对应为baš qoyadu。

四 结语

根据本文所谈的1786年书写的鄂斯璊呈文可知，清廷与回疆诸伯克的交往中，往往借助察合台文沟通联络。察合台文在官方层面的使用消弭了因语言不同而造成的理解隔阂，便利了回疆地方官员与中央朝廷之间的信息往来与交流。朝廷与地方之间的来往中察合台文的使用在尊重各民族语言文字的前提下，能够发挥信息沟通和感情联络的功能，是回疆地区相互交流和维持关系的重要桥梁，也是“因俗而治”方针在文字书写上的生动体现。

清代回疆官员所使用的书面语——察合台文出现诸多满蒙语借词，体现的是满族、蒙古族、维吾尔族之间存在广泛的语言接触。这种语言接触是不同的民族在经济往来或文化交流过程中常用的一种手段，也是民族之间表达相互信任的一种方式。民族接触产生了语言接触，语言接触又催生了词汇和句型借用。该文献不仅具有语言学价值，对了解各民族语言的接触交融、多文化的交往交流也具有较高的价值。

参考文献

阿吉·努尔阿吉整理：《成吉斯汉传》，喀什维吾尔出版社，1985年。

北京大学东方语言文学系波斯语教研室编：《波斯语汉语词典》，商务印书馆，1981年。

故宫博物院：《五体清文鉴》，民族出版社，1957年。

苗普生主编：《清代察合台文文献译注》，新疆人民出版社，2013年。

乌云毕力格、张闶：《同文之盛〈西域同文志〉整理与研究》，上海古籍出版社，2022年。

苗普生主编：《中国西北文献丛书·二编》（卷4），线装书局，2006年。

〔日〕佐口透著，章莹译：《新疆民族史研究》，新疆人民出版社，1993年。

河原弥生、澤田稔、新免康．2008.『ターリーヒ・ラシーディー：テユルク語訳附編の研究』，プログラム「イスラーム地域研究」東京大学拠点．

Lessing, Ferdinand D. 2003. *Moğolca-Türkçe Sözlük*. Çev. Günay Karaağaç. Ankara: Türk Dil Kurumu Yayınları.

Yudahin, K. K. 1998. *Kırgızca Sözlük*, çev. Abdullah Battal Taymas, C I-II. Ankara: Türk Dil Kurumu Yayınları.

A Set of Chagatay Document Drafted by Osman, a Hakimbäg of Kashgar in 1786

Mihrigül Helil

Abstract: A large number of Chagatay administrative documents are stored at the First Historical Archive of China in Beijing. The collection includes the documents in 1786, addressed by Osman, a Hakimbäg of Kashgar. The documents, which were brought by Osman, are letters that were presented to the Qing administrator (amban). Therefore, in our study of the local and central governments' relationship in their final stage, these documents are highly valuable as original sources. This article will transcribe and translate the text and provide a philological explanation on some important issues.

Keywords: Osman; Hakimbäg of Kashgar; Chagatay document

（通信地址：100081 北京 中国社会科学院民族学与人类学研究所）

《弥勒会见记》第十九品研究*

阿卜拉江·玉苏普

摘要：回鹘文《弥勒会见记》共28品，是一部大型佛教典籍，系最古老的回鹘佛教文献之一。不仅如此其保存较为完整。回鹘文《弥勒会见记》因保存了其他语言弥勒文献中未留存的部分而更为珍贵。这些部分在研究弥勒信仰方面颇有价值。哈密本《弥勒会见记》中共189叶已被先贤研究，但其第十九品相关叶尚未刊布。故此，本文将对《弥勒会见记》胜金本、木头沟本第十九品中的残片以及哈密本中的1叶进行语文学研究。

关键词：回鹘文 《弥勒会见记》 第十九品

一 引言

大型吐火罗文文献《弥勒会见记》书于8世纪。大概两个世纪后，吐火罗文文本被译成回鹘文，这成为我们研究弥勒信仰在塔里木盆地东部地区的传播的重要依据，并表明10世纪左右，弥勒信仰在塔里木盆地东部地区扎根。

目前已披露的关于《弥勒会见记》第十九品的残片分别为：胜金本共7叶，木头沟本共1叶。据我们研究发现，哈密本中的1叶可与第十九品缀合。Tekin曾做过胜金本和木头沟本第十九品的换写和翻译。但残片在整个文本中的位置有误。他的翻译也存在些问题。Laut和Wilkens较好处理了这些残片在文本中的位置，并用新发现的残片予以补充。因此，在本文中，我们要转写《弥勒会见记》第十九品的文本，并以Tekin的译文为基础，纠正《弥勒会见记》第十九品翻译中存在的问题。我们转写和翻译了哈密本中新发现的1叶。此外，还根据多语种文本，详细诠释了《弥勒会见记》第十九品中关于迦叶传衣和龙华三会的情节。

* 本论文系中国社会科学院民族学与人类学研究所2024年度冷门绝学学科建设专项资助项目“回鹘文《弥勒会见记》第十五至十九品研究”（项目编号：2024MZSLMJX002）的阶段性成果。

二 《弥勒会见记》第十九品文本①

（一）胜金口本

122

（Mainz 924+Mainz 967+Mainz 909+Mainz 1273+Mainz 1219+Mainz 913）

a

1. [ ]Y m(ä)n tep saqınγu-
2. [-luγ ärmäz k](a)lp üdlär ärtüktä
3. [ ]YKY törlüg *qılınč*
4. [lar tüš] berürlär .. anın sansar
5. qa qorqınč köŋül öritmiš k(ä)rgäk
6. maitrisimit nom bitigdä bälgürtmä
7. balıq ulušuγ körüp qorqmaq äymän-
8. mäk atlıγ säkiz y(e)girminč ülüš nom
9. tükädi..
10. namo but namo darm namo saŋ
11. [namo]but namo darm .. namo
12. [saŋ nom]luγ savaγ ketumati
13. [känt] uluštaqı samantapušp säŋräm
14. ta uqmıš k(ä)rgäk .. anta ötrü
15. [ayaγ]qa tägimlig maitri *burhan*
16. [äzr]ua ünin üč miŋ uluγ miŋ
17. [ulušları]γ yaŋqurtu uluγ y(a)rlıqančučı
18. [köŋüli]n toyin quvraγaγ oqıp inčä
19. [tep yarlıq]ayur .. kör[düŋü]z mü sizlär toyin
20. [ ]täg kwkwt
21. [ ] inčip ymä
22. [ ] taγ säkiz
23. [ ] ig uγušların
24. [ ] lig ärür .. taqıγu adaqı osuγ
25. [-luγ] *üč* adrı taγ säŋir]lär-lärin eti-

b

toquz y(e)g(i)rminč [bir patar ..]

1. -glig yaratayl(ı)γ ärür [ ]
2. -tin ünmiš [yaltrıqlar kün]
3. t(ä)ŋri yaruqınta yegädmiš [ ]
4. soγıq yaruq-lar*ı* ay *t*[äŋri yaruqın-]
5. ta yegädmiš ärür .. paričat(i)r sögüt-
6. nüŋ täg ⊙ tört yıŋaq-
7. *tın* ädgü ⊙ yıd*l*[a]*r* y[a]*d*[ıl]*ur*
8. nanda atlıγ ⊙ täŋridäm yemiš-
9. lik tägi täg ⊙ quš quzγun-
10. lar-niŋ išidu qanınsız sävüglüg

① 本文转写中的“[ ]”指原残片中残缺，括号内的内容为笔者进行的补正；“( )”指原残片中省略，括号内是根据正字补全的字符；斜体字表示不完整的、难以认读的字母；⊙表示穿绳捆扎的小孔圆圈；双点“..”表示文本中的点标符号。

11. ünläri ešitilür. taγ töpösüntä

12. m(a)rk(a)t ärdini öŋlüg yılınčγa yum-

13. šaq ärdinilärig tösäp urmıš täg

14. öyläŋ čimgänläri ärür. tüü törlüg

15. kök sarıq qızıl yürüŋ üpün

16. öŋlüg äsri qusrı suwdaqı qrγaq-

17. [daqı] čäčäklär yarılıp ačılıp tü-

18. [män] *a*druq adruq agar tagar čintan

19. tamalaptr abinus kapir da ulatı ärdini

20. lig sögütlär ı[γač]lar ti[ ]

21. taqı ymä ičgü otlar yel [ ]

22. ulunı yapırγaqı čäčäki tüši[ ]

23. ig [ ] arası altunluγ kümüšlüg

24. vaitur-luγ saprırl(ı)γ sögütläri .. sö-

25. gütlär tüpintä säkiz törlüg [ ]

26. -qa tükällig suvın tolu ..

27. ärdinilig yolları [ ]*r* amarı[-ları]

28. otlar din[ ]

29. amarıları iši-[ ]

30. ün üntürür-lär[ ]

31. bar yaŋalar qut[ ]

32. -lar irbič manu sıγun muyγaq

123

(Mainz 968)

a

1. nıŋ oγlı boltı .. ol oγul tuγmıšta

2. ävintä p(i)tp(a)di sögüt bälgülüg boltı ..

3. anı üčün ol u*qu*luγ pipalayane tep

4. tetir-lär ärdi .. nä *ym*ä kašip uγuš

5. tin tözdin bälgü*rm*iš üčün

6. m(a)hakašip tep ⊙ atayur-lar ärdi..

7. [ ]*ymä* [ ] y tüzi

8. [ ] m[ ] q törög

b

toquz yegirminč[ ]

1. [a]*r*ıγ č(a)hšap(a)t küzätdi .. antada basa

2. šakimuni täŋri täŋrisi burhan(a)γ bir kör-

3. miš-kä bahšim siz tep inčürü yükün-

4. üp sävip taplap t*oy*ın bolup v(a)žan*p*(*a*)*t*

5. ädgüsinkä tägd*i* .. bir qata nom iši

6. dep alqu nizvani ⊙ larıγ arıtıp ar-

7. hant qutıŋa ⊙ täginti üč

8. y(e)g(i)rmi dutagun [ ]

9. [ ]d[ ]

124

(U 3667)

a

1. ögüp alqap öz olurur yarım oron-

2. luqı üzä olγurtu yarlıqadı .. ol an-

3. tay sansar ičintä t(ä)ŋrilär asurlar
4. kumbante-lär yalŋoq-lar yoq ärdi-lär
5. kim t(ä)ŋri burhan birlä bir oronta
6. olursar-lar m(a)ha- ⊙ kašip arhantay
7. ayay-qa tägi- ⊙ mlig üčün
8. t(ä)ŋri t(ä)ŋrisi ⊙ šakimun bur-
9. han ornıŋa ⊙ olγurtı yarlıqadı
10. anta sizlär učuz yenig saqınmaŋ-lar
11. y(ä)nä oq toyın-lar inčä tep ötün-
12. ür-lär antay ärsär amtı bo m(a)hakašip ar-
13. hant-niŋ ätözi bašınta nägü kö-
14. türü tutar ärki .. ötrü tükäl bilgä
15. maitri burhan inčä tep yarlıqayu*r*
16. käntirin örmiš panšukul yamaγlıγ ton
17. tetir .. kim bo tonuγ kädip eki tözün
18. tınlıγ-lar pratikabut qutın bultı-lar
19. bo oq tonuγ šakimuni bodisvt kaš
20. atlıγ kadar tonuγ berip käyikči ärdin
21. tägšürü altı .. bo oq tonuγ kädip viž-
22. ir örgün üzä olurup burhan qutı-
23. n bultı .. antada basa tonuγ täŋri
24. täŋrisi šakimun burhan m(a)hakašip ar-
25. hant-qa berdi .. m(a)hakašip arhant
26. bo tonuγ burhan-ča saqınu süzök
27. köŋülin ayayu aγırlayu kadar tünäyur
28. ärdi .. ulatı täŋri täŋrisi šakimun
29. burhan nirvanqa barmıš-ta ken
30. m(a)hakašip arhant bo tonuγ kädip b
31. d(a)rmasaŋit atlaγ uluγ iš küdük
32. išlädi .. antada basa bo tonuγ bögüp

b

toquz ygirmič on

1. qatıp bašınta tuta ürüg amal nir-
2. vanqa bardı .. amtı ymä ol oq tonuγ
3. bašınta tuta ünti .. ötrü tükäl
4. bilgä maitri burhan ol panšukul ton-
5. uγ alıp elgintä tuta inča tep
6. yarlıqayur .. bo ton qutluγ da qutluγ
7. ärür .. kim eki pratikabut
8. dıntar-lar bo .. tonuγ kädti-lär
9. tükäl bilgä .. šakimun burhan
10. ymä bo tonuγ kädä yarlıqadı törtünč
11. m(a)hakašip arhant bu tonuγ üküš
12. üdün kädti ärdi .. anın sizlär ayayu
13. aγırlayu yükünüŋlär .. ötrü toyınlar
14. inča tep ötünürlär .. ayaγ-qa tägi-
15. mlig täŋrim .. nä üčün tükäl bil-
16. gä šakimun burhan yüz kalp üč
17. asanke uzun üdlär-dä buyan
18. bögtäg qazγanıp aŋ kenintä bo
19. muntaγ qudıqı yavız ton kädä yarlı-
20. qadı ärki .. ötrü maitri burhan inča
21. tep yarlıqayur .. qamaγ burhan-lar-nıŋ
22. üt ärig-läri antaγ ärür .. azqıya
23. tilämäkig qudıqı yavız ädlär-kä qanı-
24. mlıq bolmaqıγ ögärlär .. taplayurlar
25. qayu üdün toyın dıntarlar qanımlıq
26. todumluq bolsarlar .. ol üdün
27. tümän üg sımtaγsız köŋüllüg bolur-
28. lar .. sımtaγsız bolmıšta ken qop qamaγ

29. ädgü bütmäki bolur .. anın kim qayu
30. tınlıγ qop ädgü bütmäkin küsäsär
31. käräksäsär ol tınlıγ sımtaγsız ädgükä
32. qataγ-lanmıš kärgäk sımtaγsız bolmaq

125

（U 3692 a-c）

a

1. -üp[ ]
2. [ ]n[ ]
3. [ ]di[ ] täŋri yerintin
4. ažunınta tuγdı .. ulatı [ ]
5. ažunta brahmadate elig han
6. oγlı boltı .. kim ⊙ [ ]
7. niŋ v(i)rharin ⊙
8. tep at urdılar gausar čintan
9. yıdıŋa ohšatı säviglig ät
10. ätözintin ünär ärdi .. hua čäčäk
11. osuγluγ körü qanın(č)sız körtlä ätöz
12. boltı .. alqu amranmaq töröl üg ıdalap
13. dıntar bolup prtikabut qutıŋa tägdi
14. tälim üküš tınlıγ-laraγ sansardın
15. qutqarıp nirvan boltı .. ötrü br(a)hma
16. date elig han oγlı pritikabut
17. ätözi üzä tört ärdinilig v(i)rhar
18. etdı .. antada kin ürkeč üd
19. lär ärtmiš tä ol pratikabut dıntar
20. nıŋ ätözin luular luu ordusıŋa
21. eltdilär .. antada ken yüz ygirmi
22. yašlıq tınlıγlarnıŋ uγrınta šaki
23. muni täŋri täŋrisi burhan oŋ
24. elgin yerig toqıyu yarlıqadı .. ö-
25. trü ol aŋade pratikabut nuŋ kövräs-
26. i yerdin ünüp kälti .. gausar čintan
27. idi üzä qamaγ četavan säŋrämig
28. tošγurdı .. anı körüp pašaiči elig
29. hanta ulatı tınlıγlar muŋadıp adınıp
30. qutrulmaq yolγa qut qoltı-lar
31. uluγ aŋade pratikabut [ ]

b

1. [ ]saŋ
2. [ ]lıqda
3. [ ] d'm qılıšı bo [ ]
4. [ ]kitumati känt uluš [ ]
5. [ ] muŋadıp adınıp inča
6. [ ] ⊙ ančama ädgü muŋ-
7. [ ] ⊙ -lar burhan
8. [ ] ⊙ süzök kö-
9. ŋülin [ ] ⊙ kim antaγ tör-
10. lüg tüš utlı qa tägmäk bolur
11. ötrü ol pratikabut dıntar-nıŋ
12. kövräsi kök qalıqda turup käntü
13. ätözintin ünmiš otın örtänip
14. boš bolup nirvanqa barır .. anı körüp
15. ol tınlıγlar aŋsız ürkär bäliŋläyür
16. lar ötrü tükäl bilgä maitri burhan

17. antaγ törlüg nom nomlayu yarlıqar .. kim
18. ol nomuγ ešidip toquz on artuqı
19. tört kolti sanı tınlıγlar toyın
20. bolup arhant qutıŋa tägirlär ..
21. alqu altun öŋläri qır-
22. tıšları bolur .. ol uγurda tükäl bilgä maitri
23. burhan-nıŋ tıtsı quvraγ toyın
24. ları-nıŋ ekinti uγurluγ san saq-
25. ıšları tükämıš bolur .. kim ymä kašip
26. burhan šazınıntaqı v(i)rhardaqı čäčäk
27. almıš urınıŋ ökünč köŋül ör-
28. itmišin körüp sözök köŋül öri
29. tküči tınlıγlar .. kim aŋade pritikabutuγ
30. körüp süzülgüčilär kim šakimun
31. burhan üdintä bälgülüg bolmıš
32. aŋade pritikabut-nuŋ kövrä ätöz
33. [ ] tınlıγlar .. ol

126

（U3666a-b+Mainz 1302）

a

1. t(ä)ŋri šaž[i] hatun p//l[ ]
2. ätöz bälgürtüp täŋridäm s[ ]
3. aš patirinda urup t[ilä-]
4. ḍi-lär taqı ymä m(a)hakašip
5. [qa]maγ üdün ädgü törö
6. [ü]klitü qataγlanur u[šа]kimun
7. [t]ükäl bilgä burhan tört törlüg
8. [te]rin quvraγ ara yaŋı tuγmıš
9. ay t(ä)ŋri osuγluγ küntämäk ädgü-ü
10. törön asılur ükliyür siz tep-p
11. [ ]i .. ymä bir uγurda kök
12. [qalıq]da elig bulγanmıš osuγlu[γ]
13. [ ]siz kü[ ]siz[ ]u

b

1. [ ]I kččy ’’[ ]qw birlä
2. [ ]q kišisin ıdaladı .. miŋ
3. [ ]tanlulap barčada yavız
4. [ ] kädip üngäli böküš
5. [ävig barq]aγ qodup dıntar bolt[ı]
6. ol kädmiš [ ]č’ yavız ärsär .. on[ ]
7. tümän yart[maq] satıγı ärdi .. antaγ
8. qısγa öztä yašta nizvani[ ]
9. küčlüg ärkän qop ädkä tavar-
10. [q]a qamaγ ažun-lar-qa todup
11. [qan]ıp ärkin türkin čoγın ya[lının]
12. [soyt]mıš yar täg ıdalap altı [ ]
13. [ ] arıγda [ ] d[ıntar] toy[ın]

127

（Mainz 908+U3788）

a

1. -maqları ägsük kärgäk [ ]
2. nizvani-lıγ igläri küčlüg ärti
3. käči küniči erig sarsıγ körk[süz]
4. ärdi-lär üč ärdininiŋ ädgüsi[ŋä]
5. sezik köŋül turγarur-lar ärdi .. on
6. ädgü qılınč-lıγ ⊙ uluγ artat[ur-]
7. lar ärdi .. ayıγ ⊙ qılınč [tüš-]
8. lärиŋä kü ⊙ yanur
9. ädgü qılınč ⊙ qılγalı öyür-
10. lär ärdi ⊙ taqı ymä šakimun burhan-
11. nıŋ inisi nanti atlıγ tegin ärdi
12. anı alpın ämgäkin toyın qıltı
13. ol ymä toyın bolup sögüt tü-
14. pintä olurup [tur]γaru qunčuy-ı sunḍ-
15. ari [qunč]uyuγ öyür saqınur ärdi .. uγu[ ]
16. tükäl bilgä šaki[mun burhan] üküš
17. törlüg tıdıγın [ ]
18. yarlıqadı [ ]
19. unamadı [ ]
20. [ ] täŋri yerintä [ ]
21. [ ] hatunlarıγ körkitti [ ]
22. [ ]p sunḍarig twm [ ]

b

yegirmi

1. [arıγ čahšapat] küzädti .. altı tö-
2. [rlüg] butıq-taqı nom bošγuntı .. antaγ
3. [ ]k ärip ymä nizvaniları ärk-
4. [ ]duqları üčün bulunč alı-
5. [n]č tapaγ uduγ-qa tüšüp küni
6. [ ] tä täŋri ⊙ täŋrisi burhan(a)γ
7. ölürgäli i ⊙ saqıntı .. üč
8. türlüg anant- ⊙ raš atl(a)γ
9. ayıγ qılınč ⊙ tükäl qıltı y-
10. ol tıltaγın avıš tamuu otı tašqar-
11. u ünüp dev(a)dat toyınaγ tirigdä
12. ürkäp tartıp avıš tamuqa kökürdi ..
13. yma ök tükäl bilgä šakimun bur-
14. han-nıŋ kokalike atl(a)γ inisi
15. toyın ärdi.. šari-putre modgalayane
16. [ ]q sasılıγ-ta iši
17. [ ]ŋizlar tep yala-
18. [ ] umadın azrua
19. [täŋri] qudı enip
20. [ ]p tıdap qılγalı ü[čün]
21. [ ]k/n täŋri täŋrisi šakimuni burhan [ ]

128

（Mainz 999+Mainz 902）

a

1. wk köŋüli pwl[ ]

2. mün qadaγ süzl ... yinčkä uvšaq

3. qurt quŋuzuγ ölürüp täŋri burhan

4. tapmıš izintä kämišür ärdi .. tınlıγ-

5. lar körsär-lär šaki toyınlar üzlüg-

6. üg ölürlär ärmiš tep saqı-

7. nmazun tep-inča qılur

8. ärdi .. anı körü-üŋlär ol an-

9. taγ beš čöpik yavlaγ üdtäki

10. ävdin barqtın ünmiš toyın-lar

11. antaγ körksüz qılınč-lıγ ärsärlär taqı

12. nä aytmıš kärgäk igil kärti larıγ

13. taqı ymä šrigupte atlaγ bay är ärdi

14. täŋri täŋrisi burhanaγ ölürgäli saqınıp

15. ävinkä aš-qa ötünü .. taš qapaγın-

16. ta öy qazıp tolu ört yalın-

17. qoz qodup bälgüsüz aγzın örtdi

18. üt tägdüktä suqlunup tüšzun

19. saqıntı oluryu tölt orun töšäk

（Mainz 1073）

a

1. t'k šrigupte bay [ ]

2. nomlayu yarlıqap tört kertü nomuγ

3. tetrü körkitip qutγaru yarlıqadı .. yana

4. ök aŋulimale atlaγ yol tuzumčı

5. oγrı ärdi .. bir qılınčın tümän-kä

6. bir äksük kiši yalŋuquγ ölürdi

7. ärdi äŋ kin tuγurmiš anasın

8. [ölür]gäli saqıntı .. anı körüp tükäl

（Mainz 999+Mainz 902）

b

1. [ ].. bökün

2. .. b/l boltı .. ötrü aŋ

3. ulmalı oγrı täŋri burhanaγ körüp ana-

4. sın qodup täŋri burhanaγ ölürgäli

5. saqıntı .. anı körüŋlär sizlär toyın

6. lar .. asaγ tusu ⊙ qıltačı-lar ara

7. anada yegräk ⊙ boltuqmaz .. ädgü

8. lüg dıntar-lar ⊙ ara täŋri

9. täŋrisi burhan ⊙ ta yegräk

10. oq ärür .. bo iki qutluγ-larıγ ölür-

11. gäli saqıntı .. yana ymä aŋulimale

12. oγrı ol oq ažunta arhant qutın

13. bulγuluq ärdi .. antaγ yavız qılınčlar

14. qıltı .. taqı nä aytmıš kärgäk

15. adın adın ol üdtäki tınlıγlar

16. lar nıŋ körksüz qılınčların ymä

17. ök ačataš(a)tru atlaγ elig han ärdi..

18. igitmiš qaŋı elig bägig qınlıqta

19. bäklätip y(i)ti yüligün adaqı ol [ ]

（Mainz 1073）

b

1. [ ].. taqı ymä š[vas]i

2. atlaγ ülütči čantal ärdi.. aγzın-

3. tın ünmiš tını üzä alarıp kör-

4. miš-kä sansız üküš tınlıγlarıγ arhantaγ

5. ymä ölürgäli saqıntı .. yana šariputre

6. arhant-qa oq sözläti.. ymä ök

7. bir käyikči är ärdi ..käyik wyr[ ]

（二）木头沟本

227

（U 3720）

a

iki yüz iki yetmiš

1. ätözlüg aŋade atl(ı)γ pr(a)takabut

2. dıntarnıŋ ätözi bälgülüg bolup

3. kök qalıqda qalıp ...

4. qılur .. ol mun///...

5. tınlıγlar t...

b

1. l'ngl'r .. ol ädgükä tägimlig bolγay

2. ..r .. ötrü ol kašip burhan

3. nıŋ kövräsi kök qalıqda turup p

4. käntü ätözintin ünmiš otın örtänip

5. boš bolup nirvanqa barır .. anı körüp

（三）哈密本

（43a）

a

toquz yegirminč ülüš yeti yegirmi ptr

1. bolur .. ötrü m(a)hakašip arhant

2. ärdäm qılıp kök qalıqda oq

3. käntü ätözintin ünmiš otın

4. örtänip boš bolup nirvanqa barır .. ol

5. tušta tükäl bilgä maitri

6. burhan ⊙ nıŋ üčünč

7. tıtsısı ⊙ quvraγ tükä-
8. yür .. kim ⊙ ymä taqı
9. m(a)hakašip arhant-nıŋ d(a)rma-
10. saŋit qılmıš nom[uγ] söz-lägü-
11. či-lär ol nomuγ bošγunγučı bošγurγučı-
12. lar söz-ün köŋülin tıŋlaγučı
13. bitigüči bititküči-lär miŋ yılta
14. kin šakimun burhan šazanta
15. toyın bolur č(a)hšaput bilgä
16. bilig dyan saqınčqa ör[ ]-
17. lur .. toyın bolmıš qa[ ] bošu[ ]
18. qılγučılar qutrulmaq küsüšin
19. buyan bögtäg ädgü qılınč-lıγ
20. [ ] alqu taqıγuluγ taγdın [ ]
21. [ ] inča ''t'wy'c
22. *özintä* tört [ ]
23. [ ]p [ ]

（43b）

b

1. toquz yigirnmič ülüš tükädi ..
2. tas ygän tutuq küsüšiŋä
3. bitidimiz
4. namo but namo darm namo saŋ
5. yükünürmän vipaši burhan
6. qutıŋa yükünür
7. [ ] tägräsi bošγana yarlıqamıš tägrälig
8. [ ] yükünüp bitidimiz

三　翻译

(一)胜金口本

122

（Mainz 924+Mainz 967+Mainz 909+Mainz 1273+Mainz 1219+Mainz 913）

a

南无佛南无桑，应从翅头末国中的普妙华寺庙听取佛经。之后，尊敬的弥勒佛让梵天的声音被传至三千国，伟大慈悲的和尚布道称：你们看到了吗？像和尚……天空中的……即便如此，我……山八……人们的……像鸡足的……三座山……

b

第十九品第1叶

从……而生的光阴源自太阳神之光，冷光由月神之光而生。香遍树向四周散发香气。就如难陀天国的果园一样，各种鸟兽优美且听不烦的声音不断传来。山顶上有如被绿宝石颜色的精美又精细的珠宝所覆盖的草坪。水中的，岸上的蓝、黄、红、白、紫色鲜花都开花，各色各样的阿伽嚧、多伽罗、旃檀、多摩罗跋、伽罗、羯布罗和其他珠宝树……被喝的药、风……树枝、树叶，花瓣是金、银、青金石、水晶的树木，树旁的八种……满水……满珠宝的道路……其他……草芥……其他……发出声音……大象、豺、马鹿、马拉鹿牛……

123

（Mainz 968）

a

成了……的儿子。这位男孩出生时房屋里出现了毕波树。因此，他被称为毕波罗。由于他出身于迦叶部落，因此又被称为大迦叶。还有将规则……

b

遵守了纯洁的道德。因此，首见释迦牟尼佛时，就称你是我的师傅并鞠躬、亲吻着受戒成为和尚。一次听（师傅）布道，将自己心上所有的烦恼清除，成了罗汉。十三头陀功德……

124

（U 3667）

a

赞美着就座，半跏趺坐着如此说道。他轮回里面没有天、阿修罗、鸠盘荼和人类。由于大迦叶和佛尊站在同一地，备受尊崇坐落在释迦牟尼佛的位置上。弥勒佛讲道："你们不要轻视这人。"和尚们说道："这位罗汉的身体怎能支撑得起他的头呢。"之后全知的弥勒佛如此说道："用大麻制作的残缺衣服被称为粪扫衣，他穿这身衣服证辟支佛果。这身衣服是释迦牟尼佛用自己迦尸布制作的衣服从猎人手中交换而来的。他穿这身衣服在金刚宝座上落座成了佛。释迦牟尼佛将此衣服给了大迦叶罗汉。大迦叶视这身衣服为佛，十分珍惜和尊崇。释迦牟尼佛涅槃时，大迦叶穿这身衣服，做了被称为法爱的纪德事。这身衣服……"

b

折叠起来保存，达到了安宁涅槃。现在他将衣服放在头上晋级（涅槃之道）。还有，全知的弥勒佛将此粪扫衣拿在手中说道："（第一，）这身衣服是神圣的；第二，证辟支佛果的诸和尚也穿了此衣服；第三，全知的释迦牟尼也命令穿这身衣服；第四，大迦叶长期穿这身衣服。因此你们也应十分尊敬和珍惜这身衣服。”之后，和尚们卑微如尘地说道：“我们尊崇的佛尊，全知的释迦牟尼佛既然在百劫和三阿僧祇劫等时期努力争取了很多功德，为何如今命令穿如此破烂不堪、下贱的衣服呢？”之后，弥勒佛如此说道：“佛的教义就是这样子，梦想得到小东西，下贱的、没有意义的东西而心满意足，并接受它们的崇拜。和尚何时变得知足，那时候所有人变得不放逸。变得不放逸时，所有的好事都被记为功德（所做行为被佛陀接受，成为功德）。任何人若希望自己的善行被接受，被记为功德事迹，并需要这个的话，那么他（就要）变得不放逸，努力做功德行为。”

125

（U 3692 a-c）

a

从天地出生在人世。还有这个世界上将僧坊和寺院布满旃檀，成为向他下跪的梵摩达国王之子……他尊贵的身体散发出如牛头旃檀气味一样的香气。他拥有百看不厌的鲜花那样美丽健硕的体魄。放弃所有的肉体欲望成为和尚，证得辟支佛果。从轮回拯救众生入涅槃。还有梵摩达国王之子辟支佛在其身体上做了四层珠宝做的寺观。在那过了很长时间后，诸龙将辟支佛的身体送至龙殿。然后，在120岁众生时代中，释迦牟尼佛右手触地说话了，然后因揭陀辟支佛的身体从地上冒出来了。牛头旃檀香气布满了整个祇园精舍。看到此景，pašaiči国王等众生十分惊讶并哀求挣脱之路。伟大的因揭陀辟支佛……

b

翅头末国……惊讶地那样……许了很多好的愿望。佛……用清澈的内心……获得诸多答复。之后，辟支佛和尚的遗体悬在蓝空中被从自己的肉体中出来的火焰焚烧，摆脱罪过，进入涅槃。看到此景，众生十分惧怕。然后，全知的弥勒佛如此说道。听到此次说法后，九十四亿众生成为和尚，出家获罗汉果。他们所有人的脸皆变成金色的。此时，全知的弥勒佛的第二时代的徒弟的数量殆尽。（即第二时代的徒弟如下）眼看属于迦叶佛教义的寺观中的捧花孩童的忏悔，（因忏悔）摆脱罪过，变得纯洁的信徒；看见因揭陀辟支佛，信仰他的信徒；生活在释迦牟尼时代的因揭陀辟支佛的遗体……信徒

126

（U3666a-b+Mainz 1302）

a

创造身体天……用钵盂供食物……还有大迦叶努力增加好的规矩。释迦牟尼全知

佛……四种人当中新生的月神说这“增加和增多就如每天的好的规矩”，还有另一时间，在空中污染了手那样……

b

放弃了自己的人们。一千……更厉害……正确的知识……穿着离开家眷成了和尚。穿的那身破衣服……被卖出十万铜钱。短短的一生中，虽然肉欲很强，但对所有商品，所有物品心满意足，享受殆尽，如同丢下口痰一样放弃了自己的王位权力……纯洁的和尚……

127

（Mainz 908+U3788）

a

原是肉欲很强，嫉妒心强，下贱的，丑陋的。对于三宝的功德他们心生疑惑。完全放弃了十个善行。渴求恶业之果……却无力行善。能做好事。佛释迦牟尼的弟弟是一位名叫难陀的王子。（佛释迦牟尼）努力使他成为了和尚。成为和尚之后，坐在树下之时，仍常常思念自己的老婆孙陀罗公主……全知的佛释迦牟尼……克服众多阻碍……未能做……天土地上的……指女性……将孙陀罗……

b

遵守了苦行……分六部分学习了（教义）。就这样，被创造的肉欲强化了。追求利益和名誉，崇尚佛尊但欲将其杀害。犯下了被命为无间业的三个罪行。因此，无间地狱的火焰愈烧愈烈喷射而出，活活吞并提婆达多，将其卷入无间地狱。全知的释迦牟尼佛还有位名叫瞿伽离的和尚弟弟……舍利弗和目犍连在沼泽地……说……没有以为，由于梵天下凡阻止，释迦牟尼佛……

128

（Mainz 999+Mainz 902）

a

想着……罪过……杀死小虫子和甲虫并将它们摔在佛尊走的路上。目的是让人们以为释迦和尚在杀害小生物。他们就这样想：在此五劫时代，背井离乡的和尚也做如此见不得人的事情，宗教人士和普通人还能求什么？还有一位名叫尸利毱多的富人。他试图谋害佛尊，并恶意将佛尊邀请到自己家中。他在门外挖出一坑，填满了火、炭火、煤，为了不让佛尊知道，将其盖上。他以为，当佛尊走近此坑时，会一不留神掉入其中。座椅、坐垫……

（Mainz 1073）

a

名叫尸利毱多的一位富人……说法和指着四真谛说教。还有名叫央掘摩罗的一位强盗。曾用一刀砍杀了整整一万缺一人（9999）。最后他想杀害自己的亲生母亲。全知（的佛尊）看到这个……

（Mainz 999+Mainz 902）

b

……然后，强盗央掘摩罗看到佛尊后放下母亲，计划杀害佛尊。你们想想这个，和尚们。对我们好的人中，没有比母亲更甚者。好的佛当中，没有哪一个比佛尊好。他想杀害这两位伟人。强盗央掘摩罗在世上获阿罗汉果。即便如此，他还是做了如此坏事。我们还能对世上众生的各种罪行说什么呢。有位名叫阿阇世的国王，他将养育自己成长的父亲关入牢中，用锋利的剃刀砍了他的脚。

（Mainz 1073）

b

还有一位名叫śvāsin的刽子手。他想用自己的口气杀害众多众生、罗汉。还有，向舍利弗罗汉说道，还有一位猎人，羚羊……

（二）木头沟本

227

（U 3720）

a

两百七十

名叫因揭陀的和尚的身体被创造，在天中……众生……

b

……愿他得到安息……还有迦叶佛的遗体在空中被自己的遗体中出现的火焰焚烧，以此洗清罪行入涅槃。看到他……

（三）哈密本

（43a）

a

第十九品第17叶

……还有大迦叶获罗汉果后，在空中被自己身体上出现的火焰焚烧，洗清罪行，入涅槃。此时，全知的弥勒佛在第三会中的徒弟殆尽。（即第三会的徒弟如下：）因大迦叶罗汉的法爱而说法者、学习此法者、教授此法者，用言语说的、内心听从的、书写的、让别人书写的众人，千年之后，这些人因释迦牟尼教义而成和尚；明行足冥想，思索……已成为和尚的；希望赎清自己罪行的；怀摆脱（烦恼）之愿，行善事……从鸡足山……如此……

（43b）

b

第十九品（到此）结束。（此经）是我们应塔石乙甘之愿望而写。南无佛，南无法，南无僧。我向毗婆尸佛敬礼。

……学习相关的……全面……敬礼而写。

四　注释

taqıγu adaqı osuγluγ üč adrı taγ：意为“形状为鸡足的三座山”。这里所说的是“鸡足山”，梵语对应为kukkutapāda，位于中印度摩揭陀国，乃摩诃迦叶入寂之地。其位置相当于今伽耶（梵Gayā）之北东二十五余公里处，佛陀伽耶（梵Buddha-Gayā）之东北三十二公里之处。《大唐西域记》卷九（大五一•九一九中）：“高峦峭无极，深壑洞无涯。山麓溪涧，乔林罗谷。岗岑岭嶂，繁草被岩。峻起三峰，傍挺绝崿。（中略）其后尊者大迦叶波居中寂灭，不敢指言，故云尊足。”（季羡林 1985：285；慈怡 1989：6642）。

paričat(i)r sögüt：“波利质多”← TochA parijāttrā ← Skt. pārijāta（Wilkens 2021：552）。系忉利天宫之树名。意译为圆生树、昼度树、香遍树，以其为树中之王，又称天树王，属豆科，学名Erythrina indica，叶呈羽状，开深红色长穗状花，形如珊瑚，遂有珊瑚树（coral tree）之称。此树在忉利天善见城之东北角，位于杂乱园与欢喜园间，周围七由旬，高百由旬，枝叶四布五十由旬，其根茎枝叶花果皆有香气，能遍熏忉利天宫，故称香遍树。（慈怡 1989：3438）

nanda：难陀，佛弟子之一。为西印度嗢逝尼城大商主难陀之子。以容貌殊妙，得名孙陀罗难陀。及长，承父之应许，与五百商贾至舍卫城，然为淫女贤首所惑，荡尽货资。从者遂归家禀告其父，同时，淫女于其资财用尽后，亦舍之不顾，难陀因而彷徨于街头。适遇一行乞比丘，乃随比丘入寺出家。后行乞至淫女家时，复受其惑而犯戒。佛陀为此而垂施教诲，难陀乃深自忏悔。（慈怡 1989：6722）

markat ärdini：摩罗伽陀，词义为“绿色宝”，回鹘语markat~m(a)rk(a)t ← 粟特语mrγt（摩尼文）~mrkt（粟特文）← 梵语marakata。（Wilkens 2021：470）

yılınčγa：源于动词yılı-“变暖”，多用于表示人体的柔软。（Erdal 1991：380）

agar：阿伽嚧或恶揭噜，即沉香。沉香指沉香木中木质沉重、颜色深暗且有病害的部分，以此可以将沉香木与其周围那些木质较轻、质地较软的木材区分开来。（薛爱华 2016：408）回鹘文agar源于梵语agaru。（Wilkens 2021：16）回鹘文《金光明经》中agaru agar的汉文对应词是“沉香恶揭噜”。（陈明 2014：291）

tagar：多伽罗或多揭罗，即桂香、木香，回鹘文tagar ← 粟特文tkkr~tkr ← 梵语tagara。（Wilkens 2021：660）回鹘文《金光明经》中togara azraγučuyut的汉文对应词是“零凌香多揭罗”。（陈明 2014：291）

čintan：旃檀，香木名。回鹘文čintan ← 汉文zhan tan旃檀 ← 粟特文cntn ← 梵语candana。（Wilkens 2021：233）

tamalaptr：多摩罗跋，即我国所称之藿香。回鹘文tamalapatr ← 吐火罗语B tamālapaträ~tamālapātr~tamālapāttr ← 梵语tamālapattra。（Wilkens 2021：667）

kapir：劫布罗或羯布罗，即樟脑或龙脑香。（薛爱华 2016：417）回鹘文kapir ← 梵语karpūra。（Wilkens 2021：332）

vaiturluγ：带猫眼石的，带青金石的。回鹘文vaitur ← 梵语vaiḍūrya。（Wilkens 2021：839）

saprirlıγ：带水晶的。回鹘文saprir/sparir ← 吐火罗语B spharir ← 梵语sphāṭika。（Wilkens 2021：624）

p(i)tp(a)di：毕波。回鹘文p(i)tp(a)di ← 粟特文ptpδy ← 梵语pippalī。

pipalayane：毕波罗，梵文对应词为pippalāyana，是摩诃迦叶的别名，彼父母祷于毕波罗树神而生，故名毕波罗。

kašip：迦叶，为佛十大弟子之一。回鹘语kašip ← 粟特语k’s’yp ← 吐火罗语A/B kāśyap ← 梵语kāśyapa。（Wilkens 2021：342）

m(a)hakašip：摩诃迦叶，为佛十大弟子之一。摩诃意为“大”，迦叶意为“饮光”。身有金光，映蔽余光使不现，故亦名大饮光。（陈义孝 1994：230）回鹘语m(a)hakašip

← 吐火罗语A mahākāśyap ← 梵语mahākāśyapa。（Wilkens 2021：460）

v(a)žanp(a)t：受戒，指通过一定之仪式，领受佛所制定之戒法。回鹘文v(a)žanp(a)t ← 吐火罗语A wasämpāt ← 吐火罗语B wasaṃpāt ← 梵语upasaṃpadā。（Wilkens 2021：842）

üč y(e)g(i)rmi dutagun：十三头陀功德，指修头陀行者要遵守十二条规则。大乘佛教中头陀法有十二项，针对一般日常的生活立下十二种修行的条件；小乘佛教则有十三项。Tekin（1980：160）根据这一线索认为《弥勒会见记》应属于小乘佛教。回鹘文dutagun ← 吐火罗语B dhutaguṇ ← 梵语dhutaguṇa。（Wilkens 2021：249）

amtı bo m(a)hakašip arhantniŋ ätözi bašınta nägü kötürü tutar ärki：《弥勒下生成佛经》记载诸大众见到迦叶后非常轻蔑地认为"今日此山顶上有人头虫，短小丑陋着沙门服"。当诸大众轻慢迦叶时，弥勒"呵诸大弟子，莫轻此人"，并让迦叶现神足作十八变让诸大众生信过去佛法。（王雪梅 2016：68）

oronluqı üzä olγurtu：半跏趺坐，坐法之一，即单趺一足，跏于另一足上之安坐法。

asur：阿修罗，印度最古诸神之一，属于战斗一类之鬼神，经常被视为恶神，因与帝释天（因陀罗神）争斗不休，以致出现了修罗场、修罗战等名词。回鹘文asur ← 吐火罗语Aasur ← 粟特文"s'wr ← 梵语asura。（Wilkens 2021：74）

kumbante：鸠盘荼，是有大力之鬼。回鹘文kumbante ← 吐火罗语B kumbhāṃṇḍe ← 梵语kumbhāṇḍa。（Wilkens 2021：422）

panšukul yamaγlıγ ton：粪扫衣，即摭取被舍弃于粪尘中之破衣碎布，洗涤后做成之袈裟。（慈怡 1989：6484）回鹘语panšukul ← 吐火罗语B pāṃsukūl ← 梵语pāṃśukūla~pāṃsukūla。（Wilkens 2021：551）在弥勒信仰的流播中，迦叶传衣付法的传说也有不同的"版本"，如传付的"衣"有三种说法："金缕袈装""粪扫衣""僧伽梨"。竺法护译《弥勒下生经》只说"弥勒如来当取迦叶僧伽梨着之"，并且是弥勒自己取得迦叶僧伽梨，也没有讲到这个僧伽梨是不是释迦牟尼要迦叶传给弥勒的。《中阿含经》卷十三《说本经》中就讲到弥勒发愿未来成佛，得到佛的赞许，佛让阿难取来金缕织衣并亲自授给了弥勒。《弥勒大成佛经》却讲得很清楚迦叶非常恭敬地"长跪合掌"将释迦牟尼佛僧伽梨授与弥勒，并说是佛临涅槃时，以此法衣付嘱迦叶传给弥勒的。

bo oq tonuγ šakimuni bodisvt kaš atlıγ kadar tonuγ berip käyikči ärdin tägšürü altı：《大唐西域记》载："太子以余宝衣易鹿皮衣处。太子既断发易裳，虽去璎珞，尚有天衣，曰：'斯服太侈，如何改易？'时净居天化作猎人，服鹿皮衣，持弓负羽。太子举其衣而谓曰：'欲相贸易，愿见允从！'猎人曰：'善。'太子解其上服，授与猎人。猎人得已，还复天身。"（季羡林 1985：532—533）

pratikabut qutın bultı-lar：成就辟支佛果。辟支佛，指过去生曾经种下因缘，进而出生在无佛之世，因性好寂静，或行头陀，无师友教导，而因因缘成熟以智慧独自悟道，通说为独自观察十二因缘等法理，进而得到证悟而解脱生死、证果之人，所以亦称为“独觉”或“缘觉”。辟支佛是缘觉乘的最高果位，但并不完全等于觉行圆满、无上正等正觉的佛陀。辟支佛有两个特点：第一，不闻佛说，自觉成佛；第二，闲静独行，不说法。准确地说，辟支佛要比阿罗汉的果位更高半筹，可以在没有佛的世界中独自开悟，而罗汉果位则不可以。

d(a)rmasaŋit：法爱，指菩萨爱乐善法，为二爱之一。回鹘文d(a)rmasaŋit ← 梵语dharmasaṅgīti。

yüz kalp üč äsänki uzun üd：三阿僧祇劫，梵语对应词为tri-kalpâsaṃkhyeya，为菩萨修行成满至佛果所须经历之时间。菩萨的阶位，一共有五十位，十信十住十行十回向之四十位，为第一阿僧祇劫；十地之中，自初地至第七地，为第二阿僧祇劫；自八地至十地，为第三阿僧祇劫。第十地过后，即证佛果。劫有大中小三种，这里所说的劫是指大劫，故曰三大阿僧祇劫。（慈怡 1989：557）

br(a)hmadate：梵摩达，瓦拉纳斯城国王之名，回鹘文brahmadate ← 吐火罗语A/B brahmadatte ← 梵语brahmadatta。（Wilkins 2021：193）

gausar čintan yıdı：牛头旃檀的香味。回鹘文gausar“牛头”← 中古波斯语gāwsār ← 梵语gosāra (gośīrṣa)。（Wilkins 2021：274）

yüz ygirmi yašlıq tınlıγlarnıŋ uγrınta：世寿一百二十岁时。《维摩经略疏垂裕记》载“释迦出世当寿一百二十岁时”，在此指的是释迦牟尼所生活的年代。

tört ärdinilig v(i)rhar：四宝寺馆。

aŋade pratikabut：因揭陀辟支佛。被Tekin换写作n’k’dy，即看作nagadi，应纠正为’’nk’dy，即aŋade。回鹘文中alif和n的写法相似，因此也可看作n’k’dy，但是该处是辟支佛之名，应读成aŋade。

aŋade pratikabut nuŋ kövräsi yerdin ünüp kälti：因揭陀辟支佛的身体从地上冒出来了。因为因揭陀辟支佛是在其生母死后从被焚烧的尸体的腹部生出，所以说他的出生非同寻常，是从火中出生的。裸形派从中作祟，诱骗其父按摩身怀六甲的妻子腹部，妻子难产而死，尸体准备埋葬。释迦牟尼闻讯赶到时，裸形派已焚尸，但腹部没有灼伤，生出一个奇特的男婴，长大后享受荣华富贵。他27岁随佛祖出家，后得阿罗汉果。因他出生时未经母亲产门，而是从腹部出世，所以又叫肢体生（梵文aṅgadi，aṅga“分支”，aṅgita表“从aṅga‘分支’衍生者”之义，藏文yan lag vbyung“分支生”）（陈智音 2017：142—143）。

četavan säŋräm：祇哆槃那或祇园精舍，是佛教史上的第二座佛寺，在舍卫城，乃须达多长者建筑以供佛说法的道场（陈义孝 1994：226）。回鹘文četavan ← 吐火罗语A/B jetavaṃ ← 梵语jetavana。（Wilkens 2021：227）

čäčäk almıš urı：意为“持花的男孩”，字面意思是用鲜花供养佛的人，深层含义指所有发心成佛的修行人。

ešidip toquz on artuqı tört kolti sanı tınlıγlar toyın bolup：听到后，九十四亿众生成了和尚。“弥勒如来成正觉已。为声闻众三会说法令出生死得证涅槃。第一会度九十六俱胝声闻众。第二会度九十四俱胝声闻众。第三会度九十二俱胝声闻众。”（《大阿罗汉难提蜜多罗所说法住记》T2030_49.0013c27—T2030_49.0013c29①）

patir：钵盂，僧侣手托着用来承受施舍的法器，也是盛饮食供于佛前的供养之具。回鹘文patir ← 吐火罗语A pātär ← 粟特语p'tr ← 梵语pātra。（Wilkens 2021：554）

burhan tört törlüg [te]rin quvraγ：四众。出家男女二众与在家男女二众，合称为四众。

üč ärdini：三宝。梵语tri-ratna，指为佛教徒所尊敬供养之佛宝、法宝、僧宝。

on ädgü qılınč：十善，即十种善业，即不杀生、不偷盗、不邪淫、不妄语、不两舌、不恶口、不绮语、不贪、不嗔、不痴。（陈义孝 1994：42）

šakimun burhannıŋ inisi nanti atlıγ tegin：难陀，是释迦牟尼佛同父异母的弟弟。该处所载的是“难陀舍爱出家的故事”。故事的大概情节是：佛陀强制难陀出家。难陀出家前，娶妻孙陀利，难陀十分喜爱妻子，难陀出家后还一心想念着妻子。难陀归心似箭，想了种种逃脱办法，都被佛以神力阻止。为使难陀识破红尘，佛以神力，接难陀上升忉利天宫，那里有五百天女没有天子。佛陀告诉难陀他修行死后就会生天做这里的天子。难陀很高兴。后难陀精进修行，结果证得阿罗汉果。

sunḍari：孙陀罗，难陀的本妻。

altı tö[rlüg] butıq-taqı nom bošγuntı：学六法。六法是指在安乐境地得六种思念，与六念同，即念佛、念法、念僧、念戒、念施、念天等六念处。（慈怡 1989：1272）

dev(a)dat toyın：是释迦牟尼的堂弟。他在世时屡屡陷害释迦牟尼并破坏僧团，依佛教教义犯下了五逆之罪。他是破坏僧团、与佛陀敌对之恶比丘。回鹘文devadat ← 粟特语δyβδtt ← 梵语devadatta。（Wilkins 2021：247）

---

① 本文参考的汉文佛教经典，主要引自大正新修大藏经文本数据库 2018 线上版。SAT 目前为收录较广、校勘精细并在持续更新的佛典文献库，线上版包含原版逐页影印图像，并可根据注释进行检索，较为便捷。本文引用佛典内容主要采用 SAT 注释格式，例如：《大阿罗汉难提蜜多罗所说法住记》T2030_49.0013c27 代表“大正第 2030 经第 49 卷第 0013 页 c 栏第 27 行”。

üč türlüg anant—raš atl(a)γ ayıγ qılınč：三种无间罪。受苦没有间断的五种大恶业称为“无间业”，导致受无间地狱苦果。无间罪，即杀父、杀母、杀阿罗汉、出佛身血、破和合之僧。谁要是犯了其中一项，死后即堕入无间地狱。这里提到的提婆达多所犯的“三种无间罪”指的是“杀阿罗汉、出佛身血、破和合之僧”。anantraš ← 吐火罗语B anantārś ← 梵语ānantarya。（Wilkins 2021：47）回鹘文《金光明经》中ayıγ qılınč对应的汉语词是“无间罪”。（陈明 2014：311）

aviš tamuu：无间地狱，梵语对应avīci。为八热地狱之第八。位于南赡部洲（即阎浮提）之地下二万由旬处，深广亦二万由旬，堕此地狱之有情，受苦无间。凡造五逆罪之一者，死后必堕于此。（慈怡 1989：5122）回鹘文aviš ← 吐火罗语A/B aviś ← 梵语avīci。（Wilkens 2021：83）无间业梵语对应ānantarya-karman。五无间业pañcānantariya，五种重大的罪孽，即害母，害父，害圣者（阿罗汉），使佛身上出血，破和合僧，犯了其中之一，死后堕无间地狱。五无间业指犯五逆罪者所作之业，导致受无间地狱苦果。盖犯五逆罪者，命终之际，必定堕入地狱而无间隔，故称无间业。无间之义有五，即（一）趣果无间，命终之后，直接堕此狱中，无有间隔；（二）受苦无间，一堕此狱，直至罪毕出狱，其间所受之苦无有间断；（三）时无间，一劫之间，相续而无间断；（四）命无间，一劫之间，寿命无间断；（五）身形无间，地狱纵横八万四千由旬，身形遍满其中而无间隙。（慈怡 1989：5122）

kokalike：瞿伽离，为提婆达多之弟子，常妨碍佛之化导，并毁谤舍利弗、目犍连，佛虽屡说偈诃斥之，犹谤之不止。后身体生恶疮，命终后堕八寒地狱。娑婆世界主梵天王曾劝说提婆达多的伴党瞿伽离比丘“于舍利弗、目连所起净信也”，瞿伽离不听天神的劝导，“命终堕摩河体昼摩地狱中，以彼于尊者舍利弗、大目犍连比丘生恶也、诽谤故”。（T0099_02.0352a08—T0099_02.0352a10）

beš čöpik yavlaγ üd：五浊恶世，梵语对应pañcakaṣāya。五浊指劫浊、见浊、烦恼浊、众生浊、命浊。住劫中，自人寿二万岁为五浊之始，初则其浊轻微，其后随时代之变化，五浊渐增，至今日末法浇薄之世，五浊愈益炽烈，故称为五浊增时。

šrigupte：尸利毱多，梵文śrīgupta。《慧琳音义》二十六曰：“尸利毱多此云吉护，亦云德护也。”《大唐西域记》卷九曰：“室利毱多唐言胜密。”《德护长者经》上注曰：“尸利崛多者隋言德护。”《大唐西域记》卷九云：“舍利子证果北不远，有大深坑，傍建窣堵波，是室利毱多（唐言胜密）。以火坑、毒饭欲害佛处。胜密者，宗信外道，深着邪见。诸梵志曰：‘乔荅（答）摩国人尊敬，遂令我徒无所恃赖。汝今可请至家饭会，门穿大坑，满中纵火，栈以朽木，覆以燥土。凡诸饮食，皆杂毒药。若免火坑，当遭毒食。’胜密承命，便设毒会。城中之人皆知胜密于世尊所起恶害心，咸皆劝请，愿佛勿往。世尊告曰：'无得怀忧，如来之身，物莫能害。'于是受请而往，足履门阃，火坑成池，清澜澄鉴，莲花弥漫。胜密见已，忧惶无措，谓其徒曰：'以术免火，尚有毒食。'世尊饭食已讫，为说妙法。胜密闻已，谢咎归依。"（季羡林 1985：722）

aŋulimale：央掘摩罗，梵文angulimāla。

ačatašatru：阿阇世，对应吐火罗文A/B ajātaśatru，梵文ajāta-śatru。他是古印度摩揭陀国频毗婆罗王子，在位的第八年，释迦牟尼入灭。因听信提婆达多的唆使，幽禁父王于地牢中，欲致之死。即位后，并吞邻近诸小国，威震四方，奠定印度统一的基础。后因弑父之罪而遍体生疮，至佛前忏悔即平愈，遂皈依佛陀。佛陀灭度后，为佛教教团之大护法。

五 结语

《弥勒会见记》第十九品讲的主要内容为大迦叶居中入定，依佛陀嘱咐，护持佛陀粪扫衣，等待弥勒下生再将粪扫衣传给弥勒佛。文献中首先描述了鸡足山，大迦叶的出生、成为释迦牟尼的徒弟、获罗汉果、备受尊崇、穿着释迦牟尼赠送的粪扫衣、最终入涅槃。之后弥勒拿着此粪扫衣向会众说法称，要珍惜此粪扫衣，解释了珍惜这身粪扫衣的四种理由，以及释迦牟尼穿如此破烂不堪的衣服的原因。之后讲述了因揭陀的诞生，身上散发出来的香气，出家后证得辟支佛果，而且拯救了众人，使他们入涅槃。而后，在因揭陀的遗体上面建造一座寺庙，诸龙将其遗体送至龙殿，释迦牟尼用右手触地说法后，因揭陀的遗体从地下慢慢出来，并使四周充满香气，国王因此惊叹不已并最终改信真道。之后因揭陀辟支佛的遗体在空中被从自己身体上出现的火焰焚烧，洗清自己的罪行进入涅槃。因此，九十四亿众人出家，获罗汉果，弥勒在第二会的徒弟就是这九十四亿众人。其中还介绍了这九十四亿众人包括哪些人物等。之后讲述了释迦牟尼时代发生的难陀舍爱、提婆达多破坏僧团、瞿伽离谤舍利弗及目连尊者、尸利毱多火坑害佛的故事、狂魔央掘摩罗的故事、阿阇世的故事、诬陷释迦牟尼杀害甲虫的典故。最后讲述大迦叶获罗汉果，在空中被自己身体上出现的火焰焚烧，洗清自己的罪行入涅槃的故事；还有大迦叶传衣给弥勒的故事，弥勒的第二、三期的徒弟消耗殆尽，这些徒弟由谁组成等事宜。简言之，第十九品所载的是，弥勒成佛之后到鸡足山与大迦叶会面，并从他那里得到了释迦牟尼留下来的衣服，在三会拯救众生的故事。

参考文献

陈明：《〈金光明经〉汉文—回鹘文对勘及翻译方法研究》，中央民族大学博士学位论文，2014年。

〔马来西亚〕陈义孝编：《佛学常见词汇》，宁夏人民出版社，1994 年。
陈智音：《关于十六阿罗汉的名称及藏译汉问题》，载李国庆、徐鸿主编《天禄论丛——中国研究图书馆员学会学刊》（第 7 卷），广西师范大学出版社，2017 年。
慈怡主编：《佛光大辞典》，佛光山出版社，1989 年。
耿世民：《回鹘文哈密本〈弥勒会见记〉研究》，中央民族大学出版社，2008 年。
季羡林等校注：《大唐西域记校注》，中华书局，1985 年。
王雪梅：《弥勒信仰研究》，上海古籍出版社，2016 年。
〔美〕薛爱华著，吴玉贵译：《撒马尔罕的金桃——唐代舶来品研究》，社会科学文献出版社，2016 年。
Erdal, Marcel. 1991. *Old Turkic Word Formation: A Functional Approach to the Lexicon* I-II. Wiesbaden: Harrassowitz.
Laut, Jens Peter & Wilkens, Jens. 2017. *Alttürkische Handschriften Teil 3: Die Handschriftenfragmente der Maitrisimit aus Sängim und Murtuk in der Berliner* Turfansammlung. (Verzeichnis der Orientalischen Handschriften in Deutschland XIII,11). Stuttgart : FRANZ STEINER VERLAG STUTTGART.
Tekin, Şinasi. 1980. *Maitrisimit nom bitig. Die uigurische Übersetzung eines Werkes der buddhistischen Vaibhāṣika-Schule. 1. Teil: Transliteration, Übersetzung, Anmerkungen.* (BT IX) Berlin:Akedemie-Verlag.
Wilkens, Jens. 2021. *Handwörterbuch des Altuigurischen: Altuigurisch-Deutsch-Türkisch.* Göttingen: Universitätsverlag Göttingen.
SAT 大正新修大藏经文本数据库 . https://21dzk.l.u-tokyo.ac.jp/SAT2018/master30.php，No. 0454，in Vol.14.

A Study on the 19th Chapter of the *Maitrisimit Nom Bitig*

Ablajan Yüsüp

Abstract: The old Uighur script *Maitrisimit Nom Bitig* is a large Buddhist text in 28 chapters, one of the oldest and most perfectly preserved works of old Uighur script Buddhist literature. The *Maitrisimit Nom Bitig* is of great value because it contains some important information that we have not encountered in Maitri texts in other languages. The 189 leaves of the Komul version of *Maitrisimit* have been introduced to the scholarly world, but the fragments of the 19th chapter are still unpublished. Therefore, in our article, we conducted a philological research on the fragments of the 19th chapter in the *Maitrisimit* Singim, Murtuk versions, as well as on a previously unpublished leaf in the Komul version.

Keywords: Old Uighur script; *Maitrisimit Nom Bitig*; the 19th chapter.

（通讯地址：100872 北京 中国人民大学国学院）